[英国] A.C.格雷林 著　张金言 译

罗素

牛津通识读本·

Russell

A Very Short Introduction

译林出版社

图书在版编目（CIP）数据

罗素 / （英）A.C.格雷林（A. C. Graying）著；张金言译. —南京：译林出版社，2017.11(2021.11重印)
（牛津通识读本）
书名原文：Russell: A Very Short Introduction
ISBN 978-7-5447-7059-0

I.①罗… II.①A… ②张… III.①罗素（Russell, Bertrand 1872-1970）-思想评论 IV.①B561.54

中国版本图书馆 CIP 数据核字（2017）第 216987 号

著作权合同登记号　图字：10-2013-27 号

罗素　[英国] A.C.格雷林 / 著　张金言 / 译

责任编辑　何本国　陈　锐
装帧设计　景秋萍
校　　对　许　丹
责任印制　董　虎

原文出版　Oxford University Press, 2002
出版发行　译林出版社
地　　址　南京市湖南路 1 号 A 楼
邮　　箱　yilin@yilin.com
网　　址　www.yilin.com
市场热线　025-86633278
排　　版　南京展望文化发展有限公司
印　　刷　江苏凤凰通达印刷有限公司
开　　本　635 毫米 × 889 毫米　1/16
印　　张　19.5
插　　页　4
版　　次　2017 年 11 月第 1 版
印　　次　2021 年 11 月第 4 次印刷
书　　号　ISBN 978-7-5447-7059-0
定　　价　39.00 元

序 言

赵汀阳

“牛津通识读本”《罗素》的作者格雷林是分析哲学名家，由他来写一本介绍罗素的书，自然是十分贴切可靠。本书的译者是张金言教授，他在上世纪80年代就大量介绍和翻译分析哲学，是改革开放时代关于分析哲学最早的译者和研究者之一。张金言先生早年毕业于民国时期的老北大英文系，英文极好，后来做英美哲学研究，尤精于分析哲学。记得上世纪80年代向张先生请教过分析哲学英文原著中的若干问题。那时候读过张金言先生翻译的不少文字，我敢说张先生的翻译几近完美，称得上信达雅。张先生为人十分低调，是我见过的最谦逊的学者。

罗素获得过诺贝尔文学奖，但使罗素名垂青史的功业却不是他那些堪称英文典范的政论和散文，而是他在数学–逻辑和哲学上的成就，即他所代表的“逻辑派”数学基础理论和他作为代表之一的逻辑分析哲学。罗素的这两项贡献都有着同样不可替代的历史地位，如果以其成就的分量而言，罗素的“逻辑派”数学理论恐怕比之其分析哲学更有探索性和深度。我愿意说，罗素首先是个伟大的数学家，其次是哲学家，最后才是文学家。

在此书中，格雷林表现了对罗素的偏爱，格雷林暗示说，在分析哲学的几个主要代表人物中，罗素可能是最全面的代表，甚至比弗雷格和维特根斯坦还要重要一些。这倒与通常的评价有些出入。弗雷格通常被认为是分析哲学的主要技术来源，维特根斯坦则是分析哲学的主要思想来源，而罗素最早对分析哲学进行了全面系统的表述，据此，就原创性而言，弗雷格和维特根斯坦对于分析哲学的贡献应该超过罗素。当然，罗素对分析哲学的论述确实具有全面的代表性，他把数理逻辑和英国经验论的传统加以结合而奠定了逻辑分析哲学的基本表述风格。尤其是他的摹状词（description）理论构成了分析哲学的经典问题和理论，引发了分析哲学的一个核心争论（斯特劳森等参加），最终发展出超越了经验论局限性而得到广泛认同的蒯因“存在论承诺”理论。

罗素在《数学原理》（与怀特海合作）中表述的数学基础“逻辑派”理论十分强悍，其中那种前无古人后无来者的数学雄心，恐怕只有希尔伯特的“形式派”理论可以与之匹敌。数学基础理论的“逻辑派”、“形式派”和“直觉派”曾经三足鼎立，开创了现代数学的大格局，其中，逻辑派最为激进，是完美主义的激进典型，但也漏洞最多，对逻辑派特别反感的直觉派则可以说是保守主义。罗素所代表的逻辑派其实并非罗素的原创，其理论意向最早可以追溯到莱布尼茨，而略早于罗素的弗雷格和狄德金则已经明确了逻辑派的理想，即数学的基础是逻辑，数学只是逻辑的延伸，因此数学应该都能够还原为逻辑。但罗素无疑是逻辑派的集大成者，尤其是，他与怀特海合作的《数学原理》

确实由逻辑推导出了大部分数学而轰动一时。但数学家们很快发现逻辑派有着严重的可疑之处：罗素以逻辑推导数学时居然使用了属于集合论的无穷公理和选择公理。这是偷梁换柱的手法，但对于罗素来说却也别无选择。如果不用无穷公理，就无法处理数学所需的“无穷性”，甚至连自然数系统都构造不出来，那样的话，数学就失去基本的立足之处；如果不用选择公理，大量非常有用的数学定理就无法推导出来，而削足适履的数学就会变成残废，显然得不偿失。所以，罗素必须“有条件”地引入无穷公理和选择公理。显然，罗素知道，逻辑的能力限于形式关系，因此必须借用数学的无穷公理和选择公理，以便能够确定某种或无穷的数学对象的存在。所以，罗素终究必须预支数学的能力来帮助逻辑去推导数学。另外，逻辑派的理论在思想上还有一个可疑之处：假如逻辑能够推导出全部数学，那么数学就只是纯形式的关系，基本上由重言式命题组成，这样就很难解释数学的创造性以及不断从经验和想象中获得的新概念。因此，直觉派数学家就声称，逻辑派颠倒了数学与逻辑的关系，数学不能还原为逻辑，相反，逻辑应该是数学的一个部分或一种特殊情况；确切地说，逻辑只是基于“有限集合”条件的思维，而数学才是面对无穷性的思维。尽管逻辑派有许多疑点，无论如何，逻辑派的努力极大地促进了数学公理化方法的成熟，至少在逻辑领域内实现了数理逻辑的公理化，这应该是罗素的真正不朽的伟大成就，它比罗素被广泛阅读的那些关于自由、和平和幸福的有趣而流俗的文字深刻得太多。

2017年7月19日

目 录

前　言

罗素寿命很长，建树甚多。他属于比较少见的一类哲学家：这些人的名字广为人知，他们靠其生平和著作似乎已经成了所代表的伟大思想传统的象征。罗素在同时代人中享有的声誉来自他对社会、政治和教育的争论做出的多方面的（往往是极有争议性的）贡献。但是他取得不朽名声的资格却建立在他对逻辑和哲学所做的卓越的技术性贡献上。在以下篇幅中我将综述他一生在这两个领域中的工作。贯彻全书的目的是用简短的篇幅做出最清晰的表述。本书并不是要对哲学论证进行详细的判断，更不是要研究数理逻辑中的技术细节，所以我把大部分篇幅用在讲明事实上；但是我也尝试讨论某些题目，想进一步探讨它们的读者可以参阅延伸阅读书目所列的文献。这些文献是向已在岸边浪花中涉足，也许愿意下水游泳的人指出的门径。然而，对于逻辑和数学没有特别兴趣的读者可以略过第二、三两章，而去集中阅读第一、四两章所讲的罗素生平经历和对公众性争论的贡献。

我感谢基思·托马斯和牛津大学出版社眼光敏锐的审稿人的意见，感谢肯·布莱克维尔的及时帮助和罗素档案馆提供的文件，还感谢阿莱克斯·奥伦斯坦和雷·蒙克的有关而中肯的讨论，另外也对琳娜·穆基的索引工作表示谢意。

我将本书献给苏珊——“dulces dominae Musa Licymniae cantus，me voluit dicere”。①

A.C.格雷林

1996年于伦敦

① 原文为拉丁文，意为“女主人李居姆尼娅的优美诗歌，缪斯希望我吟唱。”——译注，下同

第一章

生平与著作

罗素是20世纪最著名的哲学家之一。他的名声（有时是不好的名声）主要是由于他参与社会和政治争论得到的。在差不多60年的时间里，他曾是一个大家熟悉的公众人物。在通俗的报章杂志上，他有时是个遭受诽谤的对象，而有时（在受到尊敬的时期）则是个权威性人物；在担当后一种角色时，他也曾上电台发表广播演说。他对于战争与和平、道德、两性关系、教育和人类幸福都发表过很多意见。他发表过许多通俗的著作和文章，他的见解给他带来了非常不同的反应，从被判入狱到获得诺贝尔奖。

但是他的最大贡献和声誉的真正基础却在逻辑和哲学这些专门领域。他对20世纪英语国家的哲学的内容和风格所产生的影响极其普遍而深入，实际上是无所不在。哲学家们使用他的著作所提出的技术和思想而不感到有必要提起他的名字（有时是认识不到有这种必要）；这才显示出真正的影响力。这样看来，他对哲学的贡献比起他的学生路德维希·维特根斯坦来要

重要得多。哲学从维特根斯坦那里学到一些有价值的东西，但是从罗素身上却获得一个整体框架，构建人们现在所说的“分析
1 哲学”。

在这个名称中“分析”的意思是指使用来自形式逻辑的方法和思想，对哲学上重要的概念以及体现这些概念的语言做出严格的分析。当然，分析哲学并不是单靠罗素一个人创建的。他曾受到逻辑学家皮亚诺和弗雷格以及他在剑桥的同事G.E.摩尔和A.N.怀特海的影响。其他影响则来自笛卡尔、莱布尼茨、贝克莱和休谟等17、18世纪思想家。实际上他的第一部哲学著作就是以同情的态度做出的关于莱布尼茨的研究。但是他把这些影响集聚起来，使之成为一种研究哲学问题的新方法，应用锐利的新逻辑来阐明这些问题。这就是说，他在革新20世纪英语国家哲学传统上起着至关重要的主导作用。

因此罗素既是一位被当作圣贤和人类导师的通俗意义上的哲学家，又是一位学术专业意义上的哲学家。在以下各章中我将讲述他以这两种哲学家面貌做出的贡献。在本章中我将概述他那漫长、丰富，有时还充满激荡起伏的一生，就其全部内容和多样性来讲，它构成了现代最崇高的个人传记之一。

伯特兰·阿瑟·威廉·罗素于1872年5月18日生于名门望族，属于贝德福德公爵家系中最幼的一支。他的祖父是赫赫有名的约翰·罗素勋爵，曾提议通过1832年的议会选举法修正法案，成为走向议会民主化的第一步。约翰勋爵曾两度任英国首相（1846至1852年，1865至1866年），并由维多利亚女王将其晋升为伯爵。罗素的外祖父奥尔德雷的斯坦利勋爵曾是约翰勋爵在政治上的盟友。

图1　罗素一家，1863年。照片中包括：家庭教师瓦格纳；伯特兰·罗素的叔叔威廉·罗素；罗素夫人；罗洛·罗素（另一个叔叔）；乔治（约翰勋爵在第一段婚姻中生下的女儿）；安伯利勋爵；约翰·罗素勋爵；阿加莎·罗素（伯特兰·罗素的婶婶）

罗素的父母是奇特而引起争议的一对，他们献身于进步事
业，比如主张计划生育和争取妇女的投票权。他的父亲安伯利 2
子爵选定约翰·斯图亚特·密尔作为他非宗教意义上的教父。密尔死时罗素还不满一周岁，所以对他的影响尽管很大，却是间接的。

安伯利曾当过短期的下院议员，但是他的政治生涯却因大家知道他支持避孕的看法而被葬送。安伯利夫妇的进步思想可以从他们聘请D.A.斯包尔丁作罗素兄长弗朗克的家庭教师这件事上看出来。斯包尔丁是一位聪慧的年轻科学家。他患有严重的肺病，因而不能结婚成家。安伯利夫妇认定这不是他必须独

身的理由，所以罗素的母亲“让他同她一起生活”（照罗素在其《自传》中的说法）。罗素还补充说，“虽然我没有证据表明她这
3 样做得到了什么乐趣”（《自传》，第12页）。

罗素的母亲和姐姐在1874年因患白喉症去世，当时他才两岁，紧跟着18个月以后父亲也离开人间。安伯利已经为他的儿子们找好两个不可知论者当他们的监护人，斯包尔丁便是其中之一。但是他们的祖父母（罗素勋爵和夫人）却极力反对。他们提出诉讼，想推翻安伯利的遗嘱，让孙子们在彭布洛克乡馆同他们住在一起。这座乡馆是里希蒙园中由皇家赏赐的宅邸。比罗素长七岁的弗朗克觉得那里的生活无法忍受，于是起而反抗。他被送到学校去住。伯蒂①则比较听话，性情又温和，就留在家中。仅仅过了三年，他的祖父便去世了，从此他就完全处在他祖母的影响之下。祖母是位古板严谨的苏格兰长老会教徒，是第二代敏托伯爵的女儿。罗素的性格往往被说成是受他贵族出身的影响，（在看来需要的时候）出身甚至可以成为性格的辩护理由。但是最早塑造他性格的却是他祖母的清教主义；它代表中产阶级的而不是上层阶级的维多利亚时期的风尚。她在罗素12岁生日时赠给他一本《圣经》，扉页上写下了她喜爱的一句箴言：“汝不应随众作恶。”这句话成了罗素终生信守的准则。

罗素的童年生活很孤独，但首先并非不快乐。他有德国和瑞士保姆，在很早的时候讲德语就同讲英语一样流利；他爱上了彭布洛克乡馆那片广阔的土地，从那里可以看到周围乡间的美景。他写道：“我熟悉花园的每个角落，我年复一年地去一个地

① 伯特兰·罗素的昵称。

THE ELEMENTS OF GEOMETRIE of the most aunci-ent Philosopher EVCLIDE of Megara.

D. 4. 14. Art.

Faithfully (now first) translated into the Englishe toung, by H. Billingsley, Citizen of London. Whereunto are annexed certaine Scholies, Annotations, and Inuentions, of the best Mathematiciens, both of time past, and in this our age.

With a very fruitfull Præface made by M. I. Dee, specifying the chiefe Mathematicall Sciẽces, what they are, and wherunto commodious: where, also, are disclosed certaine new Secrets Mathematicall and Mechanicall, vntill these our daies, greatly missed.

Imprinted at London by Iohn Daye.

图2　欧几里得最为著名的数学论著《几何原本》扉页

方寻找报春花，去另一个地方寻找红尾鸲的窝巢，还有从一簇常
春藤中长出来的刺槐花。”（《自传》，第26页）但是随着青春期
的来临，不管在情感上还是理智上，他的孤独越来越让他痛苦。
他在与他各方面都相距甚远的一家老人当中显得很孤单。前后
更替的家庭教师是他与外面大世界唯一的脆弱联系。然而他还
是靠大自然、书籍和稍后的数学才免于遭受精神上过大的痛苦。
他的一位叔叔对于科学很有兴趣，并把这种兴趣传递给他，帮助
4 激发他的精神觉醒，但是真正划时期的事情却发生在他11岁的
时候，当时他的哥哥开始教他几何学。罗素曾说那种经验“同初
恋一样令人眼花缭乱”（《自传》，第30页）。在他与理解前面的
命题一样容易地掌握了第五命题之后，弗朗克告诉他说，人们通
常觉得这个命题很难，这是有名的“笨人难过的桥”，它使许多
刚刚开始的研究几何学的历程停步不前。罗素写道：“这是我第
一次看清我也许有些智慧。”但是美中不足的是，欧几里得几何
是从公理开始的，而当罗素要求对公理加以证明时，弗朗克就回
答说，公理是必须承认的，不然几何学就不能展开。罗素勉强接
受了这个意见，但是当时在他心中引起的怀疑却一直保留下来，
决定了他以后在数学基础方面的工作进程。

1888年罗素去陆军中一个专教考试功课的教师那里做寄宿生，准备参加剑桥大学奖学金考试。他在那里度过了一段不愉快的时光，因为他看到了有些年轻人的粗俗举止。然而他还是获得了三一学院的奖学金，并于1890年10月入学攻读数学。

他觉得自己好像迈步走进了天堂。阿尔弗雷德·诺思·怀特海（日后罗素同他合作写出了《数学原理》）审阅过他考奖学金的试卷，嘱咐一些天资较高的大学生和讲师对他多加照顾。因

此他觉得周围都是些志趣相投的人，思想上不再与人隔绝，而建立在相互交流的兴趣和智慧上的友谊也终于向他敞开了大门。

罗素在头三年中攻读数学，到第四年他进修哲学，教师有亨
利·西奇威克、詹姆斯·华德和G.F.斯托特。黑格尔派哲学家
J.M.E.麦克塔加特当时在剑桥学生和年轻教师中间很有影响。
他引导罗素相信由洛克、贝克莱、休谟和约翰·斯图亚特·密尔
所代表的英国经验主义失之“粗糙”，还把他的兴趣转向康德， 6
特别是黑格尔身上来。在斯托特的影响下，罗素成了新黑格尔
派牛津哲学家F.H.布拉德雷的推崇者，认真研读他的著作，后者
倡导被称为“观念论”的哲学观点的一种说法。

但是对罗素起到决定性影响的却是一位比他年轻的同代人。这人便是G.E.摩尔，他同罗素一样，开始是个黑格尔主义者，但是不久便抛弃了这种哲学，并说服罗素也这样做。布拉德雷论证说，常识所相信的一切事物，例如由事物组成的世界的繁多性和变化都只是表象，而实际上实在却是单一的精神性质的绝对事物。罗素与摩尔都怀着欣喜若狂的解放了的感受驳斥了这种观点。虽然他们此后发展的道路各不相同，特别是罗素努力去找寻令人满意的其他观点，两人的哲学工作都完全以实在论和多元论（参见第34—35页关于这些名词的说明）作为前提。

但是摩尔领导的反叛来得较迟。1893年罗素在数学荣誉学位考试中获得甲等，名列及格者第七名。他在第二年的道德科学（在剑桥大学“道德科学”通常用来指哲学和经济学这类学科）荣誉学位考试中又取得甲等优异成绩。其后他便开始写一篇研究员资格论文，论述几何学的基础，这是代表他当时看法的康德主义习作。在这些令人兴奋的事件过程中，他已长大成人，

因而可以不顾家人强烈的反对，自由去做他一直计划做的事情，即与艾丽丝·皮尔索尔·史密斯结婚。艾丽丝长他五岁，是美国贵格会教徒。他在1889年见到她，很快便产生爱情，尽管四年以后她才回报他的感情。罗素家人认为她非常不合适，告诉他说无论如何他不能生育子女，因为在他的家庭中有精神不正常的情况——伯父威廉曾因精神失常而进过精神病院，姑母阿加
7 莎则有过妄想并且越老越古怪，这两件事都被举出作为证明。

罗素家人为了使他远离艾丽丝，安排他去巴黎任英国使馆名誉随员。他们无疑希望这个“道德败坏的90年代”首都的诱惑也许会满足驱使他走向婚床的任何冲动。但是他的祖母强加给他的清教徒式的教育总的说来是太有效了；这就扼杀了这个

图3 艾丽丝·皮尔索尔·史密斯，美国贵格会教徒，罗素的第一个爱人。罗素17岁时与她相识，四年后，即1894年与她成婚

计划，他在家信（可以说是拘谨古板的典范）中抱怨巴黎人生活如何不好。他写道：“巴黎的每个人都很坏，人们只要看一下周围，便会见到某种对爱情的亵渎——这使我由于充满憎恶而颤抖。”等他能够支配自己的财源（他每年有一笔600英镑可观的遗产收入，他的新娘也有钱），他就立即同艾丽丝结婚，起初还生活得很幸福。 8

罗素的论文使他在三一学院获得一笔有一定期限的研究员补助金而不担任任何工作，即不必在剑桥教课和住在校内。因此他与艾丽丝去了柏林。罗素在那里研究了德国的社会民主并为此写出了一本书。这是他生前最早出版的一本书，是他总计达71本书和小册子（还不算他那些多不胜数的文章）这个了不起的著作数量当中的第一本。他在柏林萌发了要沿着两个方向进行一项庞大研究的想法：一是探讨自然科学，另外则是探讨社会和政治问题，两者最后汇合成一部“宏伟的百科全书式的著作”。罗素当时仍然受黑格尔主义的影响，这样一项计划正好显示出后者的特色；但是这项计划在他的哲学观彻底改变之后还是保留下来，尽管形式上没有这样系统化，因为在罗素的许多著作中，他确实写了大量既研究理论也探讨实际问题的论述。

《德国的社会民主》问世一年之后，他的研究员资格论文《论几何学的基础》也成书出版。随后在1900年罗素又出版了《莱布尼茨哲学评述》。他写这本书纯属偶然，但对他来说仍很重要。一位平常讲授莱布尼茨的剑桥同事请罗素代替他授课一年；罗素从来没有机会仔细研读莱布尼茨，却高兴地答应了这一邀请。这本书就来自他的讲稿。尽管罗素并不赞同莱布尼茨哲学的要旨，不过其中有些方面在他的思想中还是有影响的。

在罗素讲授莱布尼茨的时候，他已经被摩尔说服，放弃了观念论。不久之后他对于数理哲学的兴趣由于1900年7月在巴黎举行的国际数学大会上见到意大利逻辑学家朱塞佩·皮亚诺而得到有力的推动。确切地说他所关心的是能否为数学提供逻辑基础，从而使之成为确实可靠的知识这一问题。皮亚诺在逻辑上取
9 得了某些技术性的进展，让罗素从中看到去完成将数学还原为逻辑这项工作的途径。他贪婪地阅读皮亚诺的著作，然后对其中包含的方法开始改进、扩展并加以应用。在最初感受的兴奋当中，他不出几个月便写出了后来证明是他第一部重要论著即《数学的原理》①的全部初稿。他又用了一年的时间进行修正和改进，并于1903年出版该书。罗素在为1937年该书新版写的序言中说，他仍然确信书中基本论点即“数学与逻辑是一回事”的真实性。

罗素在1900年所感受到的那种理智上的极度欣喜没有再次出现。首先，他以后的岁月由于个人生活发生的变故而显得阴云密布。他发现自己已经失去对妻子的爱情，并且告诉了她。他后来写道：“在那些日子里，我相信（什么经验教我这样想很可能并不确定）关系亲密的人应该讲真话。”（《自传》，第151页）结果两人在后来仍然住在一处的九年里都感到极其痛苦。大约就在同时，罗素由于亲眼看到伊芙琳·怀特海（他以前的教师阿尔弗雷德·诺思·怀特海的妻子）患病的痛苦而引起了他情感生活中的一场革命。看到她在强烈痛苦中所忍受的孤独，他的世界观突然改变了。从那个时刻起，他才有了和平主义和对孩子的渴望，才萌发出很高的审美感受力，才深刻认识到我们

① 与前文《数学原理》并非同一本书。

每个人归根结底而且无可挽救地都是孤独的。他在《自传》中对这次经验做了生动的描述。

在本来也许可以给他安慰的数学工作中，也出现了类似的严重波折。这就是在罗素力图完成的计划的核心部分发现了矛盾，这一矛盾及其重要性将在以下第二章中适当的地方加以讲述。
其后果是让罗素的工作停滞了两年多的时间，当时他凝视着白纸 10
不知道怎样写下去。在此之前他正撰写《数学原理》(*Principia Mathematica*）一书，这原是想作为《数学的原理》(*The Principles of Mathematics*）的第二卷来写的。这个预想的第二卷后来包括了对于《数学的原理》中简略表述的思想做出技术性的运算，还对其中留下来的一些困难进行更加充分的处理；但是情况很快就变得明显：如果他想达到计划的目的（即“证明全部纯数学都来自纯逻辑的前提并且只使用可以用逻辑来定义的概念”），还需要做很多工作。于是罗素邀请怀特海与他合作，从那时起直到1910年他的大部分心力都集中到撰写这部纪念碑式的著作上。该书的哲学方面和技术性内容的实际运算都由罗素承担；怀特海则主要在符号记法上做出重要贡献并完成了大量的证明。

罗素讲述他每年用八个月来写《数学原理》，每天花费十到十二个小时去工作。当稿子最后送往剑桥大学出版社时，稿纸竟多到必须用一辆四轮马车来运送。这个出版社的理事们估计这部书要使他们蒙受600英镑的损失，并说他们只愿意承受这笔损失的一半。罗素和怀特海说服英国皇家学会通过投票捐助200英镑，但是剩下的数目则要他们自己掏腰包。结果他们多年为这一宏伟计划所做出的劳动却让他们每人各损失了50英镑。

但是真正的回报却是丰硕的。在这项努力的进程中，并且根据努力的成果，罗素发表了一些极其重要的哲学论文。他在35岁还非常年轻的时候便当选为皇家学会的会员。他在逻辑史和哲学史上的地位已经确立下来。罗素后来在许多活动领域之所以能取得成就，大部分是由于他已经赢得了《数学原理》所赋
11 予他的奥林匹斯山神的崇高地位。

在专心致力于理智活动的这些年月里，罗素在其他方面也没有虚度光阴。他对政治的兴趣仍然强烈；他参加支持自由贸易的运动，在1907年举行的温布尔登补缺选举中他还以议会候选人的身份公开赞同妇女选举权运动。投票选举妇女是一项极受非议的主张，拥护者经常遭到辱骂甚至暴力。罗素如果不是由于自己的不可知论挡路，他最后也许已经进入议会；在1911年选举中他就要当选为贝德福德候选人的时候，地方竞选组织突然得知他不愿向选举人隐瞒自己的不可知论并且不肯去教堂。于是他们选择了另外的候选人。

但是一件使他非常惬意的事情发生了：三一学院聘他当讲师，为期五年；因此罗素过上了大学教师的生活，他把注意力转到写一本后来成了经典的小书上面。这便是《哲学问题》，直到今天仍然是讲这个题目的最好的简明导论之一。

罗素从事政治活动的一个意想不到的结果竟是一段风流韵事。1910年他住在离牛津不远的地方，曾帮助当地候选人菲利普·莫雷尔进行竞选的游说活动。他在童年时期就认识莫雷尔的妻子奥托琳夫人。第二年他们的重逢竟发展成相恋。罗素愿意娶她，这就意味着他与艾丽丝离婚和奥托琳与菲利普离婚。但是奥托琳不愿离开菲利普，所以这件事只能算是通奸，得到菲利普的同意而受到艾丽丝和她家人的强烈反对。罗素与艾丽丝

分手之后有40年之久未曾再度会面，虽说他们在这期间即1920年代早期离了婚。

奥托琳对罗素很有帮助，这是无可争辩的。罗素写道：“她
在我的举止像一个大学教师或一个自命正经的人和在谈话中流
露出独断傲慢时，便嘲笑我。她逐渐消除了我这种信念，即我
心中充满了可怕的邪恶，只有靠坚强如钢的自我约束才得以压
制下去。她让我变得不再那么自私，不再那么自以为是。”（《自 12
传》，第214页）她还让他在她自己身上以及美丽的周围环境中
得到审美冲动的满足。这时罗素的年龄已将近40岁；这是一次
姗姗来迟但是却深刻的觉醒。

1914年罗素访问了美国，主要是去哈佛大学讲学。他的讲演后来以《我们关于外部世界的知识》为书名出版。他在哈佛

图4 奥托琳·莫雷尔女士（1873—1938），奥古斯塔斯·约翰绘于1926年；帆布油画

大学的学生当中有T.S.艾略特，后者曾为罗素写了一首题为《阿
波里奈克斯先生》的诗。在诗中他成了一个神话般的人物，样
子奇特甚至吓人，那颗挂着一圈海草的脑袋也许会突然滚到椅
子下边，或者突然咧嘴笑着出现在屏风上方；艾略特说，这个人
物笑得“就像一个不承担任何责任的胎儿”，然而他那“干燥而
充满激情的谈话”却消磨掉了下午的时间，让艾略特想起半人半
13 马怪物的蹄子敲打坚硬的地面的声音。这是一次给艾略特留下
强烈印象的会见；至于其他在场的人他只记得他们吃过黄瓜三
明治。

在访问芝加哥的时候，罗素爱上了接待他的主人的女儿（他在《自传》中未曾透露她的名字），她当时是布林·莫尔学院的学生。他们定下计划让她到英国与他会合，以便在他与艾丽丝离婚后便可以同他结婚。她果然来了；但是当时第一次世界大战已经打起来了，大战对罗素在情感上的震撼以及他对和平主义活动的热情投入消除了他对她抱有的感情。她此行的灾难由于她后来发疯而更加深重。罗素在其自传中以痛悔的心情讲述了这段令人悲痛的插曲。

罗素对于大战爆发的反应是复杂的。他已经超过当战斗人
14 员的年纪，所以他从来不是一个因良知而拒服兵役的人。（他的
一些持有此种立场的熟人，如李顿·斯特拉奇等都去了奥托琳
在加辛顿的乡间花园，终日闲荡，以摆脱强迫的农业劳动。）同
许多爱德华七世时代的知识分子一样，罗素对于德国和德国文
化有一种喜爱。他德语讲得很流利，读德文书自然不在话下，还
去过德国并写了一本讲德国政治的书。但是他也有强烈的爱国
心，他曾写道：“热爱英国几乎是我拥有的最强烈的感情。”他也

图5 T.S.艾略特(1888—1965),罗素在哈佛大学的学生,曾写过一首关于罗素的诗——《阿波里奈克斯先生》。诗中的罗素相当神秘,头上挂着海草,一半是人一半是马

不是一个无条件的和平主义者,这一点可以从四分之一世纪以后他竭力支持反对纳粹主义的战争看出来。关键在于他认为1914年战事的爆发不是为了一种原则而且并不预示有任何好处,而是由于一些政客的愚蠢惹起来的,眼看一场葬送年轻人生命的大混战就要把文明吞噬掉。他在战争开始后不久寄给《民族》杂志的一封信中写道:“所有这种疯狂,所有这种狂暴,所有这场葬送我们的文明和希望的熊熊大火,都是由一些官方人士造成的,他们生活奢侈,极其愚蠢,全都缺少想象力和爱心,宁可选择战争也不愿他们当中有人忍受对其祖国的荣誉一丝一毫的蔑视。”

罗素在当时所表现的非比寻常的洞察力正如半个世纪之后在越南战争时所表现的一样。战壕里可怕的杀戮还未真正开始，而罗素却已看出其不可避免以及随之而来延续更久的后果。当时很少有人能预见到这一进程已经开始，即在本世纪剩下的大部分年代中世界大部分都被卷入了真正的或刚刚开始的战争之中，导致数以百万计的人死亡，大量资源用于发展军事工业技术，后者每一次新的进展都比前一次更加危险，破坏力更大。在1914年罗素当然不能预见到布尔什维主义、纳粹主义和大屠杀、原子武器和冷战、由国际军火贸易武装起来的国家主义，以及受富国与穷国之间令人不满的差距煽动起来的宗教激进主义，但
15 是他却真实地感到战争的爆发意味着通向某种灾难的大门已经打开：接踵而至的便是一连几十年的灾难了。

同样使他感到恐怖的是在交战国家中民众对战争的普遍支持，所表现的那种“原始野蛮主义”以及“仇恨和嗜血本能”的发泄。正如他所指出的，这些正是文明自下而上所反对的事情。最糟的是他的大多数朋友和相识都有同样的思想感情。他不能袖手旁观；整个战争时期他一直在写文章，发表演讲，通过民主控制联合会和拒服兵役联谊会支持有组织的反战活动。在战争初期他为居住在英国的德国人做一些慈善工作，这些人由于与祖国隔绝而贫困不堪。这项工作的需要并没有持续很久，因为敌国公民不久便被拘留起来。

拒服兵役联谊会的领袖是一位名叫克利福德·艾伦的年轻人（即后来的赫特伍德的艾伦勋爵）。他由于拒不放弃反战活动而多次入狱。在对艾伦的一次审判中，罗素遇到了康斯坦丝·马勒森夫人，她是个女演员，艺名叫科利特·奥尼尔。她也

从事和平主义工作，晚上在戏院度过时光，白天则在联谊会的办公室装信封。他们成了恋人，她的稳重镇静给战争时期进行艰苦斗争的罗素提供了一个庇护所。

罗素本人有好几次由于他的反战活动而遭到控制。1916年他因为写了一篇文章而被起诉，罚款100英镑。他拒绝付款，所以他的全部财物被扣押，但是他的朋友们出于好心将其买下归还给他，这就使他的姿态变得无效。随后他又被禁止进入英国任何军事禁区，特别是海岸部分（罗素以讽刺性幽默的口气猜想说，大概是为了防止他给敌方潜艇发信号吧）。1916年他打算
去美国旅行，被拒绝签发护照。1918年被关进监狱六个月，原因 16
是他写了一篇文章，说来欧洲的美国军队可能被用来制止罢工，这些军队在他们本国就是执行这种任务的。由于他的社会关系（他曾用带讽刺的口气说，当伯爵的兄弟还是有用的），他被关进第一监狱，这就意味着他住单人牢房而且可以看书；于是他读书写作，完成了一本书（《数理哲学引论》）并开始写第二本书（《心的分析》），还写出一些评论和文章。他在1918年9月获得释放，这时人们已经明显看到战争不会继续多久了。

罗素第一次被送上法庭还带了另外的处罚。三一学院所有年轻教师都已去前线打仗，留下一些岁数较大的人负责管理学院事务。他们对罗素的战时活动深怀敌意。当他们获知他的信念之后，便投票取消了他的讲师职位。数学家G.H.哈代曾为这样对待罗素而感到愤怒，后来还为此写了一篇文章。年轻的教师们在战争结束后回到了学院，他们投票恢复了罗素原来的职位。但这时罗素的兴趣已经把他引向了海外。

战争在罗素身上产生的许多变化之一便是他的写作范围的

扩大。他在这几年中出了两本不属于哲学性质的书，即1916年出版的《社会改造原理》（该书的美国书名是《人为什么打仗》）和1918年出版的《自由之路》。这些都预示他以后会写许多讨论社会、政治和道德问题的通俗著作。就在1916年他将《社会改造原理》作为一系列讲演发表的时候，他遇见了D.H.劳伦斯并开始了一种有意合作的关系，但是劳伦斯的态度很快变得敌对起来。起初，劳伦斯指责罗素的和平主义，说这只是掩饰他对人类的强烈憎恶的面具，这使罗素深感烦恼，因为他认为劳伦斯对人性有一种特殊的洞察力；但是劳伦斯那些越来越歇斯底里
17 和带谩骂口气的书信让罗素看穿了劳伦斯政治上的原始法西斯主义和他对非理性主义的崇拜。他们之间的关系也就中断了。

如前面所述，1918年罗素在狱中着手撰写两本哲学书。然而他重返哲学的时间却更早一些，因为在1918年头几个月他就以“逻辑原子主义的哲学”为题目做了一系列讲演，很快便在一个名叫《一元论者》的杂志上连载发表。罗素为人一向极其宽宏大度，说他的思想来自路德维希·维特根斯坦，后者战前在剑桥有很短一段时间作过他的学生。实际上罗素讲演中的大部分思想显然都是在遇到维特根斯坦很久以前就有的；但是两人在战前曾经详细地讨论过这些思想，这一点可以从维特根斯坦在前线奥地利军队中服役时写成的《逻辑哲学论》中看出来。这时罗素接到在意大利战俘营中消磨时光的维特根斯坦寄来的一封信，谈到《逻辑哲学论》这部著作。维特根斯坦从意大利人那里获释之后，便设法出版此书，但未能成功；于是罗素伸出援助之手，同意写一篇引言说服一家出版商接受出版。尽管罗素还有好几次对维特根斯坦提供关键性帮助（特别是十年以后为他

在三一学院安排研究工作），两人还是由于气质上和哲学上的深刻不同而分道扬镳。

罗素又一次陷入了热恋之中，这次是爱上了一位年轻的格顿学院的毕业生，名叫多拉·布莱克。1920年他们各自单独访问了苏联，回来时多拉对苏联表现出热情而罗素则充满敌意。他写了一本责骂布尔什维克的书，为此他还和多拉争吵过。但是这并没有妨碍他们在1921年一起去中国，罗素受到邀请到北京作为期一年的访问教授。

同许多在中国待上一段时间的人一样，罗素也爱上了这个 18
国家。同这许多人中的大多数一样，他也喜欢把中国人本身浪漫化。他称赞他们的幽默感、洞察力、对美好事物的欣赏以及对

图6　多拉·布莱克（1894—1986），格顿学院的一名年轻毕业生，1916年与罗素相识。两人坠入爱河，不过多拉直到1921年9月才接受罗素的求婚。两人生有两个孩子，即约翰·罗素和凯瑟琳·罗素

文化和学问非常文雅的喜爱。但是不知为何他看不到这个幅员
辽阔的国家中大多数人过着多么艰苦的生活，也看不到古代传
统多么严重地压垮和阻碍了中国。他在中国期间，许多人问他
中国人应该怎样生活、应该怎样思考和中国怎样才能摆脱贫困
和封建式的分崩离析，对此他并不愿让自己作为一个可以提出
忠告的人。美国哲学家约翰·杜威同时也在中国访问，他对这
类问题就毫不犹豫地发表自己的意见，结果他的名声在今天的
中国仍然比罗素大得多。圣贤的传统在中国是很深厚的；因此
19 罗素失去了一个在中国多做贡献的机会。他写了一本书，讲出
他对中国及其未来的看法，但是该书后来才在遥远的英国出版，
不能代替他的客人们希望听到的圣言。他反而给他们讲授了数
理逻辑。

罗素在北京的逗留快要结束时，患了严重的支气管炎，几乎丧了命。由于某些日本新闻记者过于积极，竟然传出了他去世的消息；所以罗素得以读到他自己的讣告，包括一行登在教会刊物上打趣的话，让他特别开心：“可以谅解传教士们听到伯特兰·罗素先生的死讯，叹了口气，感到如释重负。”

艾丽丝终于同意离婚，所以罗素和多拉于1921年9月返回英国后便结了婚，此后不久他们的第一个儿子约翰·康拉德就降生了。两年以后又有了一个女儿凯特。罗素在1922年和1923年两次作为切尔西工党候选人竞选议会议员，但是没有成功。家庭的责任有压力；他需要去谋生计，所以放弃了从事议会政治的想法，专心致力于写作和讲演。最有收益的巡回讲演是在美国，在1920年代他去了四次。他出版的通俗著作有《相对论入门》《原子入门》《我的信仰》《论教育》《怀疑论集》《婚姻与

道德》和《幸福之路》。其中有些书经济收益丰厚，有些书则招来非议，原因是表达了对性道德的自由观点。同时他也没有忽视哲学；他那本在狱中开始写的《心的分析》于1921年问世；1925年他受邀在剑桥主持塔纳讲座，这些讲演以《物的分析》为书名于1927年出版。他还写了一本名叫《哲学大纲》的导论性质的教科书。

孩子们的到来满足了罗素一个长久的心愿。孩子们给了罗 20
素一个“新的感情中心”，在1920年代剩下的岁月里这个中心吸引住了他作父亲的兴趣。他在康沃尔买了一所住宅，让全家去那里消夏；在约翰和凯特到了上学年龄时，他和多拉便决定创立自己的学校，让孩子们按照他们认为最好的方式受教育。他们租用了罗素兄长位于英国南部丘陵草原上的乡间住宅，开办了一所学校，收进二十个年龄大体相同的孩子。宅院很大，周围有两百英亩原始森林，长着繁茂高大的山毛榉和紫杉，有多种包括鹿在内的野生动物来回跑动。从住宅向外远眺，景色很美。

尽管有这种理想和田园诗般的风景，这一实验最后还是失败了。学校经费从来不能自给；罗素写通俗书和报章文字以及他多次往返于大西洋两岸去做巡回讲演（他不喜欢海上旅行）主要也是为了资助学校的经费。多拉也去美国做了一次巡回讲演，但是她主要负责管理学校。教师人员是一个困难问题；罗素和多拉从来没有见到一贯实行他们的原则的教师，这些原则包括有纪律的自由：尽管有相反的说法，罗素的学校并没有让孩子们任意胡闹而搞得乱糟糟。他后来写道：“让孩子们不受管束就是建立恐怖统治，就是让弱者在强者面前怕得发抖，显得非常可怜。一所学校就像整个世界：只有靠管理才能防止残忍的暴力。”

另一个困难是学校吸引了很高比例的问题儿童，他们的父母原想把孩子送到别的地方，但是最后却不得不去试一下实验学校。罗素夫妇因为需要钱而接收了这些孩子，后来却发现他们给学校管理带来了很多困难。

可是最坏的情况还是给罗素的孩子们带来的影响。其他学生认为他们受到过分的优待，因为管理学校的是他们的父母；
21 但是罗素和多拉为了做到公平，力图同对待别的孩子一样来对待他们，结果是约翰和凯特实际上得不到父母的照顾，因而受了罪。用罗素自己的话说，早期的家庭幸福“因此给毁掉了，取而代之的是尴尬和困恼”（《自传》，第390页）。

在第一次世界大战之后的岁月里，人们普遍希望以教育为手段来改造世界。举例来说，奥匈帝国的解体使奥地利受到致命的打击，许多青年知识分子投身教学，希望重新改造人类。其中就有卡尔·波普尔和路德维希·维特根斯坦。罗素也间接属于这个运动。但是，教学的实际情况和人的本性的难以管教不久便让他们感到希望落空，终于放弃。

1931年罗素的兄长弗朗克突然死去，由罗素继承伯爵爵位。随之他也继承了兄长的债务，还有义务付给兄长的三个前妻中第二位每年400英镑的抚养费。他对伯爵爵位抱有一点嘲笑的态度，但他并不反对通过各种方式使之派上用场，特别是用它可以理所当然地参加官方的论坛，在那里他发表反传统的独立见解本会产生极大的效果。然而他还是不常出席上议院的集会，保留着对英国阶级制度应有的一种蔑视。

大约就在这时，罗素的婚姻经受着来自办学的压力和夫妻双方都有的私通行为的严重考验。罗素并不反对多拉的私通行为，但是他不愿养育由此生下的孩子。多拉由于与一个美国情人相恋而怀了孕，生下的孩子最初登记为罗素的子女；后来，他在德布雷特氏贵族年鉴上看到孩子的名字列为罗素的后代，便起诉要求除名。由此看来，罗素还保留有一些看重家系的冲动。22

离开学校并与多拉分手之后，加上从兄长那里继承下来的债务，罗素仍然必须靠他的一支笔谋生。他给美国赫斯特报刊撰写专栏文章，这项报酬丰厚的合作到1930年代初期便告结束，所以罗素不得不集中精力写书。1932年他发表了《科学观》，1934年又发表了他的最佳著作之一，一部题名为《自由与组织：1814—1914》的政治史。1935年发表了《闲暇颂》，1936年又发表了《怎样获得和平？》。在《怎样获得和平？》中，他重申他有保留的和平主义并重提他赞成世界政府的主张。但是到这本书面世的时候，他已经感到有必要对和平主义做进一步的限制，特别是面对他所看到的（正如前两三年在德国发生的事件所表明的）纳粹主义这样一种"十足令人震惊"的威胁的时候。到第二次世界大战爆发时，他已经决定必须毫不含糊地抵抗希特勒。

1937年罗素发表了《安伯利文献》，这是长达三卷的关于他父母生平的记录。他觉得这部著作"让人感到平静"，因为他钦佩并且深深同意他父母的激进观点，还对他们那个（在罗素看来）更有希望、更为宽阔的世界感到留恋，他们就曾在那个世界里为实现自己的观点而奋斗过。罗素在写这本书和《自由与组织》时，得到一位年轻女子的帮助。此人名叫帕特里夏（一般称呼她"彼得"）·斯彭斯，从前曾在他的学校教过课。彼得先是他的情人，后来在1936年成了他的第三任妻子。1937年他们有了一个儿子，取名康拉德。他们搬到一所离牛津不远的住宅；罗素去牛津讲课并与一些年轻哲学家进行讨论，其中就有A.J.艾耶尔。1938年他出版了《权力：一种新的社会分析》；他在牛津授课的讲稿成了他的下一部哲学著作，即1940年出版的《对意义和真理的探究》（最初定的书名是“语言与事实”）。

23 1938年罗素同彼得和康拉德去美国，应聘担任芝加哥大学访问教授。他虽然同那里的优秀学生和同事们（其中有鲁道夫·卡尔纳普）进行过令人兴奋的谈话，但他却与哲学系系主任合不来。他不喜欢芝加哥，说那是“一个天气很坏、令人讨厌的城市”。到了这年年底，罗素一家去了加利福尼亚，那里的气候总的说来要舒适宜人得多。罗素在加州大学洛杉矶分校授课。1939年夏天约翰和凯特也来加州度假，战争的爆发使他们无法返回英国，罗素就将他们安置在加州大学。

尽管这里有很好的阳光，他在加州大学还是不如在芝加哥大学愉快，因为教师和学生才智平庸，大学校长更让罗素感到特别讨厌。一年以后，他接受了去纽约市立学院担任教授的聘请。但就在他就职之前，人们以反宗教和不道德为理由掀起了一场针对罗素的恶意诽谤。发起人是一位主教派的主教，受到天主教徒的热烈支持，并且由于该学院的一个未来女生的母亲提出诉讼而引起大家的注意。这个名叫凯夫人的母亲说罗素在该学院的出现对她女儿的操行会造成危险。罗素不能向法庭申诉，因为诉讼是控告纽约市政府的，罗素本人并不是诉讼的一方。凯夫人的律师说罗素的著作宣扬“淫荡、纵欲、好色、贪欲、色情狂、激发情欲、不虔诚、偏见、说谎和不道德”。这种指责的理由之一是罗素在一本书中讲幼小的孩子不应为手淫受到惩罚。那位爱尔兰天主教法官比凯夫人的律师辱骂得更厉害。自然是凯夫人打赢了官司。

这场诉讼不仅煽动起整个纽约市和纽约州，而且促使全国都反对罗素。他被迫失去了在纽约的工作，起初也不能在别的地方找到教学职位，没有报刊请他写专栏文章。在战时状态下 24
他不可能从英国得到财源。这样一来他就成了一个漂泊海外、失去生计的人，还有一家人要他养活。

罗素首先由于1940年哈佛大学慷慨邀请他去讲学，随后又得到费城百万富翁巴恩斯博士的聘请而得以摆脱困境。巴恩斯博士是一位热情的艺术收藏家，建立了一个主要从事艺术史研究的基金会。他与罗素订了一项为期五年的给基金会讲课的合同。罗素在一间挂满法国裸体画的屋子里讲课；这使他觉得很有趣，尽管与学院派哲学有些不协调。巴恩斯性格有些古怪，传闻常和工作人员吵架；罗素的工作期限还不到一半，他就突然发出解雇通知，理由是他认为罗素讲课准备得不好。后来这些讲稿以《西方哲学史》这一书名出版，从广为流传和金钱收入来看，这是罗素最成功的一部著作。罗素为对方毁约而提出控告，把讲稿交给法官审阅，官司打赢了。必须承认这部名著有些部分写得相当肤浅，让人与那位费城百万富翁产生同感。但在其他方面这部书却写得极其引人入胜，是纵论西方思想的一个宏伟概观，而富有启发性地将西方思想纳入历史背景之中也是其一大特色。罗素写这部书感到很愉快，这种乐趣也在行文上表现出来。他后来讲到该书时所说的话同样表明他知道其中的缺点。

罗素与巴恩斯关系破裂之后，《哲学史》的写作继续在布林·莫尔学院的图书馆中进行。将罗素请到该校是由于保罗·魏斯教授的善意帮助，当时他正等待英国驻华盛顿使馆批准他返回英国。三一学院已经给了罗素一个研究员的职位，加上《哲学史》颇为丰厚的预支稿酬，这就让罗素解脱了困难。在罗素冒着大西洋上德国潜艇攻击的危险乘船回国之前，他曾在普林斯顿做了短暂逗留，同爱因斯坦、库尔特·哥德尔和沃尔夫冈·泡利进行过一些讨论。

以后几年他在剑桥大学授课，1945年出版《哲学史》，1948年出版《人类的知识：其范围与限度》。这是罗素最后一部哲学巨著，由于未受到哲学界的重视而使他感到失望。他认为一个原因是维特根斯坦的思想在当时及其后一段时期相当流行。1949年是他称为登上"荣誉顶峰"的一年：他在剑桥大学的研究员职位改为无须授课的终身研究员；当选为英国社会科学院荣誉研究员；英国广播公司邀请他做第一次雷斯系列讲演；国王乔治六世授予他功绩勋章；下一年他又被授予诺贝尔文学奖，消息传来时正值他又一次访美途中。

罗素对被授予功绩勋章还是很高兴的，他去白金汉宫接受了勋章。国王乔治对于要温和有礼地给一个曾判过刑的反传统的通奸者授勋这件事感到有些为难。此外这个人（用他自己的话说）"长相很奇特"，所以他说："你以前的某些行为，如果推而广之，是不恰当的。"罗素一下子涌到嘴边却又没说出来的回答是："正像你的兄长"，指的是退位的爱德华八世；他换了个回答："一个人的行为应该怎样全看他的职业而定。比如说邮差应该敲打街上每个有来信的家门，但是如果另外有人敲打所有的家门，他就会被人当作公害。"于是国王匆忙改变了话题（《自传》，第516—517页）。

罗素新获得的荣誉地位，特别是他长期反对苏联共产主义的立场，使他在寒气逼人的冷战中成了对英国政府有用的人。他以这种资格去德国和瑞典做讲演。在后一场合遇上水上飞机在特隆海姆港坠毁，迫使他游过冰冷的海水才脱险。而在前一 26
场合则使他暂时当上英国武装部队的一员，这让他很开心。

罗素在1950年代去了很多地方（去过澳大利亚、印度，重访美国，还去了欧洲大陆和斯堪的纳维亚），一路上发表演讲并受到名人身份的招待。在跟彼得·斯彭斯分手三年以后，他同伊迪丝·芬奇这个长期的美国朋友结婚，到巴黎去度蜜月；即使在观赏这个城市风光的短途浏览中（两人都未曾以观光者的眼光来浏览过巴黎，因为他们都在这里居住过），人们还是认出了罗素，许多人都拥到他周围。

罗素的旅行与讲演总是会收集成书的。他主持的雷斯系列讲演后来以《权威与个人》为书名出版。1954年他发表了《从伦理与政治看人类社会》，其中收进他接受诺贝尔奖时的演讲。由于他获得的诺贝尔奖是文学奖（授奖词提到《婚姻与道德》），这就激发了他写小说的兴趣。1912年他写过一部小说，但并未打算发表；现在他写了《郊区的恶魔》和《名人的噩梦》这两部短篇小说集——说得更确切些是寓言故事，都有哲学或论战的含意。1956年他发表了《记忆中的肖像》，这是一组描述他所认识的名人的特写；1959年又发表了一部思想自传即《我的哲学发展》，总结他自童年起经历过的思想进展。

但是，任何人如果认为罗素已经进入官方权力体制之内并且愿意退下来去过备受尊敬的、清静的晚年生活，都是错误的；因为罗素看出世界正被一种令人恐怖而且迅速增长的危险所困扰，所以感到迫切需要抵御这种危险。这就是大规模杀伤性武

器的扩散。从1950年代中期到他1970年2月去世，他一直以年轻人的热情参加反对核武器和战争的运动，甚至还受到又一次
27 入狱的判决，鉴于他年事已高（当时他已90多岁），减刑为在监狱医院监禁一年。在生命的最后几年，他又遭到人们的厌恶和敌视，特别是因为他对美国在越南的行动做出了似乎过分激烈、判断有欠审慎，甚至有些歇斯底里的抨击。后来人们才知道他对美国战争罪行的控告都是根据大体正确的资料。罗素在做出这些努力的过程中，担任过核裁军运动的首任主席，出版了两本书（《常识与核战争》和《人类有前途吗？》），推动召开了帕格沃什会议，后来为了反对越南战争还同让–保罗·萨特一起组成国际战争罪犯法庭。

罗素最后十五年中的政治斗争将在下面第四章中详加讨论。在罗素生命结束之前，尽管年老体衰而且患病（但他直到最后都保持着活力而且思维敏捷，活到98岁高龄），他似乎随着时间又活得年轻起来；他的祖母给世界送来的是个老成持重的维多利亚时代的人，而他却变成了一个永远年轻的游侠骑士：诚实、不屈不挠、具有令人生畏的智力和伟大的写作才能。他利用自己的天赋（其中主要是他那锐利无比的推理能力和机智）同凶暴的人进行斗争。

那些受到公众注意的人在时间的远景中不是被放大便是被缩小了，大多数人缩小成山脚小丘（也就是成了脚注），而少数人则上升到巍峨的喜马拉雅山之巅。罗素便是一个高高站立在
28 顶峰上的人。

第二章

逻辑与哲学

引言

照罗素自己的说法，他研究哲学的主要动机就是要找出确实可靠的知识，这一与笛卡尔相同的雄心壮志来自他早年两次思想上的危机：他失去了宗教信仰，而且对于必须以未证明的公理作为几何学的基础感到失望。他最早真正有独创性的哲学努力就是要证明数学是建立在逻辑的基础之上。这一努力如果成功本会给数学知识提供确实性的基础。这个计划失败了，然而由此却产生了许多重要的哲学进展。随后罗素转到一般哲学问题上来，在这里就更难找到确实性。尽管确实性难以捕捉，他还是努力构建一些理论，希望它们会提供满意的解决。他一再重新研究这些问题，发展并且改变自己的观点，但对于使用来自他的逻辑工作的分析技术却一直抱有信心。他觉得最终能够取得某种程度的成功，尽管他知道在哲学同行中很少有人会同意他的看法。

当人们考察罗素的哲学工作时，如果暂不去看这是很长时间内演变的结果，经常并且长期由于其他活动而中断这一事实
29 的话，人们就会惊讶地发现其演变的连续性和逻辑性有多强。用罗素本人对自己哲学发展所说的话来讲，他的哲学生涯分为两个部分：第一部分是他早期与观念论的短暂调情，第二部分则是受到他所发现的新的逻辑技术的启发，从此一直支配着他的哲学观：

> 我的哲学工作有一个重大分界；在1899到1900年我采用了逻辑原子主义的哲学和皮亚诺的数理逻辑的技术。这是一次很大的革命，使得我以前的工作，除了纯数学方面之外，同我以后做的每一件事完全无关。这些年发生的变化是一次革命；以后的变化就是演变性质的了。
>
> （《我的哲学发展》，第11页）

革命以后的演变是重大的，但是每走一步都受到必须解决前面阶段留下的问题的推动，或者如果问题太大，就另外寻找前进的途径。查尔斯·布劳德说“伯特兰·罗素先生每过一年左右便会搞出一套新的哲学体系，而G.E.摩尔则一个也搞不出来”。在罗素所关注的问题上所显示的辩证连续性表明这句俏皮话对于摩尔来讲也许是对的，但却不能用在罗素身上，特别是它暗示罗素在其哲学历程中所走的步伐有着某种反复无常的东西。

在取得学位与发现皮亚诺之间的年月——大体说是1890年代——罗素接受了他在剑桥大学的老师所喜欢的德国观念论。他的研究员论文的出版文本是从康德观点做出的关于几何

学的阐述，但是他主要还是皈依黑格尔。他写过一篇黑格尔观点的数论，还计划写出一套完整的关于各门科学的观念论辩证法，目的是以黑格尔的方式证明一切实在都是精神性质的。

罗素后来抛弃了这项工作，并以他特有的直率贬之为“地 30
地道道的废话”（《我的哲学发展》，第32页）。正如我们已经看到的，他的哲学方法的革命产生于他同摩尔一起对观念论的反叛和他发现了皮亚诺的逻辑著作。最后一点特别重要，因为这唤起了罗素要从逻辑导出数学的雄心壮志并为此提供了手段。1900到1910年之间的岁月主要就用在这项工作上，大量有价值的哲学成果都产生在这个过程之中。这一计划是在《数学的原理》（1903）中提出的，而完成细节的努力就促成了《数学原理》（1910—1913）的问世。在罗素同时写出的经典性哲学论文当中就有《论指示》（1905），其中有些思想在以后的哲学史上产生了极其重要的影响。

《数学原理》的出版结束了有关的逻辑工作，而这些年的哲学工作却在此后继续进行。罗素着手把这部著作中发展起来的分析技术应用到形而上学（探讨实在的本性）和认识论（探讨我们怎样得到知识和验证知识）的问题上来。他那本经得起时间考验的经典小书《哲学问题》（1912）概述了他当时所抱的形而上学和认识论的观点。他打算在以后的著作里对这些观点做更详细的阐述，并于1913年开始写一部大书的初稿，即在他去世后才出版的《认识论》（1984），但是他对其中某些方面感到不满意，所以并未成书出版，而是通过一系列论文形式发表了其中的一部分。与此同时，怀特海建议他使用逻辑技术去分析知觉，这一启发的成果是他在哈佛大学所做的一系列讲演，后来汇集成

《我们关于外部世界的知识》（1914）一书出版。这本书以及同一年发表的一篇名为《感觉材料与物理学的关系》的论文表明，罗素有一段时期暂时转而采纳了某种类似现象论的立场。“现象
31 论”的观点认为，知觉的知识是可以通过我们对感觉经验的基本材料的亲知来分析的。（我说“某种类似现象论”的立场，因为尽管罗素在半个世纪以后将这些观点称为现象论的观点，在原来的著作中却并非如此明确；这一点将在以下适当的地方加以讨论。）四年以后，罗素在另外一系列讲演中把他的分析方法应用到物体和关于物体的讨论上去。他给这些讲演取名为《逻辑原子主义的哲学》。与此同时，他发表了一本实际上是《数学原理》的通俗版本的书，说明数理哲学的基本思想。这本书就是《数理哲学引论》（1918）。

在1920年代，罗素试图扩大并改进他的分析技术，把它们应用到心理学和物理学的哲学上来。这种努力的第一个成果是《心的分析》（1921），在书中他的准现象论被用来分析心理的实体。第二个成果是《物的分析》（1927），罗素在书中试图通过事件来分析物理学的主要概念，例如力和物质。这本书的论点带有强烈的实在论倾向；罗素认为，分析物理学的基本概念却不承认某些不靠对它们的知觉而独立存在的实体是行不通的，这也标志着他与现象论的暂时结合已告结束。这也许可以叫作对实在论的“回归”，因为罗素在写《我们关于外部世界的知识》之前曾经信奉过一种比较极端的实在论。

罗素重返某种形式的现象论或接近现象论的立场之后，又重新考察一些他现在觉得在现象论的假定下未曾得到适当处理的问题。结果他就写成了《对意义和真理的探究》（1940），在这

THE PRINCIPLES
OF
MATHEMATICS

BY

BERTRAND RUSSELL M.A.,

LATE FELLOW OF TRINITY COLLEGE, CAMBRIDGE

VOL I.

CAMBRIDGE:
at the University Press
1903

图7　1903年出版的《数学的原理》扉页，该书的前提是，数学与逻辑是一回事

里他又一次讨论了经验与偶然性知识的关系；他在《人类的知识》（1948）一书中则特别重新考察了一个在先前著作中没有充分讨论的问题，即一般认为在科学中使用的非证明性（非演绎
32 性）推理这个重要问题。

对罗素思想发展的每一阶段都值得做详细的讨论，这可以在后面延伸阅读书目所列著作中找到。在以下几节中我将概括地讲述这些阶段。

对观念论的否定

观念论有许多不同的形式，但其基本主张却都认为实在从根本上讲是精神性质的。“观念–论”（Idea-ism）也许是个更容易让人明白的名称。这是哲学上的一个专门名词，同英语中“理想”（ideal）一词的通常意思毫无关系。照贝克莱主教所主张的那种观念论来讲，观念论的论点是：实在归根结底是由精神群体及其观念所构成。其中一个精神无限广大，产生大多数观念；贝克莱认为这就是上帝。照后来T.H.格林和F.H.布拉德雷（他们都深受德国观念论的影响）所主张的观点讲，观念论的论点是：宇宙归根结底是由一个单一的精神所构成，这个精神可以说是经验其自身的。他们论证说，我们有限的、部分的和个人的经验是相互矛盾的，或者说至少起着误导的作用。这些经验告诉我们，世界是由众多的各自独立的存在实体所构成，这些实体当中有许多（如果不是大多数的话）是物质的而不是精神的。这些众多的事物只是“现象”，“现象”蒙蔽而不是代表实在的本性。这就蕴涵着一个与观念论观点相伴随的重要论点（这是罗素已经认识到要接受的论点），即因为事物的众多性是一种令人产生

误解的现象，所以真理就是：宇宙中每件事物都与每件另外的事物相关，所以宇宙归根结底是一个单一的事物——每件事物都是“一”。这种观点叫作“一元论”。

当摩尔与罗素在1898年反驳观念论（摩尔的《判断的性质》一文的发表是这一事件的标志）的时候，他们攻击了观念论的两个主要论点，即经验与经验对象是不可分开的相互依赖关系，以及每件事物都是一。因此他们两人采取了“实在论”论点，即认
为经验对象并不依靠关于对象的经验，也接受了“多元论”的论 34
点，即认为世界上存在许多各自独立的事物。

罗素看到观念论和伴随它的一元论来自一种涉及**关系**的观点，而一旦否定了这一观点，便会走向多元的实在论。表示关系的句子有“A在B的左边”“A比B早”“A热爱B”等。罗素认为，按照观念论的看法，一切关系都是“内在的”，也就是说关系是其所联系的各个项的属性，而详尽讲来关系就显示为在充分描述下由关系项所形成的整体的属性。有时这似乎是言之成理的；如在“A热爱B”中A对B的热爱是A的一个属性（也就是说，是一件关于A的本性的事实），而“A热爱B”所指示的复合事实则具有**B被A热爱**的属性。但是如果一切关系都是内在的关系，那么立刻就会得出这一结论，即宇宙构成了观念论哲学家哈罗德·乔基姆所说的一个“有意义的整体”，因为这意味着任何一件事物都与每件另外的事物有关乃是该事物的部分本性，并且因此充分描述任何一件事物就会讲出关于整个宇宙的一切知识，反过来说也对。布拉德雷是这样阐述他的论点的：“实在是一。实在必须是单一的，因为认为众多性是真实的乃是自相矛盾。众多性蕴涵着关系，而通过关系它却不自愿地一直在表

明有一种高级的统一。”(《现象与实在》，第519页）

与这种观点相反，罗素争论说观念论者犯了一个根本性错误。这就是他们把一切命题都看成属于主谓语形式。看一下这个句子：“这个球是圆的。”这个句子可以用来表达一个命题，一个已知的球被表述为具有圆的属性（“被表述”的意思是：关于，说到）。按照罗素的看法，观念论者误认为一切命题，甚至包括关系命题，最终都属于主谓语形式；这就意味着每个命题归根结底都必定构成对于整个实在的一个表述，而关系本身则是不真实的。举例说：按照观念论者的看法，“A在B的左边”这个命题应该正确理解为：“实在具有A显现在B的左边这种属性”（或某种类似的说法）。

但是如果人们看到许多命题属于不可化约的关系形式，那么就会看出一元论是荒谬的。说许多命题是不可化约的关系命题也就是说关系是真实的或“外在的”——关系并非植根于它们所联系的关系项上；“在左边”的关系并非本来就属于任何一个空间客体，这就是说没有任何空间客体必然在其他事物的左边。罗素争论说，为了证明“A在B的左边”是对的，就必须有一个A和**与之分离的**B，这样才能使前者与后者处于“在左边”的关系。当然，说有多于一个的事物也就是驳斥了一元论。

就罗素来说，驳斥一元论就是驳斥观念论，因为观念论的要害就在于它认为经验与其对象之间的关系应当是内在的；这实际上是说没有这种关系；这实际上又等于说关系是不真实的。但是照罗素的相反观点看，关系是真实的，经验不能与经验对象混同；也就是说这些对象在经验之外独立存在。而这就是罗素和摩尔所指的实在论的要旨。

罗素认为，所有观念论者（包括莱布尼茨在内）以及以前的经院哲学家所主张的实体与属性的形而上学都持有一切命题都属于主谓语形式的看法，这一点是否正确是可以争论的。但是他确实认为自己发现了以前哲学中一个非常重大的缺点。在驳斥了观念论之后，罗素有一段时间走到了另一个极端，即对一切事物都持有实在论的立场。照他自己的说法，他是一个“朴素的实在论者”，意思是说他相信物体的一切被知觉到的属性都是物体的真正属性；是一个“物理实在论者”，即相信物理学中一切理论性实体都是“真正存在的实体”（《我的哲学发展》，第48—49页）；是一个柏拉图式的实在论者，即也相信“数、荷马诸神、
关系、神话怪物和四维空间”的存在或者至少相信其“实有”（一 36
种受限制的或较低程度的存在）（《数学的原理》，第449页）。罗素后来对这一繁茂的宇宙用“奥卡姆剃刀”进行了修剪，后者也就是不让实体不必要地增长的原则。举例说，如果物理客体可以完全用原子内的实体加以说明，那么宇宙的一个基本事物清单就不应该包括树木**以及**构成树木的夸克、轻子和计量粒子。罗素后来就是这样使用分析技术的。但是他仍然相信《数学的原理》中无所不包的实在论，这是他1900年接触到皮亚诺的著作之后又回到的立场。

数学的基础

莱布尼茨曾经梦想创立一种普遍的符号语言（characteristica universalis），即一种普遍的和完全精确的语言，使用它将会解决一切哲学问题。罗素在其论述莱布尼茨的书中看出这是一种想建立符号逻辑的愿望。当时罗素心目中的符号逻辑是指乔

治·布尔在19世纪中叶发展起来的“布尔代数”。但是当时他并不认为，莱布尼茨关于哲学问题能够靠使用一种演绎逻辑系统的技术而得到解决的看法是对的，理由是任何真正重要的哲学问题都是关于“演绎之前”的问题，即一些在作为推理起点的前提中所涉及的概念或事实。罗素争论说，不管这些概念或事实是什么，它们不能由逻辑来提供；逻辑只能帮助我们就它们进行推理。

但是罗素在接触到皮亚诺的著作之后改变了自己的想法。皮亚诺在逻辑技术上取得的进展（弗雷格已经先走了这一步，但当时皮亚诺和罗素都不知道此事）立即让罗素想到怎样表述逻辑的基本原理，以及怎样表明两个至关重要的道理：首先是数学概念怎样能够靠这些原理加以界定，其次是一切数学真理怎样
37 根据它们得到证明。简单说，这启发了罗素去表明数学与逻辑是一回事。这就是《数学的原理》及其更为详尽完备的版本《数学原理》两部著作的目的。

从逻辑导出数学的方案被称为“逻辑主义”。在《数学的原理》一书中，罗素并未对计划的这一部分做出严格的证明，他只提出了非正式的概述。他把严格的证明留给了《数学原理》。推迟到《数学原理》才完成这项工作的主要理由是，他发现了一个威胁到整个计划的悖论。

罗素的首要工作是用无可再少的纯逻辑概念来界定数学的概念。（这里将出现三段非正式的讲技术的文字，读者不必望而生畏。）设“p”与“q”代表命题，这些逻辑概念是：否定（非p），析取（p或q），合取（p并且q），蕴涵（如果p，那么q）。除了这些运算之外，还有表示内部结构的符号：“Fx”是一个其中有代

表任何个体的变量“x”的函项，而“F”则是代表任何属性的谓词字母。这样“Fx”就表示x是F（它所表示一个例子是：“这棵树高”）。罗素能够使用的重要技术进展之一是一种**量化**这类函项的方法。使用目前逻辑上通用的符号，表示量化的方式如下：（x）表示“所有的x”，所以（x）Fx表示**所有**的x都是F，（∃x）表示“至少有一个x”，所以（∃x）Fx表示**至少有一个**x是F。最后则是等同的概念：“a=b”表示a和b不是两件东西而是同一件东西。使用这种简单的语言就可能界定数学的概念。

较早的数学家已经探讨过数学概念之间的关系，看出这些概念全都可以化约为自然数（1、2、3等用来计算的数字），尽管还没有一个人精确证明这一点。所以计划的第一步就是用逻辑 38
概念来界定自然数。这是弗雷格早已做的工作，尽管罗素在当时并不知道这件事。

这种界定使用了类的概念：2是由所有成双的事物组成的类，3是由所有三件事物组成的类，以此类推。而反过来“双”则被界定为具有分子x和y的类，这里x和y互不等同，而且如果这个类中有另外的分子z，那么z等同于x或y。数的一般定义是通过相似的类所构成的集合来表述的，在这里“相似性”是一个表示一一对应的关系的精确概念：如果在两个类的分子之间可以确定具有一一对应的关系，这两个类便是相似的。

分清这些概念之后，许多问题便得以解决，其中有：怎样界定0和1（罗素指出，这些是最困难的数学问题当中的两个），怎样克服“一与多”的难题（一把椅子包含多少事物：它是一还是多——如果你算一下其各部分和成分的话？）以及怎样理解无穷大？一旦界定了全部数字，那么其他种类的数（正数和负数、分数、实数、复数）便不会有多大困难。

所以计划的第一部分——用逻辑概念界定数学概念——看起来大部分是不成问题的，只要用上正确的技术。第二部分——完全属于逻辑主义的部分，它表明数学真理可以从逻辑的基本原理得到证明——却遇到了极大的困难。

照罗素当时的观点看，造成这种困难的主要原因是他发现了悖论。这个悖论涉及上面概述的一个对该计划至关重要的概念，即类的概念。在罗素的研究过程中，他被引向考虑这一事实，即有些类是其自身的一个分子，而有些类则不是。举例说，茶匙组成的类不是一个茶匙，所以不是其自身的一个分子；但是
39 不是茶匙的事物组成的类却是其自身的一个分子，因为它不是一个茶匙。那么由所有这些不是其自身的类所组成的类又是什么情况？如果这个类不是其自身的一个分子，那么根据定义它便是其自身的一个分子；而如果这个类是其自身的一个分子，那么根据定义它便不是其自身的一个分子。因此它既是其自身的一个分子又不是其自身的一个分子。这就出现了悖论。

最初罗素认为毛病出在某个微不足道的错误上，但是在他为了解决问题付出很大努力并且在征求过弗雷格和怀特海的意见之后，他才明白这里的问题是个灾难。罗素在发表《数学的原理》时并没有找到补救的办法。但是到他与怀特海合写《数学原理》时，他认为已经找到了一条出路，然而他的策略却招来很多争议。情况可以讲述如下。

罗素发现，要从纯逻辑的公理演绎出数学的定理不能不依靠辅助性公理来进行，这些辅助性公理使得证明算术和集合论中的某些定理成为可能。两个辅助性公理（其细节并不重要；

我提到它们是为了完整性）是“无穷公理”（意思是说世界上有无穷多的集合）和“选择公理”（有时也叫“乘法公理”，意思是说对于每一个由没有相同分子的非空集合组成的集合来说，都存在着一个与每个子集恰好有一个相同分子的集合）。人们需要这些公理，以便让数用类来界定，正如上面所说的那样。但是这两个公理看来都包含一种困难，这就是它们的性质都是关于存在的，即它们表示“**有**如此这般的东西”。就第一个公理说是数，就第二个公理说是集合，而这就成了一个问题，因为逻辑并不应该涉及什么事物存在或不存在，而只是关心纯形式问题。但是罗素却发现了一个解决方法，即把数学句子看作条件句，也就是具有“如果——那么——”形式的句子，用这些公理填满“如果”的空白：这样它们就表示“如果你以这个公理为前提，那
么——”。由于这些条件句本身可以从逻辑公理中推导出来，表 40
面上引进的关于存在性质的考虑就没有什么重要性了。

但是第三个辅助性公理即“可还原性”公理产生的困难却大得多。这是罗素用来克服悖论问题的公理，然而其他逻辑学家却认为难以接受。

可还原性公理与罗素的“类型论”是联系在一起的。要理解这个理论，通俗一点讲就是要看到出现罗素所发现的悖论乃是因为，把不是其自身的一个分子这种属性应用到由所有具有该属性的类所组成的类上。如果引进一种限制，使这种属性只应用于子类，而不应用于由这些类组成的类，那么悖论就不会出现。这使人想到在属性之间应该有某种类似层次区别的东西，例如那些归属于某一层次的属性不能归属于高一级的层次。

有一种类型论的说法，它比罗素的类型论要简单；这种类型

论抓住了这一直观认识并被某些逻辑学家认为言之成理。这是数理哲学家弗朗克·拉姆齐所提出的，叫作“简单的类型论”。其要点是：应用于某一话域的语言具有一级层次的表达式（即名称），它们指称该领域内的事物；它具有二级层次的表达式（即谓词），它们只指称这些事物的属性；它还具有三级层次的表达式（即关于谓词的谓词），它们只指称那些属性的属性——以此类推。规则是每一个表达式都属于一个特殊类型并且只能应用于整个等级中下一个类型的表达式上。依照这种非正式的概述，人们会看出这种策略怎样让人想到一个解决悖论问题的方法。

罗素的较复杂的类型论叫作“类型支论”。（如何正确理解
41 这个理论是个有争议的问题，可参阅海尔顿著《罗素：观念论与分析哲学的兴起》的第七章，但是可以把下面的概述当作一个初步的简要说明。）罗素引进类型支论（即在类型之内再分为“阶”）的理由在于他认为在解决悖论问题上特别需要它。他认为悖论问题产生于试图用包含涉及“一切属性”的表达式来界定属性，所以关于“一切属性”的说法必须严格加以限制。比如说，类型1的属性因此就要再分为不同的阶：“一切属性”这个表达式不出现在第一阶属性的定义中；“第一阶的一切属性”这个表达式出现在第二阶属性的定义中；“第二阶的所有属性”这个表达式出现在第三阶属性的定义中；以此类推。因为从不涉及不从属于一个特定阶的“一切属性”，所以没有任何属性是通过涉及它所从属的整体来界定的。这就避免了悖论。

但是这样做却付出了很大代价。它给实数理论引进一些困难，因为把其中最重要的定义和定理都给阻挡在外了。为了克服这个问题，罗素又引进了可还原性公理，这个公理试图找到一

种方法，将一个类型中的阶还原为最低的阶。这一策略曾被一位评论家说成是使用“暴力”来拯救实数理论，罗素在《数学原理》的第二版（1927）中也放弃了它。但是因为他不能承认类型支论之外还有另外的解决办法，所以就陷入了困境。为了应付这种局面，拉姆齐才提出了上面简述过的“简单”类型论。（也应该看到拉姆塞的理论也有其自身招来的争论。这个理论提出了一个有争议的主张，即认为那些将属性归属自身的定义所带有的循环性是无害的；它还要求对未下定义前的整体的存在抱着同样有争议的实在论观点。）

罗素雄心勃勃的逻辑主义构想陷入了困难境地，部分由于
这些构想自身的原因，部分则由于逻辑主义本身就行不通，正如 42
以后的数学发展（特别是库尔特·哥德尔的工作）所表明的那样。哥德尔表明在任何适合数论的形式系统中都有一个不可判定的式子，即这个式子或其否定均不能得到证明。由此得出的一个推论是，这样一个系统的一致性不能在该系统之内得到确认。所以人们不能认为数学（至少是其中大部分）可以有一组足以产生所有数学真理的公理。罗素的工作表明公理的方法有其深刻的固有的局限性，也表明要证明许多种类的演绎系统的一致性，唯一的办法就是使用一种很复杂的系统，以致其自身的一致性也同样让人置疑。

罗素要求他的逻辑主义方案完成一种排除可能有矛盾存在的形式系统化工作。哥德尔的工作说这是不可能的。由此得出的结论必然是：《数学的原理》以及特别是《数学原理》的成就不在于它们实现其既定目标的程度，而在于它们对逻辑和哲学所产生的也许可以称为“副产品”的许多重要影响。

摹状语理论

最有影响力的“副产品”之一就是罗素的“摹状语理论”。罗素在创建这个理论上达到了几个不同的目标。他从反对观念论的争论中得到的一个教训是：语言的表层语法可能对我们所说的话的意义产生误导作用。正如上面所指出的，导致哲学家采用实体与属性的形而上学（正如哲学史上的争论所表明的，这是一种陷入深刻困境的观点）的理由是，他们将一切命题都看作基本上属于主谓语形式。“桌子是木料制作的”和“桌子在门的左边”都被认为以“桌子”这个表达式为主语，并以两句中在
43 连系词“是”后面的表达式为谓语。但是尽管第一个句子也许可能表达一个具有该种形式的命题，第二个句子却是某种十分不同的命题，即一个关系命题：实际上它有两个主语（“桌子”和“门”），它断言两者处在一种特殊的相互关系之中。所以第二个句子的逻辑形式十分不同于第一个句子的逻辑形式，因此按照罗素的观点，需要有一种方法显示我们所说的话的深层形式，以便帮助我们避免哲学上的错误。

罗素采取的下一个重要步骤便是将新逻辑应用于这项工作上。正如用它来界定数学的概念和运算一样，我们也能用它来分析我们关于世界所说的话，从而得出实在的正确图像。

显示摹状语理论怎样完成这项工作的一个方法就是讲述它怎样解决一个关于意义与所指的重要问题。罗素处理这个问题的背景可以在奥地利哲学家亚历克修斯·迈农的著作中找到。罗素认真研读过他的著作，所以曾在早期受到他的影响。迈农认为指示表达式（类似“罗素”的名字和类似“《数学的原理》的

作者”的摹状语）只有在它们所指示的事物存在时才能有意义地出现在命题（严格说是表达命题的句子）之中。迈农争辩说，假定你说“金山不存在”，显然当你断言金山不存在时，你是在谈论某件事物即金山；而由于你所说的话有意义，所以在某种意义上必然**有**一座金山。他的理论是：凡是人们可以谈论（命名、指称）的事物都必然因之而不是存在就是有着某种“实有”，即使这种实有够不上存在，因为不然我们所说的话便会失去意义。

罗素起初接受这个观点，事实上在《数学的原理》中还抱有这种看法，这就是如前面所指出的，为什么他在该书中表示相信
“数、荷马诸神和神话怪物”存在或者至少实有的理由。但是这个 44
观点的不可信服不久便冲击了他所谓的“生动的实在论”，因为这就使宇宙不仅充满了抽象的和神话中的实体，而且还充满了类似“圆的方”这样**不可能有的**事物。而这正是罗素所不能接受的。

罗素使用逻辑技术来设计一个美好的解决方案。他并不愿意放弃那种认为一个名称只有在被其命名的某种事物存在时才有意义的看法，但是他争论说，唯一的“逻辑专名”是指示人们能够**亲知**的**特定**实体的名称。罗素所说的“亲知”是指一个心灵与一个客体之间无中介的直接关系；其实例包括其对感觉材料的知觉认识（参看下文）以及关于命题等抽象实体的知识。只有逻辑专名可以正当地占有句子中主语的位置。最好的例子是“这”和“那”等指示代词，理由是每次使用它们时都保证有其所指。所以其他表面上的名称表达式事实上根本不是名称表达式；它们是（或者在分析之后显示为）“定摹状语”，即具有“那个如此这般的事物”的形式的表达式。这种表达式的重要性在于：包含摹状语的句子经过分析之后，摹状语消失了，故而人

们所说的话有无意义并不依赖某种实体的存在或实有，而按照表层语法，这个实体正是摹状语表面上所指示的东西。

通过考察一个例子就可以看清这一点。且举“法国现在的国王是个秃子”这个句子，而说话时法国并没有国王。根据句子永远是非真便假的设定，人们如果被问到这个句子是真还是假时应当怎样回答？看来显然是要说“假”，不是因为现在的法国国王的头发茂密，而是因为他不存在。这一点让罗素打开了解决问题的思路。他争论说，包含占有语法上主语位置的定摹状语的句子，经过分析才看出原来是一组句子的缩写，这些句子断
45 言某个具有作为法国现在的国王这一属性的事物存在、独一无二并且没有头发。所以“法国现在的国王是个秃子”等于说：

（1）有一个法国国王；

（2）只有一个法国国王；

（3）不管谁是法国国王，他一定是个秃子。

句子（1）断言其存在；句子（2）断言其唯一性；也就是说它具有摹状语中定冠词“the”所蕴涵的意思，即所谈论的只有一件事物；而句子（3）则是谓语表述。原来的句子“法国现在的国王是个秃子”在所有这三个句子都真时便是真的；如果其中有一个假，它便是假的。当前这个句子是假的，因为句子（1）假。

在句子（1）到（3）中，摹状语“法国现在的国王”都没有出现。摹状语消失不见了（已经被分解掉），没有必要为了让这个句子有意义而召唤一个潜存的法国国王。

由于日常语言的不完善以及句子的表层形式能够偏离其深

层的逻辑形式，罗素说这样给出的分析还不够完善。这就需要用符号逻辑的“完备语言”来加以表达。只有这种语言能够完全清晰地显示“法国现在的国王是个秃子”所断言的内容。这个句子的逻辑分析用现在的标准记法写出来就是：

$$(\exists x)[Fx \;\&\; (y)(Fy \rightarrow y=x) \;\&\; Gx]$$

“&”在这一串符号中代表“和”，将这串符号分成三个相连的式子，所以上面（1）到（3）这三个句子就分别是：

（1）$(\exists x)Fx$ 46

这个式子读作“有一个是F的x”。设“F”为“具有作为法国国王的属性”；这个式子就表示“有某个是法国国王的事物”。[当然，如同方括号所表示的，存在量词（$\exists x$）约束着整串中每次出现的x。]

（2）$(y)(Fy \rightarrow y=x)$

这个式子读作“对于每一个y来说，如果y是F，那么y与x等同”。这个式子表示定冠词“the”所蕴涵的唯一性，即只有一件事物具有属性F。

（3）Gx

这个式子读作“x是G”。设G为“没有头发”；这个式子就表示“x没有头发”。

一些反对罗素理论的意见主要都表现为反对他认为摹状语从来不是指称表达式的主张，并对他关于包含在语法上占有主语位置的摹状语的句子的分析提出质疑。就后一种情况而言，引起一些人争论的是他认为定摹状语同时体现唯一性和存在的主张。

关于唯一性这个问题有个例子，即某个人说“婴儿在哭”。罗素的分析似乎蕴涵着这句话只有在世界上仅仅有一个婴儿的情况下才为真。解决的办法是要求有一种含蓄的理解，即这句话的语境就显示出包容在其应用范围之内的世界有多大。假如一个婴儿的父母住在一排公寓里，这里有几十个婴儿都在哭，他们的婴儿也跟着哭起来。如果有人说“婴儿在哭”，那么显然不会产生误解，因为语境把指称限制到他们对之有特殊兴趣的那
47 一个婴儿身上。看来这是靠直观就认识到的，它让人想到怎样推翻反对的意见，即借助于对“话域”的含蓄的或明言的限制可以做到。

关于存在的问题要更复杂一点。P.F.斯特劳森在一篇被多次引用的关于罗素的理论的讨论中争论说，在说“法国现在的国王是个秃子”时，人们并不是在陈述有个法国现在的国王存在，而只是预先假定或设想他存在（《论指称》，见《心灵》杂志，1950年）。这是通过下述事实来表明的，即如果某人讲出这个句子，他的对话者不大可能说，“这是假的”，而会说，“法国现在没有国王”，从而指明他实际上并没有做出一个陈述，即他并没有说出任何真或假的句子。这就等于说摹状语必然是指称表达式，因为摹状语对于包含它们的句子的真值的重要贡献是：除非它们有所指称，所说的句子就根本不具有真值。

斯特劳森使用“预先假定”这一概念来说明（照他的相反的观点看）摹状语怎样在句子中起作用。他这个概念引起不少批评性的争论，而他准备允许有“真值空白”的态度也是一样。

“真值空白”就是在有意义的句子中不存在真值，这就破坏了“两值原则”，即每个（陈述的）句子必然具有“真”“假”两个真值当中的一个。但是对于他给予罗素的批评的主要反应却无疑是说，他的论证所依据的事实（即我们在某人说“法国现在的国王是个秃子”时不会说“这是假的”）并不意味着摹状语不能被看作是做出了存在的断言。我们的回答会是否认有一个法国国王，这也许是对的；只说“这是假的”毕竟有可能误导我们，因为它可能蕴涵某种十分不同的意思，即有一个头发浓密的法国国王。但是如果我们回答“现在法国没有国王”，我们实际上就已经承认使用摹状语就是做出存在的断言，因为这正是该否定句所要回答的问题。 48

另一个反对意见是认为罗素没有看出摹状语可以有两种不同的用法。且看下面两种情况。第一种情况是：你看到一幅你喜欢的绘画，于是就说“画这幅画的艺术家是个天才”。你并不知道这位艺术家是谁，但是你却把天才归属给他。第二种情况是：这幅画是《岩间圣母》，你还知道创作这幅画的人是列奥纳多·达·芬奇。在第一种情况下，摹状语的用法是“归属性的”，而在第二种情况下，其用法则是“指称性的”。按照提出这一批评的凯斯·唐奈兰的意见，罗素的说法只涉及归属性用法，这是有重大关系的，因为有这样的情况，即一个摹状语能够成功地指称某个人，即使这个摹状语并不适用于他——“那个在那边喝香槟酒的人是个秃子”可能被用来说出某种真实的情况，即使这个秃头的人杯子里只盛着汽水。

一种反应是在分析上区分开语义的与语用的层次。罗素的说法适用于语义的层次，这就使“那个喝香槟酒的人是个秃子”在字义上成了假的句子，因为虽然他真是个秃子，他喝的却是水，在语用层次上则成功地做出了指称，从而传达出一种真实情况，因为这种使用完成了任务。但是罗素也许可以争辩说，由于他的分析针对的是普遍认为具有特定指称作用的某一类**表达式**，他所说的话仍然有效；关于用法的问题则是另外的事。

然而这种反应并未提出用法与意义之间关系的问题。如果用法是意义的一大部分，关于用法的事实就必须在说明表达式怎样起作用上占有中心的位置。应该把多大的分量放在用法上，这个问题是有争议的；一种看法主张用法几乎就是全部意义，另外一些观点则反对这一主张。罗素的理论要求我们把表达式的语义学与表达式的用法当作至少是可以分离开的问题。

49 由于这个以及其他主要与哲学上至关重要的指称问题（即语言怎样钩住世界的问题）相关的理由，罗素的摹状语理论在语言哲学的争论中起着重要的作用。为了当前的目的，重要的是用它作为一个他应用分析技术来解决认识论和形而上学方面问题的实例，正如我们现在将看到的那样。

知觉与知识

哲学的中心问题之一是：知识是什么以及我们怎样得到知识？约翰·洛克及其经验主义传统的继承人争论说，关于世界的偶然性知识的基础在于感觉经验，这要靠使用五官，必要时还要靠望远镜等仪器的帮助。罗素同意这种看法，但是经验主义面临来自怀疑主义论证的挑战，这些论证旨在表明我们所认为的知识可能常常（也许一直）没有合理的根据。这有各种不同的原因。我们有时在知觉或推理上发生错误，我们有时做梦而不知自己是在做梦，我们有时由于发烧或饮酒而产生错觉。在我们断言自己认识某种事物的场合，我们怎能确信这种断言不会由于以上任何一种方式的影响而发生动摇？

1912年罗素在《哲学问题》一书中最早尝试系统地回答这些问题。他问道："有没有任何不让讲道理的人能够怀疑的确实的知识？"他做出了肯定的回答；但是这种确实性后来却被证实远远不是经过证明的绝对确实性。

根据对知觉经验的直接观察（比如说一张桌子由于知觉者或知觉条件的不同而显出不同的颜色、形状和质地），我们可以
看出事物的表象与事物本身的样子是有区别的。我们怎样能够 50
确信表象忠实地再现我们认为存在于表象背后的实在？正如怀疑主义关于梦境或错觉的论点所启示的，甚至还可能产生这样的问题，即我们是否确信在我们的感觉经验背后有实在的事物？

为了处理这些问题，罗素引进了"感觉材料"一词，用来表示在感觉中直接感知的东西：它们是对颜色、声音、气味、滋味和质地的知觉认识的具体实例，其中每一类感觉材料对应着五种感官之一。感觉材料要与感受它们的行为区分开来：它们是我们在感受行为中直接感知的东西。正如上面一段考察所表明的，感觉材料也必须与我们身外的世界中我们认为与它们相关联的事物区分开来。因此至关重要的问题是：感觉材料与物体之间的关系是什么？

怀疑主义者怀疑我们有权说能够认识在感觉材料这层面纱后面的东西，甚至怀疑我们有权说物体存在。罗素对此做出的回答是：尽管怀疑主义的论证严格说来是不可反驳的，然而却没有"丝毫理由"认为这些论证正确（《哲学问题》，第17页）。他

的策略是把支持这种看法的有说服力的理由收集起来。首先，我们可以认为我们关于感觉材料的直接经验具有一种“原始的确实性”。我们承认，当我们经验到我们认为与比如说一张桌子有自然关联的感觉材料时，我们并没有说尽所有可以谈论这张桌子的话。举例说，我们认为这张桌子在我们离开房间后继续存在。我们可以买下这张桌子，用布盖上，把它推来推去。我们要求不同的知觉者应该能够知觉到**同一张**桌子。这一切都让我们想到一张桌子是某种超越那些显示给我们的感觉材料的东西。但是如果世界上没有一张桌子摆在那里，我们就该有必要
51 构想出一个复杂的假说来，认为有与知觉者一样多的许多看来似乎不同的桌子，并且说明为什么我们大家讲话仍然好像我们在知觉到同一个物体一样。

但是要注意，如同罗素所指出的，照怀疑主义的观点看，我们甚至不应该认为还有其他知觉者：说到底，如果我们不能反驳不相信物体存在的怀疑主义，我们又怎能反驳不相信其他心灵存在的怀疑主义？

罗素是通过接受所谓的“相信最佳解释的论点”的一种说法来解决这个困难的。他争论说，采纳下面的假定确实更简易而且有力得多，即首先认为确实有不靠我们的感觉经验而独立存在的物体，其次还认为这些物体引起我们的知觉，因此它们与知觉的“对应关系”是可靠的。罗素沿袭休谟的看法，将对这个假定的依赖看作“来自本能”。

他争论说，此外我们还可以加上一类知识，即关于逻辑的和纯数学的真理的先天知识（甚至也许还有伦理学的基本命题）。这类知识完全独立于经验之外，完全依靠已知真理的不证自明

性，例如“1+1=2”和“A=A”。知觉知识和先天知识一旦结合起来就能使我们获得超越直接经验的关于世界的普遍性知识，因为第一类知识给了我们经验的材料，而第二类知识则让我们可以从第一类知识做出推论。

这两类知识当中每一类又可再加区分，罗素把它们分别叫作直接的知识和导出的知识。他把对事物的直接认识叫作“亲知”。亲知的对象本身又分为两类：**特体**，即个别的感觉材料，或许还有我们自己；以及**共相**。共相有各种不同的种类。它
们包括“红”和“平滑”等可感觉的性质，“在……的左边”或 52
“在……以前”等空间和时间关系，以及某些逻辑上的抽象概念。

罗素把关于事物的导出的知识叫作“描述的知识”，这是有关事实的普遍性知识，是由于把我们亲知的知识结合起来或从中引出推论得到的。人们知道珠穆朗玛峰是世界上最高的山峰，这是描述的知识的一个实例。

罗素把对真理的直接认识叫作“直观的知识”，他把这样认识到的真理说成是**不证自明的**真理。这些都是“极其明显的命题，不能从任何更明显的命题推导出来”。例如我们一看就知道“1+1=2”是真。属于直观知识的还有关于直接经验的讲述；如果我只是陈述我现在意识到的感觉材料，我是不会（除了细小的口误）错的。

导出的真理知识就是一切通过不证自明的演绎原则从不证自明的真理推论出来的知识。

罗素说，尽管由于引进我们拥有的先天知识而显得很严格，我们还是必须承认，我们通常的普遍知识的基础只不过是以“最佳解释”作为合理根据并依靠认为它可信的本能。所以通常的

普遍知识至多相当于“大体上具有盖然性的意见”，但是当我们看到具有盖然性的意见形成一个融贯的和相互支持的体系（体系越是融贯一致和稳定，形成体系的盖然性也就越大）时，我们就明白为什么我们有理由依赖这些意见。

罗素理论的一个重要部分涉及空间，特别是关注科学所假定的公共空间与个体知觉者的感觉材料所在的个人空间之间的
53 区别。个人空间是知觉者以自己作为框架的中心，将各种不同的视觉、触觉以及其他种类的经验协调起来构成的。但是由于我们对空间没有亲知，所以它的存在与性质就完全是推论出来的东西了。

这就是罗素在《哲学问题》中提出的最早的一种关于知识与知觉的理论。这种说法初看似乎带有一种常识的清新气味，但却远远不是没有问题。例如，罗素说到“原始的”知识并说这就是直观的知识；但是他并没有说明这种知识是什么，而只是说这种知识不需要任何比它本身还要不证自明的道理的支持。但是这个定义实在不够确切，而他又补充说不证自明有两种，其中一种是基本的，这就弄得更加含糊。这种区别有没有意义？“不证自明”究竟是什么？他也没有考虑这种可能性，即两个命题可能互相矛盾，但分开来看却又显得不证自明。如果发生这种情况，应该选择哪一个？并且根据何种附加的关于不证自明的原则？

针对罗素的观点还有另外一种批评，即说它对于感觉经验的基本性质做出了一个重要的然而却是成问题的假定。这个假定认为，感觉材料（即作为最小限量的感觉，如特定的颜色、气味或声音等）只是经验中给予的而且是经验中最原始的成分。但是照这样的理解，感官经验实际上就完全不是“薄薄的”和直接

的。倒不如说感官经验是关于房子、树木、人、猫和云彩的丰富而复杂的经验，照现象学的说法讲，它是“厚厚的”，而感觉材料则只是经过一次把我们通常理解的知觉经验完全抽空的复杂过程之后才得到的东西。例如我们不是看见一个长方形而推论出这是一张桌子；我们是看出一张桌子，并在关注它的形状时才看到它是一个长方形。

这种批评就其本身而言无疑是对的，但是有一些办法可以
对它加以调整，使我们仍能描述经验中纯感觉的方面，而无须依 54
靠它所载有的信念和理论的重负。因为整个论点在于，我们是在试图借表明知觉经验使得我们相信这些信念来确认我们有正当理由拥有它们，我们显然需要对纯粹的知觉经验本身做出阐述，以便让我们能够评价它是否胜任完成这项任务。罗素讨论感觉材料的目的正在于此。另外，罗素认识到感觉材料并非在知觉上**给予**的东西；在他写于《哲学问题》以后十年间的著述中，他反复指出感觉材料的全部特征来自分析的结尾而不是在经验的起始。

另一种批评是，罗素认为直接经验是可以用命题表达的，这些命题尽管只描述在主观上“给予的”东西，还是可以用作关于世界的知识的基础。但是那些看来只适用于个人经验而并不涉及这种经验之外的东西怎能作为认识论的基础？下面的说法是没有用的，即说罗素也承认逻辑原理这种先天知识，后者允许根据这些命题做出推论，因为除非主体另外拥有普遍的经验上的信念作为这类推论的大前提，以及事实上由推论加以测验或支持的某些经验上的假定，就不会有做出推论的动机。但是这些条件在一个（照罗素所描述的）只拥有感觉材料和不证自明的

逻辑真理的经验者身上是不具备的。

这个问题对罗素本人也很有影响，在过了很久之后（在《人类的知识》一书中）他才去处理它。他接受了一种他曾在其他地方贬低过的康德哲学中的说法，即（在逻辑真理之外）我们必须有某些先天认识的东西，才可能有知识。这个极其重要的论点将在以下适当的地方加以讨论。

55 批评家们提出的一个问题是：罗素所依靠的表明现象与实在之间有区别的理由（按照他的讲法）并不使人信服。一个物体对一个知觉者显示出一种颜色或形状，但对另一个知觉者却显示出另一种颜色或形状，而对处在不同条件下的同一个知觉者也显示出不同的颜色或形状（比如说他是在白天还是黑夜看见这个物体，是从某个观点看还是从另外一个观点看）。这一事实告诉我们，物体怎样显示给知觉是个复杂的问题。但是这一事实本身并不是说我们知觉到的东西是另外一个物体。

这种批评本身是正确的，但是事实上还有其他完全适当的方法来划分现象与实在之间的区别，正如知觉哲学近来的工作成果所表明的那样；所以罗素此处的论证可以看作（他自己也是这样看的）是启发性的，即只是为了举例说明论点以便启动讨论。

但是这种批评让人联想到另外一种更重要的批评。这就是，罗素与其自笛卡尔以来的先行者以及其某些后继者（如H.H.普赖斯和A.J.艾耶尔）一样，从笛卡尔那里接受一个极为重要的假定，即探讨知识的正确起点是个体的经验。个体要从自己的意识材料开始，从中找到理由来支持他对自己头脑之外的世界做出的推论（或者更宽泛地说，支持他对世界所抱的信念）。20世纪哲学的一个重大转变就是反对这个笛卡尔式的假定。这个假定的严重困难之一是，一旦我们接受了它，我们对它就不能置之不理或加以反驳。另一个严重的困难是，在这样薄弱的基础上，我们根本不能想象自称是唯我论的认识者，仅凭自己的心灵就能够对其感觉经验做出命名或思考，更不用说能够根据它们推论出一个外在的世界。这两种考虑坚定地将我们推向这种想法，即认识论的正当起步点说来说去还是在公共的话域之内。 56

外部世界与其他心灵

罗素本人并不满意他在《哲学问题》中处理问题的方式。这本书原是作为一本通俗书写的，对其中的论题并未做出严格的陈述。在以后的四十年中，他一再回到知识与知觉的问题上来。在《哲学问题》出版与第一次世界大战爆发之间的岁月里，他认真探讨过这些问题，写出了大部头的《认识论》的初稿，他发表过其中的一部分，还有一部分则放弃了。同时他还写了一系列重要演讲，于1914年以《我们关于外部世界的知识》为书名出版。在这部著作中，他更加细心地考察了《哲学问题》中理论的各个方面，取得了重要的结论。

《哲学问题》与《我们关于外部世界的知识》之间的一个区别在于，罗素已经看到经验主体的知识基础（只对他一个人显示的感觉材料以及他对逻辑规律的直觉知识）作为起点是太薄弱了。他并不是在反驳刚才讨论过的笛卡尔式的假定；而是由于现在更加察觉到这个假定带来的困难，所以在想办法缩小这些困难。因此他更加重视主体拥有记忆的事实并掌握当前经验中各成分之间的空间与时间关系。主体还有能力去比较感觉材料，例如颜色与形状的差别。通常的共同信念和相信有其他心灵存在的信念仍未包括在内。

罗素由于有了他现在称之为“硬感觉材料”所提供的更为
丰富的基础，他把要回答的问题做了这样的表述：“除了我们
自己的硬感觉材料之外，还有没有东西可以经过推论认为它存
在？”他的方法是首先表明我们能够作为一个假设来构建一种
空间概念，可以容纳既有主体本人的也有主体从他人证词得知
57 的经验事实。然后，为了看清我们是否有理由相信这个空间世
界是真实的，罗素提出一种相信其他心灵存在的论证，即如果一
个人真有理由相信这一点，那么他就能够依靠他人的证词，因此
这些证词加上一个人自己的经验就会有力地支持那种认为存在
着一个空间的（即真实的）世界的看法。

这个策略颇具匠心。罗素在1914年早些时候写的一篇文章《感觉材料与物理学的关系》中又添加了一个同样有创见的关于感觉经验与事物的关系的想法。他在《哲学问题》中曾说我们从感觉材料推论出物理的事物；他现在则说物理的事物是感觉材料的功能，或者按照他有时使用的说法，是由感觉材料组成的“构造”。这里使用了逻辑技术，表明一件事物可以分解为另一类事物。罗素将“只要可能，就应该用逻辑结构为代替推论出来的实体”这个原则说成是“科学哲学思考的最高箴言”。依照这个原则，物体就可以相应地分解为由感觉材料组成的结构；然而并不仅仅由实际的或当前发生的感觉材料而且还由“可感觉的东西”所组成，后者的意思是指“现象”或者用罗素的说法就是“事物显示的方式”，而不管其是否构成任何知觉者的经验中当

前发生的那一部分。这是用来说明物体在不被知觉时仍然存在那种情况的。

罗素现在认为，这种看法的一个重要方面是：感觉材料与可感觉的东西都不是个人的精神实体，而是物理学的真实题材的一部分。它们确实是“物理世界的最终组成成分”，因为常识和物理学的证实最终还是依靠它们。这一点很重要，因为我们通常认为感觉材料是物体的功能，也就是说，感觉材料的存在并具有其特性乃是由物体引起的；但是证实却只有在把问题反转过来看时才有可能，即把物体当作感觉材料的功能。这个理论从可感觉的东西“构建”物体；因此前者的存在证实了后者的
存在。 58

罗素并未进一步发展这一有特色的理论，而是放弃了它；他在以后的著作，特别是在1927年的《物的分析》和1948年的《人类的知识》中，转而重又把物体及其占有的空间当作从感觉经验推论出来的东西。有一些考虑迫使他这样做。一个原因是受到物理学与人类生理学等科学的推动，使他接受了这些科学所提供的标准看法，即知觉是由物理环境作用于我们的感官造成的。他写道：“只要接受知觉的因果说，就不得不做出这样的结论：知觉结果是在我们的头脑之中，因为它们出现在一个物理事件的因果链的末端，这个因果链在空间由物体通向知觉者的大脑。”（《物的分析》，第32页）。他在《心的分析》（1921）中不再谈论“感觉材料”，并且不再区分感觉行为与被感觉的东西。他这样做的理由与他的心灵学说（本书后面将做出简述）有关。

罗素放弃这一理论的另一个重要原因是：他所努力表述的关于个人空间与公共空间、两者之间的关系和认为可感觉的东

西占有两种空间的方式的一些看法，由于其复杂性和他逐渐看到其不能言之成理而变得不可取。他在《我的哲学发展》中曾简单提到这一组问题。他在该书中说，他之所以放弃"单从经验材料构建'物质'的努力"，主要是因为这是"一个不可能实现的计划……物体不能被解释为由实际经验到的成分所构成的结构"（《我的哲学发展》，第79页）。现在，这一最后的说法严格来讲与罗素原来表述的意见并不一致，原来的文字说可感觉的东西并非必须实际被感觉到；《我的哲学发展》对这个理论做出了比原来说法带有更浓厚的现象论色彩的解释。但是它接触到这个理论的一个严重的问题，即"未被感觉到的感觉材料"的说法是前后矛盾的，因为这种感觉材料甚至不需要（相反，其名称倒似乎要求）与知觉有一种必然的关联。

59 对罗素来说，放弃体现在《认识论》原稿与《我们关于外部世界的知识》中的方案无疑是一个打击，因为在完成了《数学原理》之后，他就把注意力转到知识与知觉问题上来，这时他看到解决这类事情与物理学之间的关系问题这一任务是他下一个重大贡献。这是他从1890年代起就怀抱的雄心壮志。

认识论中还有其他一些重要的问题，罗素在做出的这些努力中只是匆匆提到。这些问题涉及传统上认为是科学支柱的那种推理，即非证明性推理。过了若干年之后罗素才重新思考这些问题：他做出的主要讨论见于他在第二次世界大战后写成的《人类的知识》一书。在这段时期，他把注意力转向了有关方法和形而上学的某些问题上去，这些问题在他致力研究知觉的过
60 程中显得很重要。这些问题是下一章讨论的主题。

第三章

哲学、心灵与科学

方法与形而上学

罗素将他从《我们关于外部世界的知识》以后发展起来的哲学观点叫作“逻辑原子主义”。逻辑原子主义主要是一种方法，罗素希望用它解决关于知觉的性质及其与物理学的关系等问题。重要的是要看到罗素在《数学原理》之后四十年中的哲学工作主要致力于探讨知觉与物理学的关系这个特殊问题上，实际上也就是努力为科学提供一个（适当的）经验基础。在这里科学被看作是关于世界的理论，它最有可能成为真理或者至少接近真理。逻辑原子主义由此也就为罗素提供了他的形而上学，即他关于实在的性质的说法。这种形而上学（至少就其简单明确的意思来讲）看来并不是当时流行的物理学的物质观，而是把物质表述为逻辑结构。罗素对其形而上学观点的说明几乎一律采用概述的方式，写进他关于逻辑分析的许多讨论中的结论部分；他把大部分注意力都集中到分析策略本身上面。

逻辑原子主义的哲学

罗素曾在许多地方讲过逻辑原子主义，其中最重要的是《我
61 们关于外部世界的知识》中“逻辑是哲学的本质”那一章，以及1918年发表的标题为《逻辑原子主义的哲学》的一系列讲演（后收进马尔什编《逻辑与知识》一书）。《逻辑原子主义》（1924）一文概括了逻辑原子主义的方法和目的（也收进马尔什所编书中）。

逻辑原子主义的方法的要旨就是罗素的这一主张：“逻辑是哲学的本质”，在这里“逻辑”指的是数理逻辑。数理逻辑的重要性在于它提供了对结构进行强有力的并在哲学上有所发现的分析手段；特别是关于命题与事实相互关联的结构。

人们早已看出，命题的分析怎样表明，把一切命题都看作具有主谓语形式是错误的，在这一点或有关方面表层语法令人产生误解，例如在我们把摹状语或普通名称当作指示性表达式的时候。当我们断言这些命题时，对于我们所谈论的世界以及命题本身，同样也可以做出在结构上有所发现的分析。

在“逻辑是哲学的本质”一章中，罗素从前一种结构开始，概述了这两种相互关联的结构。他说，世界是由具有许多性质和关系的许多事物所组成。一个关于世界的总目录不仅要求有列举出事物的名单，而且要求有列举出事物的性质和关系的名单。换句话说，这将是一个关于事实的总目录。事物、性质和关系是事实的组成部分，转过来事实又可以分解为事物、性质和关系。事实由罗素称为“命题”的东西来表述，命题则被定义为“被断言为真或伪的语言形式”。罗素将表述基本事实的命题称为“原子命题”。当这些命题由“和”“或”和“如果——那么”

等逻辑词结合起来时，结果便构成复合或“分子”命题。这些命题极为重要，因为一切可能的推理全都依靠它们。 62

最后还有一种普遍命题（例如“凡人皆有死”）及其用“有些”构成的否定式（例如“有些人是不死的”）。它们所表述的事实在某种程度上依靠先天的知识。这个至关重要的道理是在对命题与事实的分析进行思考后才显现出来的结果。从理论上讲，如果我们知道全部原子事实，并且知道它们就是**全部**原子事实，我们就能从它们推论出所有其他真理。但是普遍命题却不能只从原子事实通过推论得知。看一看“凡人皆有死”：如果我们知道每个个体的人以及他们必皆有死，在我们知道他们就是世上所有的人之前，我们仍然不能推论出“凡人皆有死”；而这就是一个普遍命题。罗素眼光敏锐，强调了这个道理的重要性。因为普遍真理不能只靠个别真理推论出来，并且因为一切经验证据都属于个别真理，由此可知只要有知识就必然有某种普通的先天知识。罗素据此反驳旧的经验主义者，因为在他们看来，一切知识是完全建立在知觉经验之上的。

立即出现的问题是：在什么地方找到这类普遍的知识？罗素的回答仍然是他在《哲学问题》中所说过的，即这类知识是在逻辑中找到的，因为逻辑向我们提供完全普遍的不证自明的命题。看一看这个命题：“凡人皆有死，苏格拉底是人，所以苏格拉底有死”，这个命题包括经验性字词（“苏格拉底”“人”“有死”），所以不是一个纯逻辑命题。但是表示其形式的纯逻辑命题“如果任何一个事物具有某种性质，而且凡是具有这种性质的事物都具有某种另外的性质，那么这个事物就具有这种另外的性质”（更清楚的表达式是：“所有F都是G，x是F，所以x是

G”）却既具有完全的普遍性，又是不证自明的。正是这类命题使我们超越了经验的个别性的局限。

在《逻辑原子主义的哲学》中，这一分析性纲领的细节得到了更详细的说明。名称中所说的“逻辑”标明所达到的原子是
63 “经过分析最后剩下的东西”，在这里分析是逻辑的而不是物理的（《逻辑原子主义的哲学》，第178页）。这些原子是一些殊相，例如“小块的颜色或片断的声音，瞬间的事物——以及……谓词或关系”。目的在于从人们对于世界所抱的通常信念过渡到精确地理解经验是怎样作为科学的基础；也就是说，“从那些我们自以为确实可靠的明显而又模糊、含混的事物过渡到某种精确、清晰、确定的事物，我们经过思考和分析发现后者就包含在我们开始见到的模糊事物之中，可以说就是以该模糊事物为影子的真实情况”（出处同上）。方法是把复合符号——命题——分解为组成它的简单符号；这种分析的终点是对作为简单符号的意义（这里“意义”就是“所指”）的事物有直接的亲知（《逻辑原子主义的哲学》，第194页）。在一种比如说由《数学原理》有意提供的“逻辑上完备的语言”中，一个命题的组成部分——简单符号——同一件事实的组成部分有着一一对应的关系，只有逻辑表达式“或”“和”等在外。每个简单事物都由其本身各自不同的简单符号来表示。罗素说，这样一种语言“一看就显示出被肯定或否定的事实的逻辑结构”（《逻辑原子主义的哲学》，第198页）。

罗素在这个基础上写了一段“形而上学的漫谈”。逻辑原子主义在理论上（如果不是在实践上）是这样一种看法，即认为分析使得我们接触到组成世界的最根本的简单事物。简单

事物被定义为一切不是复合的事物——即不能进一步分解的东西——每一个简单事物都是一个独立的自身存在的事物。另外，它们还是非常短暂的事物，所以由它们组成的复合事物都是“逻辑的虚构”，合在一起为我们的认识或实用的目的服务。

简单事物有无限多的种类。有各种不同等级的个别事物、性质和关系，但是其共同点却是都具备一种为任何其他事物所没有的实在性。世界上唯一另外的客体便是事实；事实是被命题所断言或否定的东西。事实并不具有与其组成部分相同的实
在性，关于事实的知识与关于简单事物的知识很不相同；前者是 64
通过描述得到的知识，而后者则是通过亲知得到的知识。

罗素的分析方法包括奥卡姆剃刀的原则，即认为在研究存在的事物时应使用最简约不过的学说。这个原则可描述为提出这样一个迫切的问题：“为了能够定义需要被定义的东西和证明需要被证明的东西，我们最少需要多少简单而未被定义的事物和未经证明的前提？”（《逻辑原子主义的哲学》，第271页）。一个日常见到的物体，例如书桌，在应用奥卡姆剃刀后便可叙述如下。我们认为书桌是一个在未被知觉时一直存在的物体。正如怀疑论者可能指出的，这个信念乃是基于对书桌有时断时续的知觉，而这些知觉本身却一点也没有告诉我们书桌是否在知觉间断时还继续存在。然而我们却说书桌所有这些不同的显相是**同一张**书桌的显相。是什么原因使得我们这样说？罗素的回答是由显相组成的系列被我们简单地定义为一个单一的继续存在的物体。“通过这种方式书桌被还原为一个逻辑虚构，因为一个系列就是一个逻辑虚构。通过这种方式一切日常生活中的物体都从存在的范围中排挤掉了，取而代之的是一些转瞬即逝

的个别事物，那类人们通过感觉直接意识到的东西”，即感觉材料（《逻辑原子主义的哲学》，第273页）。所以我们称为实在的事物“是些由个别事物的类所构成的体系、系列，个别事物成了实在的事物，因为个别事物在其正好呈现给你时就是感觉材料”（《逻辑原子主义的哲学》，第274页）。

这种处理问题的方法让罗素想到一种物理学的分析——物理学的原子也被理解为逻辑虚构，这种分析使得罗素走向一种名为“中性一元论”的心灵观。在这个阶段他还未充分阐述看法；但是后来根据他观点上的某些重大改变，他才对它们给予了特别的注意。他在《物的分析》（1927）和《心的分析》（1921）中分别详述了上面两种看法。我把对它们的专门讨论
65 放在后面。

逻辑原子主义的一些问题

逻辑原子主义很难让人感到满意。首先，罗素对它的表述只是个概要，而其目的又是想同时解决几个不同的问题。这是一种经验论的意义理论，也就是说它必须提供关于知识、知觉和心灵的理论，并以意义理论为中心，说明词语的运用以及如何学习和理解词语。后一项任务由于罗素的下述观点而变得复杂起来，即他认为日常语言的表层形式起着误导作用，如不做出正确分析，便会因此产生坏的哲学：

> 我认为哲学语法的重要性比一般认为的要大得多。我认为所有的传统形而上学都充塞了坏的语法产生的错误，几乎所有的形而上学的传统问题以及形而上学的传统结

论——想当然的结论——都来自未能在我们可以叫作哲学语法的学科中做出区分。

（《逻辑原子主义的哲学》，第269页）

所以进行这种分析全靠认为语言有其深层结构，它与表层结构有重大的不同，而只有深层结构才与经过分析后显示出的世界结构相对应。所以由此产生的一个大问题便是《数学原理》的逻辑是否是表述自然语言的深层逻辑形式的唯一正确方法。

罗素的理论把一种纯逻辑的关于结构的说明同一种依靠感觉材料的经验论结合起来，方法是把感觉材料作为组成世界结构的简单事物。但是他还必须让简单事物不仅包括事物而且包括事物的性质和关系——即共相——而这就立即招来另外一种困难，因为看不清楚共相也是按照个别事物（殊相）作为简单事
物的方式被看作是简单事物的。简单性的特点是不可分析性和 66
独立性。即使就罗素所举的最佳实例——某种特定的颜色浓淡构成的颜色小块——来讲，共相有这些特点吗？不会有的；因为成块的颜色并非各自独立的，而指示它们的表达式也能够引来命题之间的不相容性。

罗素相信这类问题可以通过对日常事实话语进行完全彻底的分析来克服。但是他一直未能完成这样一种分析，而不得不把它作为由未来的科学哲学完成的工作，或者换个方式去研究，如果找到一种途径的话。这就使他做出某些令人感兴趣的让步：

当我说简单事物时，我应该说明我是在说某种并非被经验到的简单事物，而只是通过推理得知的分析的极限。

> 通过更好的逻辑技术完全有可能不需要假定简单事物的存在。如果一种逻辑语言的简单符号(即不含以符号为其组成部分或不含任何有意义的结构的符号)都代表某一类型的客体,即使这些客体并非简单事物,那么这种逻辑语言就不会导致谬误。这样一种语言的唯一缺点是它不能处理任何比它用简单符号所代表的客体更简单的事物。但是我承认在我看来很明显的是(正如莱布尼茨所认为的一样)复合事物必然由简单事物组成,尽管组成部分的数目可能多到无限。
>
> (《逻辑与知识》,第337页)

在这段文字中罗素实际上退一步承认,由于他把经验论与原子主义结合起来而出现的问题——如果感觉材料是简单事物,而简单事物又是推论出来而非经验到的东西,那么这种学说便是不融贯的——并且打破了他在其他地方坚持过的简单符号与简单实体之间的联系:因为在这里他说简单符号可以表示复合实体;唯一的要求是它们一定要属于一个类型。此外,如果简单事物的数目大到无限,那么甚至构造一种在逻辑上**完备**的语
67 言的前景就非常暗淡,因为这种语言会包含无限多的名称,而分析本身由于其程序可能多到无限,也将永远不可能充分完成。

有些评论家指出,逻辑原子主义如果脱离开经验论,作为一个纯形式的理论,就会更加成功,正如维特根斯坦在《逻辑哲学论》中所做的那样。这样看来,逻辑原子主义的要旨是:表达式(不同于例如“和”这样的逻辑表达式)有两类,即那些指示存在的(简单的)事物的表达式和那些可以分解为这类表达式的表

达式。如果我们抛弃了那种主张简单事物就是感觉材料因而也就是亲知客体的经验论，我们也抛弃了关于人类怎样能够学习和理解语言的说法，而这是一个严重的缺点；罗素确实认为至关重要的是应该有这样一种说法，而这也就标明了罗素与维特根斯坦各自不同的逻辑原子主义的主要区别。但是正如已经指出的那样，想把经验论嫁接到原子主义上的努力产生了这样一些困难，我们也许必须接受这个缺点——尽管我们也可以很自然地把原子主义与这些考虑（作为任何一种适当的语言理论的必要条件）之间的不相容当作放弃原子主义本身的一个理由。

但是试图使经验论脱离原子主义的努力却对于罗素的名称理论造成了困难。按照这个理论，逻辑上的专名很像“这”和“那”等指示词；它们没有描述性内容，它们的意义就是所指示的个别事物。因此这些意义只能通过亲自认识它们所指示的事物来获知；但是放弃关于经验的考虑就意味着该理论的这一部分现在已不适用。这就产生一个问题；因为这个观点的主要应用之一在于分析日常语言表达式，后者看来是指示暂时存在的事物——例如书桌等等。该理论的纯粹形式要求每个逻辑上的专名必须有某种由它指示的事物。照经验论的理论来讲，这类 68
被指示的东西就是暂时的感觉材料，因而除了知道名称所指示的东西之外，我们还知道名称与其所指示的东西也有一个共同的方面，即它们也是暂时性的。但是照纯粹形式的理论来讲，人们并不清楚怎样刻画名称的特性，因为我们并不知道那些未知的——纯粹形式的——最终存在物是什么。不让我们自己有一个关于这种情况的理论进一步意味着我们根本不知道命名关系是怎样运作的；例如按照经验论的理论，当某人将一个感觉材料取名为“那个”或某个同样适用的名称时，并不存在行洗礼命名的场合。而这也意味着我们对于为什么**这个**名称是**那个**个别事物的名称，以及它是否已是另外一个事物的名称却讲不出任何道理来；不管怎样，一旦我们自己想到有名称而无命名者、语言学习者或感知者，看来这也许就会是个小问题。

这一类考虑显示让原子主义脱离开经验论所得到的好处是极其有限的。碰巧这些反对意见本身并不足以对逻辑原子主义中提供意义理论的那些方面造成致命的伤害；连同它们与语言理解的联系，还有其他发展它们的办法。但是要做出充分的估价还要考察罗素本人在其后来关于心与物的思想中所提出的为什么要修正逻辑原子主义的一些特点并抛弃另外一些——比较重要的——特点的理由。现在我就对这些论点做一个概述。

心与物

罗素在1918年阐述他所主张的逻辑原子主义观点时曾说，他觉得威廉·詹姆斯的“中性一元论”很有吸引力但仍未能使他信服。这个学说是为了解决长期存在的关于心与物之间的差别与关联的问题而提出的。说得概括一些，詹姆斯的学说认为世界归根结底既不是唯心论者所认为的由精神材料构成，也不是唯物论者所认为的由物质材料构成，而是由一种“中性材料”所构成，心与物两者都由此而来。按照罗素自己的说法，他在结
69 束了关于逻辑原子主义的讲演之后不久就转而相信这个学说。他在1914年曾写文章谈论并驳斥詹姆斯的观点；他在1918年的讲演中则对此抱有比较同情的看法，但态度仍未决定；然而在一篇题为《论命题》（1919）的文章中他终于完全赞同这个学说，并

在1921年以它为基础写成《心的分析》。罗素后来对这个学说做了一些改进，但是我做的这个概述仍然主要依据《心的分析》一书。

通俗哲学说心与物是非常不同的，其不同在于心灵有意识而物质的东西（如石头）则没有意识。因此罗素提出的问题是：意识是不是精神的东西的本质？为了回答这个问题，人们首先就要大略知道意识的性质是什么。思考一下意识现象的典型实例——知觉、记忆、思维、相信——就会看出意识的首要特点乃是在任何这类方式中**意识到**总是**意识到**某种事物。哲学家把这种特征称为“意向性”，也许还可以称为“关涉性”或“指向性”。所以意识的概念基本上是一个关系概念；一次心灵的**行为**——一次知觉或相信或诸如此类的行为——都关涉到一个**对象**——被知觉到的对象，被人相信的命题。实际上按照这一学说的某些说法，例如迈农的主张，起作用的有三个因素：行为、内容和对象。举例来说：假如某人想到伦敦的圣保罗教堂。有某人的思想行为；有这一思想的性质即它关涉到圣保罗教堂而不是其他某个教堂——这就是其内容；然后还有行为的对象，即圣保罗教堂本身。

罗素驳斥这些观点。首先，他说并没有“行为”这种东西。一种思想内容的发生就是这种思想的发生，如果另外再加上一种“行为”，这就既没有经验上的证据，也没有理论上的需要。罗素分析人们可能不这样想的原因在于我们说“**我**如此这般地想”时会暗示思维是一种由主体完成的行为，但是他反驳这种看 70
法，理由很像休谟所提出的，后者认为自我的概念是一种虚构，认为根据经验我们最多只能说有一些为了方便才被我们包装为“我”和“你”的思想束。

其次，罗素批评内容与对象之间的关系。迈农认为这种关系是直接的指称关系，但是照罗素的观点看，这是一种更为复杂和派生出来的关系，主要由关于内容之间，内容与对象之间以及对象之间许许多多多少是间接的关联所抱的信念所构成。此外加上这一事实，即人们在想象和幻觉等不寻常的经验中能够有无对象的思想，人们就看出内容–对象的关系包含许多困难——罗素说重要的是这引起了认为内容比对象重要的唯心论者与认为对象比内容重要的实在论者之间的争论。（罗素使用这些名称虽然合乎常规，却令人产生误解：为了精确，我们在这里应该用“反实在论者”来代替“唯心论者”；原因在于：从根本上讲，实在论与反实在论确实是关于内容与对象之间关系的不同论点，因而是**认识论的**论点，而唯心论则是关于世界性质的**形而上学的**论点，即认为世界的性质归根结底是精神的。这一点在哲学争论中经常受到忽视，罗素这样做不足为奇。）罗素认为所有这些困难都可以避免，如果我们采纳威廉·詹姆斯的“中性一元论”的话。

中性一元论

詹姆斯争辩说，在形而上学意义上唯一的最根本的素材按照其相互关系安排成不同的模式，其中有些我们叫作“精神的”，有些则叫作“物质的”。詹姆斯说他由于不满意一些关于意识的学说才提出了他的观点，这些学说不过是模模糊糊继承
71 了一些关于“灵魂”的陈规之谈。他同意思想的存在；他反对的是把思想当作实体。相反，思想是功能：“没有什么与构成物质的东西的素材截然不同的原始素材或存在的属性，用以形成

我们关于这些物质的东西的思想；但是经验中却有一种由思想完成的功能，通过完成这一功能，我们才求助于这种存在的属性。这种功能便是**知道**。”（詹姆斯，《彻底经验论论文集》，第3—4页）

按照詹姆斯的观点，他所说的唯一的“原始素材”就是“纯粹经验”。“知道”是一种可以由不同部分的素材参与的关系；这种关系本身同其关系项同样都是纯粹经验的组成部分。

罗素不能完全接受这种观点。他认为詹姆斯使用“纯粹经验”一词显示出唯心主义的残余影响，因而不采用它；他喜欢其他人所用的“中性素材”的说法，这是一个重要的名称上的改动，因为不管“原始素材”究竟是什么，它必须能够——经过不同的安排——产生不能用“经验”适当称呼的东西，比如说星辰和石头。但是即使对于这个修改了的观点，罗素也只是表示部分的赞同。他说，反对把意识当作实体是对的，把心与物都看作是由中性素材所构成也只是部分上而不是完全正确，而单独存在的中性素材则既不是精神也不是物质，特别是关于感觉方面；这是罗素的一个重要论点，因为他的压倒一切的目的就是把物理学同知觉结合起来。但是他坚持说某些事物（意象和情感）只属于精神世界而其他事物（一切不能描述为经验的东西）则只属于物质世界。两者的区别在于支配它们的因果关系；有两种因果律，一种只适用于心理现象，另一种则只适用于物理现象。休谟的联想律是第一种因果律的实例，万有引力定律则是第二种因果律的实例。感觉受两种因果律的支配，因而真正是中性的。

罗素采用了这样一种中性一元论之后，便不得不放弃他以 72
前的某些观点。一个重要的变化是他放弃了“感觉材料”的概念。他这样做的原因是：感觉材料是精神行为的对象，而他现在却已经不承认精神行为的存在；因为在不存在的行为与这些行为的假定对象之间不可能有什么关系，所以也就不可能存在这类对象。而因为感觉与感觉材料之间并无区别，也就是说，因为我们现在把看见——例如一块颜色——的感觉理解为**就是**这块颜色本身，所以我们在这里只需要一个名词，罗素为它取名为“感觉结果”。

罗素在接受中性一元论之前曾由于一些理由而反对过这种观点，其中一个理由是它不能说明信念。正如已经指出的，尽管他接受了这种学说，他还是做出了修改；精神与物质有其互相重合的共同部分，但又各有其不可转化的方面。然而最后终于说服了他的却在这一点上，即在他看来，心理学与物理学已经走得非常接近：研究原子与相对论时空的新物理学事实上已经把物质非物质化了，而心理学（特别是行为主义心理学）事实上也已经把精神物质化了。从内省的内在观点看，精神的实在是由感觉和意象构成的。从观察的外在观点看，物质的东西是由感觉和可感觉的东西构成的。通过把精神与物质之间的基本区别看作是安排上的不同，似乎有可能提出一个大体上统一的学说：精神是由物质按照一种方式形成的结构，脑子则是由大体上相同的物质按照另一种方式形成的结构。

令人惊异的是，这种观点的一个突出特点是它带有很多的唯心论的成分。正如已指出的，罗素指责詹姆斯还有唯心论的残余。但是他在这里却在主张某种与之难以区分的观点：认为精神是由感觉到的知觉结果所构成——即感觉和意象——而物质则是由未感觉到的知觉结果所构成的逻辑虚构。现在罗素经常（用他早期使用的术语）坚持说感觉材料和可感觉的东西

是“物质的”实体，这大体上是按照下面的意思来讲的：如果人 73
们谈论神经系统中一项感觉信息，该感觉材料就会作为神经冲动或脑子的活动而出现。但是这样一来作为物理学说对象的神经和脑本身就必须被理解为由感觉和可感觉的东西形成的构造物，而不该被理解为传统上所说的“物质实体”，后者已被物理学证明是一个站不住脚的概念。因此罗素在《心的分析》一书的结尾说：“对于世界上发生的事情做出最后的科学说明，如果可以确定的话，会更类似心理学而不是物理学——［因为］心理学更接近存在的事物。”（《心的分析》，第305、308页）这就说明了罗素为什么提出他那有名的主张的原因，即“脑子由思想构成”，而当一个生理学家观察另一个人的脑子时，他所“看见”的是他自己脑子的一部分（希尔普：《罗素的哲学》，第705页）。

对于各种坚定的唯物主义来说，罗素这一方面的观点很难接受。但这还不是他那种中性一元论的唯一困难。较重要的一点是他没有达到他的主要目标，即驳倒将意识当作精神现象与物质现象之间主要区别的看法。当然他并没有想通过分析把意识消除掉；他的目标在于减少意识在心–物问题上的重要性。但是在他的学说中占有中心地位的意象、情感和感觉仍然顽强地表现为**意识**现象，而构成大部分物质的可感觉的东西（从定义看经常是未被感觉到的）则不是这样。罗素承认这一点，但却力图确定一种不借助这些事实的区别标准，即以属于不同因果领域的成员关系作为一种区别标准。但是这种区别还很有争议（并且即使存在的话往往也很难看出），而用意识作为区别却十分清楚明白。

与此相关，在讲述知识时不能不谈到标出意识特征的意向

性；不讲到它就无法解释记忆和知觉。罗素后来承认了这一点，在《我的哲学发展》一书中还以此为理由说明他为什么在后期
74 著作中重新回到知觉和知识问题上来。

罗素后来也终于放弃了这一思想（从一个被认为既是**中性的**又是**一元论的**学说的观点看是极其令人不满意的），即认为意象和情感基本上是精神现象的看法，也就是说不能完全还原为中性素材；因为他在一篇很晚发表的文章中说："一个事件并非由于内在的性质而只是靠其因果关系才成为精神的或物质的。一个事件完全可能既有表示物理学特征的因果关系，又有表示心理学特征的因果关系。在这种情况下，该事件既是精神的同时又是物质的。"（《记忆中的肖像》，1958年，第152页）为了前后的一贯性，这本来是他早该在《心的分析》一书中提出的，而在该书中却只有感觉具有这种特征。但是这种观点本身又产生了另外的问题，那就是它与罗素在《心的分析》之后又重新回到的一种观点（即认为知觉结果的原因是从知觉结果本身的出现推论而来的）处于一种不稳固的紧张状态。正如前面所指出的，罗素在把物质的东西当作可感觉的东西的逻辑结构，与把它们当作推论出来的知觉的原因的实体这两种看法之间摇摆不定；他在《哲学问题》中主张后一种看法，在《心的分析》之后又回到了这个立场。但是从表面上看，人们还是想要在其形而上学与认识论之间保持一种微妙的关联，目的在于既认为精神与物质属于同一种素材，又认为物质是精神状态的由推论得出的未知的外界原因。所以在《心的分析》的遗产当中，那些仍然保留在他后期思想中的部分给他后期关于物质的看法带来了相当大的困难。

实在论与知觉

罗素对于物质的东西的看法重新回到一种实在论的、通过推论引出的观点，其中一个主要原因是未感觉到的感觉材料或照后来说法被称为知觉结果的概念本身带来的困难。正如上面所指出的，这个概念是使用分析技术用逻辑构造来代替推论出来的实体的。如果物质的东西能够从现实的或可能有的感觉材料通过逻辑方法构造出来，那就同时实现了两种要求：一是将该学说建立在经验的基础之上，二是由推论得出的实体也被奥卡 75
姆剃刀所削掉。但是未感觉到的感觉材料（或未知觉到的知觉结果）这个概念至少是成问题的，如果不是真正自相矛盾的话。这一点是很明显的而且早已有人指出过。谈论感觉的**可能性**的存在——尽管如不做出认真解释，这在形而上学上讲是成问题的——是有意义的；但是谈论**可能的感觉**的存在却不令人感到言之成理（注意罗素对于可感觉到的东西所下的定义：它是具有“与感觉材料同样的形而上学和物质地位的实体而不必作为任何心灵的感觉材料”）。如果在推论出来的物质个体与存在而未知觉到的非现实的知觉之间进行选择的话，看来最好还是采纳前者。实际上这正是罗素后来的想法；未感觉到的感觉也就被抛弃了。但是他并未回到他在《哲学问题》中所采取的较粗糙的推论出来的实在论，而是心中已经有了某种更精细的却并不更成功的想法，正如已经简要说明的那样。

罗素重新回到实在论的另一个理由是，他认识到因果性概念对于现象论来说是成问题的。世界上的事物看来是通过因果关系而相互影响的，其方式很难只靠记录感官经验得到适当的说明。另外，一个关于知觉的因果学说是说明经验自身如何产生的一种自然而有力的方法。在罗素成熟的科学哲学（见于《物的分析》和1948年出版的《人类的知识》）中，他并没有选用洛克的看法，即认为我们的知觉结果类似于其起因来源（即所谓“图像原本”说，因为我们不能直接亲知事物，由此也就不能期望认识事物的属性和关系。他现在转而争辩说，世界与我们的知觉中的变化是相互关联或共同变化的，至少是就我们的知觉器官能够记录下世界上的事物的秩序而言（举例来说，我们知觉不到桌子上密集的电子，所以在这个层次上不存在世界与知觉之间相互关联的共同变化）。知觉结果与事物之间的对应关系只是在适当层次上的一种结构上的对应关系。“我们从知觉推论出来的东西只有结构才是正确有效的；而结构正是能够用数理逻
76 辑表述的东西。”（《物的分析》，第254页）而这就表示除了物理学所描述的物质世界的数学性质之外，我们必须抱着“存疑”的态度（《物的分析》，第270页）。

罗素已经认识到在形而上学意义上构成世界的最基本的东西最好还是选用“事件”。物体是通过下列方式由“事件”构造而成的：世界是事件的集合，大多数事件都集聚在许多“中心”的周围，从而构成个别的“物体”。每一个事件簇都辐射出事件“链”，与来自其他中心的事件链（其中包括知觉者）产生相互作用和反作用。当一个事件链与构成知觉者的知觉器官的事件相互作用时，这个事件链中最后一个环节便是知觉结果。因为每个事物最终都由事件构成，这些事件事实上就是精神的东西和物质的东西赖以构成的“中性素材”。精神是由“精神的”关系连结起来的事件簇，其中比较重要的就是记忆；不然精神与物质

就失去了形而上学的区别。最后，事件链之间的相互关系就是科学的因果律所描述的东西。

这种看法使得罗素能够表述他长期以来就想提出的满意论点，即认为知觉结果乃是属于事物的一部分。因为按照这种看法，事实上并没有构成事物的事件以及除此之外作为对于这些事件的知觉的其他事件；而是只有构成物体的事件，其中有些就是知觉结果——这些知觉结果乃是在事件链中作为终点的事件，它们来自与构成知觉者的事件相互作用的物体。

这个学说是推论性质的，这并不是照先前的意思来讲的。根据先前的想法，知觉结果的原因，由于隔着一层知觉的面纱而不可把握，所以是从知觉结果本身的性质猜想出来的。还不如说这种推论是从作为终点的事件即知觉结果——这些知觉结果就是（用启发式的方法来讲）“精神的”事件与事件世界其他 77
部分中可以与之起相互作用的结构层次之间所产生的上述作用——推论出构成了整个世界的事件簇和事件链。

在《物的分析》一书中，这个学说的核心思想是：关于世界的知识完全是结构性质的。我们认识知觉结果的结构及其属性和关系，但是我们只认识外界事件的结构，而不认识其各种属性。这似乎让人想到了洛克的第一属性与第二属性的区别，但并不相同；罗素是说我们从知觉结果推论出来的只是事物的属性和关系的结构，而不是其属性和关系本身；而这就是知识的限度。

这个学说有一个致命的缺点，数学家M.H.A.纽曼很快就察觉到并在《物的分析》出版后不久发表的一篇文章中对之做出评述。这个缺点是：由于我们关于事件的结构的知识并不只是由我们规定的结果，而显然并非空无内容的重言式，所以我们的推论知识就不能只限于结构问题。这是因为——用一个粗略的类比——许多不同的世界都可以被抽象地定义为具有相同的结构，而假如这样，那么只凭关于其结构的知识就不能将其分离出来，特别是不能使“现实的”世界个体化。如果科学真正是通过对世界进行观察和实验得出的发现所构成，那么我们观察到的东西与推论出来的东西之间的区别就不能降低为纯结构与属性之间的区别。

罗素给纽曼写了一封颇能显出自己宽大气量的信，说他接受这个论点：“我所提出的认为我们关于物质世界除了其结构之外一无所知的说法不是错误的便是空无内容的，你已经讲得十分明白，我很惭愧自己没有看出这一点。”

78 人们现在都已知道，贯穿罗素早期与后期观点的主线是他力图协调科学与知觉的愿望，特别是他想达到将科学建立在知觉的相对确实性之上，从而使其具备坚实基础的目标。他看到在任何这类努力中主要问题都是保证从知觉稳步过渡到物理学说中的物体。按照他的看法，这种过渡步骤要么必须是推论性质的，靠它从不可改变的感觉材料过渡到某种另外的东西，要么就是分析性质的，即靠一种从知觉结果构造出物质实体的过程来完成。按照刚刚说过的后一种观点，这种推论具有一种为比较常用的推论所没有的特别优点，即推论不是从一类事物到另一类事物，而是从某种事物的一部分到其另外的部分进行的。

照罗素的早期观点看，他把首要的实在性赋予感觉材料，并从中构建其他一切事物。照他的后期观点看，实在性则属于作为终极实体的事件，还引进了一个侧重点上的重大改变：知觉结果仍然是直接的和极其确实的东西，但是它们不被看作必须精确反映物质世界的东西。这个物质世界照理解它的最有力的方法即科学所提供的图式与它显示的样子无论如何也是大不相同的。

推论与科学

然而关键仍然在从知觉推论到世界是否稳固可靠这个人所共知的主要问题上。罗素在《人类的知识》一书中的目标大部分都是为这些推论的可靠性提供理由根据。在他有关知觉与科学的关系的思想中，他一直确信人们必须先天地认识到某种东西才可能有科学知识。正如已指出的，早先他认为纯逻辑原则提供了这类知识。但是现在他看到只靠逻辑是不够的；我们还必须知道某种更重要的东西。他的解决办法是说从知觉推论到事件全靠一些先天的“公设”作为其合理根据，然而这些公设却
陈述了有关世界的一些可能发生的事实。这样讲来，罗素的观 79
点立刻让人想到康德的一个论点即具有“综合先天知识”乃是一般知识成为可能的一个条件。罗素在《人类的知识》的序言中曾对这看法坚决予以驳斥。两者的区别来自罗素在其最后提出一种认识论的重大努力中感到最多只能希望得出一种带有尝试性和盖然性的说法。

罗素在《人类的知识》中采用的方法有两个特点可以说明这一结果。一个特点是他现在认为知识应该用“自然主义的”讲法来理解，也就是说把知识当作我们生物环境中的一个特点，同世界构成的方式结合在一起来看待。另一个特点则是他已经充分认识到这一事实：知识的基本材料绝不是确实的，最多也不

过在某种程度上是可信的。这第二个论点在详细阐明《人类的知识》的观点上起了重要的作用。而凡是在罗素需要维护《人类的知识》为科学知识所提供的合理根据时，就都有第一个论点出现。

当感觉材料不是靠与其他感觉材料的关系而具有一定程度的可信性时，罗素说这些材料具有“内在的”可信度。具有某种内在可信性的命题支持由其推论出来的命题。这样一来主要问题就成为：具有某种程度的内在可信性的命题怎样将其可信性传送给科学的假说？问题的另一种提法是：观察和实验的记录怎样起到证据的作用？罗素的公设就是为了解答这些问题而提出的。

共有五个公设。第一个公设即准永久性公设，旨在代替通常的持续存在的概念：“已知任何一个事件A，经常发生的情况是：在任何一个相邻的时间，在某个相邻的地点有一个与A非常类似的事件。”这样一来常识中的事物就被分析为由类似事件组成的系列。这种思想最早来自休谟关于事物的“等同性”的分析，即我们总是愿意把一系列类似的知觉当作一件单一事物
80 存在的证据，比如说你每次走进花园都知觉到一株玫瑰，因而就认为在那里有一株继续存在的玫瑰，即使在没有人知觉到它的时候。

第二个公设即“可以彼此分开的因果线的公设”，讲的是“通常可能形成这样一系列事件，从这个系列中一个或两个分子可以推论出所有其他分子的某种情况”。例如我们可以跟踪一场台球中一个台球的位置；常识认为台球是一件改变位置的单一的东西，而按照这个公设的解释就可以把台球及其运动看作

一系列事件，人们从其中某些事件可以推论出有关其他事件的信息。

第三个公设即“时空连续性公设”，旨在否认“超距作用”，要求在两个不相邻的事件之间有着因果关联时，一定存在着由中间环节构成的因果链。许多关于未观察到的推论都依靠这个公设。

第四个公设即“结构公设”，它说“当许多在结构上相似的复合事件在相离不远的领域围绕一个中心分布时，通常出现这种情况：所有这些事件都属于以一个位于中心的具有相同结构的事件为其起源的因果线”。这个公设的目的在于肯定这一思想，即存在着一个为一切知觉者共有的由物质的东西构成的世界。如果六百万人都听首相的广播演说，在核对笔记时发现他们听到了非常相似的内容，那么他们就有理由认为这是属于常识性的道理，即他们都听到了同一个人通过无线电波的讲话。

第五个也是最后的公设是“类推的公设”。这个公设说“如果已知A和B两类事件，并且已知每当A和B都被观察到时，有
理由相信A产生B，那么如果在一个已知实例中观察到A，但却 81
没有方法观察到B是否出现，B的出现就具有盖然性；如果观察到B，但却不能观察到A是否出现，情况也是一样”。这个公设本身就令人信服（《人类的知识》，第506—512页）。

罗素说，这些公设的要旨在于为建立科学迈出的最初步骤提供合理根据。这些公设说出除了观察到的事实之外，我们还必须知道些什么，才能使科学推论正确有效。这样一来，得到合理根据支持的不是先进的科学，而是科学中本身就以常识经验为基础的更基本的部分。

但是“知道”在这里是什么意思？照罗素的看法，包含在“公设的知识”中的知道是一种“动物性的知道”，它来自与世界的相互作用所形成的习惯性信念。这与确实的知识相距甚远。罗素说：

> 由于世界是它现在这个样子，事实上某些事件有时是其他一些事件的证据；并且由于动物适应于它们的环境，那些事实上是其他事件证据的事件就易于引起对这些其他事件的预料。通过对这一过程的思考并使之进一步完善，我们就得出归纳推理的准则。如果这个世界具有我们大家都相信它有的某些特点，那么这些准则就是正确有效的。
>
> （《人类的知识》，第514—515页）

这些特点就是这些公设实际体现的常识事实，我们正是在这种意义上“知道”这些公设的。它们蕴涵在我们做出的推论之中，而我们的推论大体上是成功的；所以这些公设在一种意义上可以看作具有自身证实的性质。

尽管罗素认为这些公设是我们先天地知道的东西，它们的地位却显然是奇特的。在一种意义上这些公设事实上是经验性质的，因为它们不是记录经验便是由经验所提示。赋予公设以先
82 天地位的是将其**当作**不靠经验证实（除去实践中的间接证实）而**知道**的东西，而不是将其当作需要由这类合理根据来支持的概括性命题。实际上罗素选用了某些一般的不具必然性的信念，即一些在对世界的思考上特别有用的前提并将其提高到公设的地位。反过来说，公设的间接合理根据就在于它们或其应用的结果

总的说来是有效的。结合罗素在《人类的知识》中为认识论定下的极为有限的目标——如今已不再是为知识追求最确实的基础，而只是说出一些为了使科学思想可以接受而必须采用的粗略原则——来看，这也许已经足够了。但是这个目标并未自称是对怀疑论做出回答，或是对非证明性推理做出严格的论述。

从以上这些话可以看出罗素在《人类的知识》中所持的论点为什么没有得到读者多大反应，这使他大为失望。他充分认识到，只有在我们确信有关证据和科学推论的准则得到正确使用下会提供关于世界的实实在在的不具必然性的知识时才值得去研究它们。但是罗素的论证最多只能说明我们的经验思维所依靠的普遍原则迄今为止大部分是成功的。但是这看来却正像罗素特别想避免的那种不牢固的归纳逻辑，他举的例子是一只小鸡由于一天又一天得到喂养而对世界感到越来越满意，直到有一天碰到了一个屠夫。实用主义性质的辩护理由是有限度的，设想有个人只靠祈祷来促使西红柿生长，每年收获若干个西红柿，另外有个人则对西红柿浇水上肥，每年收获的西红柿比前者多得多；然而第一个园丁也许仍然会把他收获一些西红柿当作为之进行祈祷的实用主义性质的辩护理由。所以迄今为止，我们的原则的成功并不能成为肯定它们是取得科学上成功的重要根据。

特别是我们不能保证不发生这种可能性，即使用这些公设
会通过偶然发生或是某种系统的方式而导致谬误，被类似那位 83
进行祈祷的园丁所代表的情况所掩盖。现在这种可能性确实由于罗素很少求助于认识论而得以存在。指责的原因一定是由于《人类的知识》中的论证实际上是承认了失败，如果放在认识论

传统中去看的话。笛卡尔及其在现代哲学中的继承者提出了关于知识性质以及如何获得精确知识的问题，以便能够把某些研究——如炼金术、占星术和魔术等——与另外一些研究——如化学、天文学和医学等——区分开来。两者的区别不仅在于它们所提供的真正有用的应用数量上，而且在于它们告诉我们关于世界的某种真理上；进一步说，后一种事实说明了前一种事实，并且通过同一途径将两者的范围扩大。另外，我们的古代偏见和动物性信念也许可以在这个过程中受到质疑，正如实际发生的那样：因为科学描绘的世界与常识的世界是很不相同的。但是罗素在《人类的知识》中却说，应用的有效性和那些不曾改变的动物性习惯信念是我们唯一能够希望在认识论中获得的最后的合理根据。这同传统认识论力图达到的目标相距很远，也远远没有达到几十年前罗素本人在他最初开始从事认识论工作时所抱的希望。

第四章

政治与社会

引言

罗素曾积极参与有关道德、政治、宗教、教育以及战争与和平问题的争论，为此写了大量著作。他并不认为它们是严格意义上的哲学著作。正如上一章所说，他把哲学当作一个专业学科，研究有关逻辑、知识和形而上学的抽象问题。在他看来，与此形成对比的上面那些争论则是属于情感和个人意见的范围，事实上涉及人生中的各种实际问题。他承认对于道德话语和政治话语可以进行形式意义上的分析，即对其逻辑形式而不是实质内容做出系统的研究，但是他感兴趣的却是些实际问题和具体问题，特别是在第一次世界大战爆发之后。

尽管如此，罗素在其某些著作中还是尝试过阐明伦理学基础的工作。他不曾想正式提出一种有创见的学说，而是满足于使用一些有意借自别人的看法，这些看法（在他认真关心实际问题之后）带有“后果论”的性质，即认为人和政府的行为必须看

其后果来判断其道德价值。同时他的文章（算不上前后完全一
85 贯）有时却又好像相信某些性格特征如勇气、大度和诚实等有其自身的道德价值。他在某些早期著作中也提出过一种与这些更不一贯的观点，即认为道德判断是主观态度经过乔装打扮后的表述。对罗素来说，他的主要问题是如何调和两种互相冲突的东西：一方面是忠于人们深信不疑和热情拥护的道德信念，另一方面则是道德判断明显缺乏理由根据。由于他对能否有一种伦理知识抱有怀疑态度，这种调和变得更加困难。

讲明罗素在伦理学领域的贡献也许最好是说他是个道德家而不是道德哲学家。同他以前的亚里士多德一样，他也认为伦理与政治是相连续的；在认为战争邪恶的伦理判断与争取和平政治要求之间并没有性质上的区别。因此，罗素关于道德、政治和社会的思想是互相连贯的，这就说明他在讨论这些问题最深入的一本书《从伦理与政治看人类社会》中为什么把它们放在一起来研究的道理。

在政治上罗素终其一生是个激进派，从个人小“我”来看，也是个自由主义者。第一次世界大战后，他成了工党党员，在两次选举中当过候选人；他在1960年代撕毁了党员证，因为他憎恨哈罗德·威尔逊支持美国在越南进行战争。但他从来不是照旧的意义来理解的社会主义者，因为在1890年代他为了写第一本书《德国社会民主》（“社会民主”当时就指马克思主义）而去德国研究马克思主义时并未被其说服。他从气质上就反对当时人们所理解的社会主义的中央集权倾向——这实际上是社会主义（或所谓的“社会主义”）在苏维埃世界中唯一得到充分实现
86 的方面——所以他更倾向于行会社会主义，后者是一种非常松

WHY DIDN'T MR. CHAPLIN

MIND THE BABY ?

when he was President of the Local Government Board from 1895 to 1900

Overcrowding and Bad Sanitary Conditions caused the

Unnecessary Sacrifice

of

40,000 Infant Lives Every Year!

What did he do for the Protection of Children and the Reduction of Infant Mortality?

If Women had Parliamentary Votes

they would try to alter the

Bad Land Laws

which cause these bad housing conditions and result in such wicked waste of life.

But Mr. Chaplin wants to make the Baby's Food and Clothing Dearer,

and this will only

MAKE MATTERS WORSE.

Therefore

VOTE for RUSSELL

and

And Give Women Votes to Protect the Children.

Printed and Published by A. E. Holley (T.U.), 110, Haydon's Road, Wimbledon

图8　在1907年温布尔登的补缺选举中，罗素作为议会候选人代表女性选举权参选（图中文字意为：查普林先生为何不在乎婴儿？1895至1900年间他担任地方政府委员会主席期间，由于恶劣的卫生状况，每年有四万婴儿无辜丧生！他做了什么来保护儿童、减少婴儿死亡率呢？如果女性在议会中有投票权，她们就会尽力改变土地恶法，正是这些法律造成恶劣的居住条件，导致生命丧失的悲剧。查普林先生想让婴儿的食物和衣服更昂贵，这只会使情况更糟糕。所以，把票投给罗素吧，让女性有选票从而能保护孩子们）

散的合作所有制和管理形式，人们可以在向往的理想条件下整合他们在社会、娱乐和劳动各方面的生活。

罗素最善于批评当代的道德和政治状况。他所提出的积极改进意见却往往显得缺少说服力，不是流于空想就是至少（考虑到他提出这些方案时的环境）在某种程度上不可能实行。但是作为批评家、鞭笞者和指责者，罗素与苏格拉底和伏尔泰属于同一类型的人。

任何人也不需要找寻理由或得到许可才参与关于社会大问题（政治、道德和教育等问题）的辩论。人们有理由认为作一个有见识的参与者是公民的责任。因此罗素从事这些方面的活动不需要任何辩解。但是我们有充分的理由认为他的贡献具有某种权威性。理由就是他做这项工作比许多人的条件都优越。这并不是因为他继承了辉格党参与政事的伟大传统，尽管这一点无疑也激发了他这方面的兴趣和参与政事的责任感。倒不如说是因为支持他的兴趣和责任感的四种无比宝贵的优点：非凡的智力、清晰的辩才、广博的历史知识和面对反对意见时表现的大无畏精神。这就使他成了一位令人生畏的辩论家。只是到了他一生快要结束的时候，当他周围的人以他的名义讲话和写文章的时候，他才显得语调刺耳和缺少判断力。

他的某些思想，比如说关于世界政府的信念，至今没有得到多少支持。其他思想则有助于改变西方世界的社会面貌，例如对婚姻和性道德的态度。在其他领域中——特别是宗教方面——罗素也解放了许多人的思想，但是根据他对人性的理解，在他看到迷信在今天比他那个时代还要盛行，看到“信仰是我以生命换取的，教条是我以杀人争取的”这个教条以加倍的猖狂又

卷土重来的时候，他是不会感到惊讶的。 88

理论伦理学

罗素在他最早关于伦理学的思想中抱有浪漫主义的黑格尔主义观点，认为宇宙本身就是善的，是“理智的爱”的适当对象。他接受这个观点是受了麦克塔加特[①]的启发，但是这一观点不久就对他失去了的吸引力。罗素对伦理问题最早的认真研究见于他在1910年发表的论文《伦理学要义》，这篇文章表明他遵循G.E.摩尔在其《伦理学原理》中所倡导的学说。摩尔在该书中争辩说，善是一种不可定义的、不可分析的然而却是客观存在的性质，存在于事物、行为和人身上，是通过直接的道德直观行为知觉到的。摩尔抱有某种功利主义的观点，概括讲就是认为对于任何具体实例来讲，应做的正确行为是就该实例而言任何可以最大限度地抑恶扬善的行为。摩尔的观点在布卢姆斯伯利团体[②]成员中影响很大，特别表现在提倡下面这一富有吸引力的思想上：友谊和美的享受是伦理上的至善。（不怀好意的批评家说布卢姆斯伯利团体成员喜欢这个观点是因为好像与漂亮的朋友交往就可以省钱云云。）

涉及功利主义观点的各种困难很快便显现出来。困难之一是人们不能完全知道这样而不是那样行事将带来什么后果，所以我们也许在无意中由于思想糊涂或直观错误而造成不良的后果。罗素按照他所理解的摩尔观点承认这一点，但是他争辩说，当我们已经深思熟虑并使用一切知识做了最大努力时，我们的

① 麦克塔加特（1866—1925），英国观念论哲学家。

② 指本世纪初在伦敦布卢姆斯伯利地区经常聚会的一些英国文人和艺术家。

行为便是正确的。然而说善是客观的主张则是另一回事，罗素对它不能长期感到满意，因为严格说来它也许不能被驳倒，但也不能证明其正确，最明显的例子是遇到某人完全不同意另一个
89 人讲他在如此这般的行为或情境面前直观到善的存在的场合。

这一困难使得罗素采取了他在《哲学大纲》（1927）中所表述的观点，即认为道德判断不是客观的（即没有真伪）而是经过乔装打扮的命令句、祈愿句或态度的表述。一个命令句表示一个命令，例如“不得说谎”；一个祈愿句表示一个选择或意愿，例如人们选择一种事物而不是另一种事物，在伦理范围内就有可用“但愿没有人说假话”来表述的例子；而“我不赞成说谎”则是关于说话者对待说谎的态度的表述。命令句或祈愿句显然不具备真值。虽然在态度的表述上情况有所不同，这只是由于这些表述是关于态度的主人的相关心理事实的描述；在谈到说谎的道德价值时并没有涉及真伪，而只是谈到说话者对说谎的看法。

同摩尔的客观主义相对比，这种立场也许可以叫作“主观主义”。他面临同样严重的问题，其中重要的一个是它明显不能言之成理。例如让我们看一看对犹太人的大屠杀。如果认为人们判断大屠杀为邪恶的理由仅仅在于人们不赞成它，这就令人无法容忍。罗素很敏锐地察觉到这种困难，所以在他对这些问题做出的最后的和最详细的讨论（《从伦理与政治看人类社会》）中努力寻找一种介乎客观主义与主观主义之间的立场，兼有两者的优点而避免了各自的困难。

他在《从伦理与政治看人类社会》中争辩说，道德判断实际上是关于社会及其成员的福祉的判断。这类判断体现或表现出某一特定社会中相当广泛的共同感受，后者一般来讲涉及每个

人的利益。这是一个可以根据对于世界的科学理解或者至少是合理理解来进行说理争辩的问题。这种认为道德上的两难困境可能得出合理解决的信念在罗素观察人类愚行时常有弃他而去的危险，但是他还是一直坚守着这种信念。

罗素说，伦理学的基本素材是情感和情绪。因此，伦理判断 90
乃是我们的希望、恐惧、欲望或反感经过乔装打扮后的表现。事物满足了我们的欲望，我们便判断其为善。所以普遍的善（整个社会的善）就在于欲望得到全面的满足，而不管享用者是谁。同理，一部分社会的善在于该部分成员欲望的全面满足；而一个人的善则在于他的个人欲望的满足。在这个基础上，我们可以把“正确的行为”定义为：在任何特定情况下最有可能促进普遍的善（或者在只涉及个人的情况下就指促进个人的善）的行为；而这反过来又给了我们对道德义务的解释，也就是说存在着我们“应该”去做的事情；这实际上是说人们应该去做照这样理解的正确行为（《从伦理与政治看人类社会》，第25、51、60、72页）。

罗素当然认识到这种说法有各种困难，并对其中一些进行过讨论。举例说，把“善”定义为“欲望的满足”招来下面这种明显的反对意见：有些欲望是邪恶的，满足它们就更加邪恶。罗素以残暴为例做过考察。如果某个人愿意使别人遭受痛苦，难道这可能是善吗？如果他的愿望得以实现，难道这不是更糟吗？罗素说，他的定义并不意味着说这样一种事态好。首先，这表示受害者的欲望不能实现，因为受害者自然愿意避免受到作恶者加给他的痛苦。其次，整个社会一般不会愿意让其成员成为遭到残暴的受害者，所以在这方面社会的欲望也将不能实现。因此，由于残暴而不能实现的欲望将占到很大的比重，所以残暴是件坏事。

罗素的说法的另一个困难是：欲望可能互相冲突。他回答说，这对我们提出一个要求，即让我们选择那些最不容易相互对抗的欲望。罗素借用了莱布尼茨的一个专门术语，把欲望之间
91 的融贯性称作它们的“共存性”。然后好的欲望和坏的欲望就可以分别定义为可以与最多的其他欲望和最少的其他欲望共存的欲望。

罗素用了一章的篇幅来讲像“残暴是错的”这一类判断是否只是乔装打扮过的主观态度的表达。如前面所说，这个问题很重要，让罗素深感不安。他的结论也许可以叫作他的“社会学的”解答（道德价值是一种社会共识的产物），这是他在考察过伦理学争论所提供的各种可能选择之后得出的。

问题可以这样来表述：通常的事实话语与道德话语之间的区别在于后者中出现“应该”“善（好）”等字词及其同义词。这些字词是属于伦理学的“最小量词汇”即对任何有关伦理概念的理解都是不可定义的和基本的东西，还是说它们能用其他东西例如情感和情绪来定义？如果是后一种情况，那么所说的情感是属于做出道德判断的个人，还是更广泛地指人类的欲望和情感？（《从伦理与政治看人类社会》，第110—111页）

在讨论这些问题时，罗素指出在我们考察某一特定情况下应该做什么所引发的道德上的分歧时，发现许多分歧来自对于不同行为的后果抱有不同的看法。这就表明道德判断依靠对于后果的估计，因此我们可以把“应该”定义为：应该做的行为是就该特定情况讲所有可做出的行为中最可能产生最大“自身价值”（这是罗素用来代替“善”的一个更为确切的说法）的行为。

“自身价值”是可定义的吗？罗素认为是可以的。他说：“考察一下那些我们认为有自身价值的事物，就会发现它们都是
我们想要的或给人快乐的事物。很难相信在一个没有感知的宇 92
宙中有什么事物具有自身价值。这就向我们提示‘自身价值’可以由欲望或愉悦或者两者来定义”（《从伦理与政治看人类社会》，第113页）。由于欲望之间有冲突，所以并非所有欲望都有其“自身价值”，罗素因此将这个概念更精确地理解为“精神状态”的一种属性，为经验过这种状态的人所向往。

在经过这种修正之后，罗素对自己的观点作了下面的总结。一般来说，我们赞成或者不赞成某些行为全看我们认为这些行为可能产生什么后果。我们对赞成的行为的后果说“好”，对不赞成的行为的后果就说“坏”。我们把行为本身分别称作“对的”或“错的”行为。在一定环境下只要是对的行为都是我们“应该”做的，也就是说只要是产生最大的善的行为都是“应该”做的。

在这些论点中最有分量的是第一个论点。如果道德评价是一个人们赞成或不赞成的问题，难道我们不是陷进了主观主义的困境，使得我们对于诸如种族主义、不宽容、残暴等等错误不能根据合理的理由来表明态度？罗素的回答是，事实上人们在所追求的事物上有着广泛的一致意见。他同意亨利·西奇威克[①]的意见，即认为人们普遍赞成的行为乃是那些产生最大幸福或快乐的行为。如果这包括理智的和审美的兴趣的满足（“如果我们真认为猪比人幸福，我们不应因此而欢迎西尔斯[②]的服侍”；

① 亨利·西奇威克（1838—1900），19世纪英国著名道德哲学家。

② 荷马史诗《奥德赛》中的女妖，曾将奥德修斯的随行伙伴变为猪身。

某些快乐**本身**就比其他快乐好），那么我们就可以逃避主观主义；因为这个观点向我们提供了关于应该做什么的陈述句，后者并非经过乔装打扮的祈愿句或命令句，从而具有真值；但这些陈述句仍然建立在关于我们的感情以及欲望的满足的事实之上。关于我们的感情的事实是“对”和“错”的定义的基础；而关于欲望的满足的事实则是“自身价值”的定义的基础。所以罗素自称已经在客观主义与主观主义之间明确表述了一种中间立
93 场，这种立场同时还十分明显地具有实际的说服力，不仅对于在道德争论中普遍有争议的个人行为，而且对于社会习俗、法律和政府政策也都提供了一种评价方法。

尽管罗素对这个观点抱着乐观的态度，它仍然有一些困难。实际上它是说评价的基础在于对欲望的共识。但这却意味着如果某一社会中大多数人比如说厌恶同性恋，那么同性恋就会被认为是坏事，而在一个比较宽容的、民意不同的社会，同性恋便不是坏事了。这种程度的道德相对论言之成理吗？这个困难涉及另一个困难，即衡量一件事后果的价值要看其满足多少欲望，对犹太人的大屠杀的邪恶程度是受害者以及世界大多数人的欲望遭受挫折远远超过纳粹欲望满足的程度的函数，这大多数人也许不愿让种族灭绝成为习以为常的事情（也许是当他们成为受害者的时候）。罗素本人感觉有某种更为有力的东西支持着我们面对大屠杀所感受的道德震撼，但是他的原则并未对此做出说明。

稍稍熟悉伦理学争论的人都会看到罗素在这一领域中努力取得的成就是零散的。甚至《从伦理与政治看人类社会》一书中的讨论也是规劝性质多于哲学性质的。该书根据一些心理学的概括，不过是做出一种追求严格性的姿态；其目的是让我们

接受一种实用的做出伦理评价的方法，而不是为伦理学奠定理论的基础。如已指出的那样，部分理由是罗素不相信在伦理学的讨论中可以使用严格的标准；《从伦理与政治看人类社会》中有关伦理学的篇章原本想作为《人类的知识》的续篇，但他因不满意而未公之于世，只是等到最后确定已不能使其包含的论证更加系统化之后，才补充了讲政治问题的篇章而予以发表。但是他并不后悔；他在伦理学上的主要目的，同他讨论社会问题一样，说到底是一种论战的性质。他希望影响人的生活方式，为了 94
这个目的他的努力主要限于倡导和说服的工作。

实用道德

罗素获得诺贝尔奖是由于他在文学上的成就，所举的书则是《婚姻与道德》。罗素写了很多文章谈论实际的道德问题，其中最好的一些文章是他投给报纸的几十篇短文，其中由美国赫斯特新闻出版社在1930年代初期发表的占有重要的地位。在这些短文（字数总是750，符合报纸为专栏留出的篇幅要求）中，罗素给人的印象是观察敏锐、容忍大度、待人宽厚、判断明智——在很多问题上不仅大大走在他那个时代甚至也走在我们这个时代的前头。

我们且举他的一篇文章《论变通》为例。他说，我们把变通与诚实放进不同的范畴，但这却要付出一定的代价。

> 我有时从公园里游玩的孩子们身边走过，听到他们说："妈妈，那个怪老头儿是谁？"声音又高又清楚。得到的回答却是："嘘！别作声！"声音很低，像是吃了一惊。孩子们隐隐约约觉察到自己做错了事，但是一点也想象不出错

在哪里。孩子们偶尔都会收到自己并不喜欢的礼物，父母却教育他们必须装得喜欢。因为父母又告诉他们不应该说谎，这就造成道德上的混乱。

[《论变通》，收进《凡人与其他》(阿伦与恩温出版公司，1975年)第1卷，第158页]

这就是一种让人学会变通的教育。罗素说，变通无疑是一种美德，但是它与伪善之间的界线却很单薄。区别只是在动机上。如果遇到直率便会让人不快的情境，促使我们让人高兴的动机来自善意，那么变通便是适宜的；如果动机是害怕冒犯别
95 人或是想通过谄媚取得好处，那么这种变通便不那么令人惬意。

图9　罗素于1950年获诺贝尔奖，图为他从瑞典国王手中受奖

非常诚实的人不喜欢变通；当贝多芬在魏玛走访歌德时，他惊讶地看到歌德很客气地对待一群愚昧的廷臣。永远诚实、从不说谎的人一般都得到大家的赏识，但罗素说这是由于真正诚实与嫉妒、恶意和心胸狭窄无缘。“这类恶习我们大多数人都沾一点，所以必须实行变通以避免冒犯别人，我们不能都是圣徒，而如果不可能做圣徒，那么至少可以努力做到不要让自己太讨人厌。”

这些话也许并不太重要，但却很有见地，提出的论点值得我们考虑。罗素讲社会问题的报刊文章总是有这些特点：可供欣赏、有趣味并且发人深思。

《婚姻与道德》讨论的是些更大和更迫切的问题。本书集中 96
探讨性与家庭生活。按照罗素的观点，性道德有两个主要来源：男人愿意确信他们是妻子所生孩子的父亲，还有性是有罪的这一由宗教灌输的信念。罗素总是愿意从当代科学中获得启发，在这个方面他从生物学中找寻可以说明习俗起源的理由。这促使他认为人类早期的性道德的生物学目的在于保证双亲对每个孩子进行保护，这是罗素非常赞成的一个好动机。他说，许多压力威胁着现代家庭生活，对此应该加以抗拒。孩子需要双亲的慈爱；另外的选择则是照柏拉图所希望的，把教养孩子部分或全部交给国家去管，而这却是不可取的。如果孩子由国家教养，其结果会使他们过分一律，也许还会过分无情；这样教养出来的孩子会成为政治宣传家和煽动家的良好招募对象。

但是仅就个人性道德而言，罗素认为现代人在言论和行为上表现出更多的自由倾向是件好事。更加自由地发表意见是由于传统道德（特别是宗教道德）约束的放松；更为自由的行为由于避孕方法的改进而成为可能，后者使得女人与男人可以同样控制其性生活。

按照罗素的意见，性是有罪的这一主张给人造成了不可估量的伤害。这种伤害开始于童年时期，一直延续到成年之后，表现为各种压抑及由此造成的心理压力。由于压制性冲动，传统道德也败坏了其他各种友好感情，使得人们不再表现出慷慨和善良，而更偏向专断和残酷。当然性必须受一种道德准则的约束，正如生意和游戏一样，但是这种道德准则不应根据“由生活在一个与我们完全不同的社会中未受过教育的人所提出的古代禁律”。罗素在这里指的是很久以前教会神父所主张的教义。“正
97 如在经济和政治上那样，在性这一方面我们的道德准则仍然受一些恐惧的支配，而这些恐惧早已被现代的发现证明没有道理。”（《婚姻与道德》，第196—197页）

一种以反对传统清教徒教义为前提的新道德必须建立在那种认为应该疏导而不是压制本能的信念之上。对两性生活抱有更加自由的态度并不意味着我们可以照本能行事，为所欲为。这是因为生活必须有其连贯性，我们最值得付出的某些努力所追求的都是长期的目标，而这就意味着推迟短期的满足。此外我们还必须考虑别人和“正直标准”。但是罗素争辩说，自制本身并不是目的，道德传统对于自制的需要应该降低到最小限度而不是升高到最大限度。如果从童年起本能就得到很好的引导，就可能实现第一种情况。传统的道德家认为由于性本能的强烈，所以在童年就必须严加克制，唯恐本能变得无法无天和粗俗不堪。但是健全的生活是不能建立在心神不安和禁律之上的。

因此，罗素认为性道德应该依据的一般原则要简单而且要少。首先，性关系应该“尽可能建立在男女之间的深挚、认真的爱情之

上，这种爱情溶进双方的整个人格并且导致一种结合，使每一方都从中得到丰富和扩展”。其次，有了孩子就应该使其在生理上和心理上得到充分的关照。这些原则中没有一条特别令人感到震惊，罗素讲这些话时带有一定程度的反讽意味，因为他意识到自己由于通奸、离婚、未婚同居以及对于向公众隐瞒所表现的满不在乎的态度而受到责骂，这些事在当时都是招来极大非议的。但是这些原则合在一起却表示对传统道德规范做出了某些重要的修改。

一种修改是允许某种程度的通常所说的“不忠”。如果一个人生来所受的教育不把性当作受到各种禁忌束缚的事，如果妒忌得不到道德家的赞许，那么人们就能以更为热情和大度的态度彼 98
此相待。妒忌把夫妻投进相互建立的监牢之中，就好像一方有权支配另一方的人格和需要。“不应把不忠视为可怕的事情”，罗素写道，“坚信深挚而永久的爱具有超越一切的力量”是比妒忌牢固得多的纽带（《婚姻与道德》，第200—201页）。在另外的地方罗素争辩说，没有什么理由反对开放的婚姻（人们有时这样称呼这类安排），只要女人和恋人不生下要由她丈夫养育的孩子。他与多拉的婚姻之所以终结，部分就是由这个问题造成的。

罗素在《婚姻与道德》一书的结论部分说，他所提出的学说尽管有这些关于忠贞的议论，却并不是主张放纵；实际上这种学说同传统道德几乎要求一样多的自制，重大的区别在于自制主要是不去干涉别人的自由，而不是用来限制自己的自由。罗素写道：“我认为可以抱这样的希望，即如果从开始就受到正确的教育，那么就比较容易养成这种对别人人格和自由的尊重；但是对于我们当中那些由于所受的教育而认为我们有权以道德的名义否决别人行为的人来说，不行使这种令人惬意的迫害却无疑是困难的。”幸福的婚姻存在于相互尊重和深挚感情之中。有了这些，男女之间的真正爱情就是“整个人生中最富有成果的经验”；而这正是一切关于婚姻与道德的思考所应努力促成的（《婚姻与道德》，第202—203页）。

当时许多人都对罗素的观点表示出很大的震惊。《婚姻与道德》一书使罗素在1940年失去了他在纽约的工作（尽管如已指出的那样，十年后这本书使他获得了诺贝尔奖，这也说明生活是多么不可预测），加上传说他喜欢女性陪伴，所以许多人说他是
99 个好色之徒。但是关于这些观点有两点值得指出。一是这些观点所表现的见识显得镇定而宽容。二是它们并非从天而降；事实上这表现出1920年代和1930年代左翼知识分子先锋派共同抱有的一种态度，对他们来说自由恋爱和反对性妒忌已经是不成文的原则了。罗素具备必要的勇气和清晰的逻辑说服力来表达这些思想，希望把新鲜空气送进生活中最需要它的地方。尽管在过了一个世纪之后，人们的态度和实践都发生了革命（其所以可能一部分原因也是由于罗素的倡导），作为对抗反动的特效药，他的论证仍然值得我们去读。

在罗素关于人际关系的看法中有三个题目经常出现。一个是宗教有害，另一个是需要良好的教育，第三个是个人自由。每一个题目都是罗素社会思想中长期探讨的话题，他都给予了充分的注意。我将逐一加以考察。

宗教

当人们得知罗素并不是个无神论者时会大吃一惊。相反，他是个存疑论者。前后一贯的立场要求他承认也许有存在着神

的**可能**，但是他认为这类事物存在的可能性非常小，而且如果有这类事物（特别是像基督教正统的上帝）的话，人们在道德上对世界的憎恶甚至会比现在还要强烈，因为这样我们就得要么承认一个万能的上帝允许世界上存在自然界的和道德上的邪恶，要么承认这就是上帝的意愿（“自然界的邪恶”指疾病以及诸如地震、台风等天灾）。按照罗素的看法，走访一所儿童医院的病房就足以让人觉察到不可能有神，如果有也是个凶恶的妖怪。

人所共知，有人问罗素在他临死时如果竟然发现上帝存在，
他又该怎么办？他回答说，他会责备上帝不提供关于他存在的 100
充分证据。有人又问他怎样看待“帕斯卡的赌注”。这种观点是说我们应该相信上帝存在，即使有关其存在的证据微乎其微，因为这样做的好处远比上帝不存在带来的坏处要大。罗素回答说，如果上帝存在，他也会赞成那些不相信上帝存在的人，因为他们动脑筋看出：让人相信上帝存在的证据并不充足。

罗素通常使用的方法是：除非有正当理由，否则就不承认一个命题。自然神学（“自然神学”是指关于神的概念的讨论，不涉及在圣经或神秘经验中出现的具体启示）中有关上帝存在这个命题的中心部分是大家熟知的各种“上帝存在的证明”所组成的集合。罗素在《我为什么不是基督徒》（1957年；最初作为讲演发表于1927年）中曾讨论过这些证明。

第一个是最初因的论证。这个论证说万物皆有原因，所以必然有一个最初因。但是罗素说这个论证前后并不一贯，因为如果万物都有原因，那么最初因又怎能没有原因？根据某些看法，上帝是以自己为原因的原因（在亚里士多德那里叫作原动者），但是要么这种观念前后不一贯，要么如果它指示某种可能

有的事物，那么或者整个论证所依据的普遍因果关系原则（它似乎蕴涵着原因一定不同于其结果的道理）是错误的，或者如果原因可以是自身的原因，为什么只有一个这样的原因？

第二个论证是根据宇宙显示出图式而得到的结论：有图式就必有设计者。但是一则因为图式可以从演化中找到解释，并不需要涉及宇宙中另外的实体，而且与经验材料相符合；二则因为不管怎样也找不到显示世界**总**图式的证据，而事实（这符合热力学第二定律所说的世界实际上正在蜕变的说法）却让人想到
101 相反的结论。

第三个论证说，必须有个神作为道德的根据。然而这是说不通的，因为正如罗素在别的地方简单扼要地争辩过的那样，“神学家总是教导人们说，上帝的天命是善的，而且这并不是同义反复：因此善在逻辑上并不依靠上帝的天命”（《从伦理与政治看人类社会》，第48页）。也许我们还可以进一步说，如果认为神的意志可以作为道德的根据，那么一个人按道德行事的理由就只是出于慎重，为的是免受惩罚。但这显然不是令人满意的支持道德生活的基础，而无论如何在任何论证中威胁也不能作为**逻辑上**有力的前提。

康德用过的一个相关的论证是：必须有一个上帝来奖赏善行并惩罚邪恶，因为从经验得知在现世生活中显然并非总是甚至并非常常是善有善报。然而罗素说这就像是在讲因为柳条筐上层的所有橘子都腐烂了，所以靠下面的橘子一定是好的；这是荒谬的。

许多反对宗教的人虽然痛斥宗教在世界上煽起了迫害与不和，却仍觉得耶稣基督是个有魅力的人物。罗素并不这样想。

他觉得耶稣不如佛那样温和、仁慈，而在智力和品格上又远远不及苏格拉底。他的某些行为令人不快，比如说他毁了那棵无花果树——它不能结果是由于过了季节，以及威胁说要用永世的苦难来惩治不信奉他的人。罗素指出，许多世纪以来，只要符合教会的利益，教会就促使人们按字面的意思去相信这些带血腥气味的警告。但是在一个比较合乎人道的时代，当批评家指出这些话多么可憎的时候，教会却改口说它们只应该按照比喻的意思去理解。

但是罗素的攻击火力主要是对准作为一种**有组织的**现象的
基督教。他痛恨迷信（“罗马天主教会说神父能通过对一块面包 102
讲拉丁文就将它变成基督的身体和血液”）及其完全不合逻辑的性质（“我们被教导说星期六不要去工作，而新教徒则把它理解为星期日不要玩耍”）。按照罗素的观点，基督教与其他宗教的不同就在于它喜好迫害。基督徒们折磨并杀害异教徒、犹太人、自由思想家，还互相残杀；他们淹死、烧死并用其他方法谋害成千上万的无辜妇女，说她们行使巫术；基督教还用其关于罪和性的荒谬教义来摧残亿万人的生命。

罗素在反对宗教的战争中使用的武器主要是嘲笑和鄙视。他比他的对手们更熟悉《圣经》，能摘引适当的句子搞得他们不知所措，例如他在讨论宗教与科学的相对优点时说：“《圣经》告诉我们野兔反刍”，这就让原教旨主义者在面对动物学时感到不好办。宗教与科学之间的不同确实是再明显不过了。宗教讲的是绝对的和无可争论的永恒真理；科学则比较小心谨慎并带有尝试性。宗教给思想加上限制，禁止进行与教会信条相冲突的探讨；科学则抱着虚心的态度（《宗教与科学》，第14—16页）。

这些都是生动有力的对比。在科学理性面前，宗教最好不再顽固坚持原教旨主义的立场，而要用寓言的方式解释经文，并把宗教真理高于人类理解的主张隐藏不用。

但是尽管罗素对宗教抱有敌意，他本人倒是个有着宗教般虔诚态度的人。这是一个表面上的悖论。一个人可能以宗教态度对待生活而不相信有超自然的存在物和现象。这样一种态度就是欣赏艺术、爱情和知识的态度，它给人类的精神提供营养，并且使人在世界和他所爱的人面前有一种敬畏之感，同时还感
103 受到有一个包括自身在内的无限广阔的天地。罗素在《一个自由人的崇拜》这篇文体过分华丽的有名文章中所表现的正是这种心灵境界（这篇文章是在他第一次婚姻失败和随之而来的人生观改变的影响之下写成的）。然而文章还是带有悲观的保留态度：

> 当事实与理想之间的对立开始充分显露出来之后，为了维护自由，看来就必须有一种激烈反抗和强烈憎恨神祇的精神。用普罗米修斯那样的刚毅不屈来面对一个怀有敌意的宇宙，永远注视并永远自发地憎恨其中的邪恶，承受由权力的恶意所制造出来的一切痛苦，看来是所有不肯在命运面前弯腰的人的责任。但是愤怒仍然是一种枷锁，因为它强迫我们的思想专注在一个邪恶的世界上；而在强烈激起反叛的愿望中有一种智者必须克服的蛮横专断。愤怒使我们放弃思想而不是欲望；斯多葛派所说的体现智慧的自由是放弃我们的欲望而不是思想。放弃欲望让我们与世无争；思想自由创造出整个艺术和哲学的世界，创

> 造出美的境界，凭此我们终于重新征服了半个不服从我们意志的世界。
>
> （《一个自由人的崇拜》，1903年，后收进《神秘主义与逻辑》）

正如这段文字所表明的，罗素对于超然境界（即斯宾诺莎所追求的使人获得自由的梦想：对万物有一种完全透彻、冷静和全面的理解）的渴望总是忘不了世上有人遭受苦难的严酷事实。他在其《自传》的前言中写道："爱和知识，只要可能存在，便是通向天国的途径。但是怜悯总会把我带回到现世上来。"因此可以说，罗素以存疑的态度渴望天国，并努力找寻使人类到达天国的途径。

教育

罗素希望，在这些途径中主要是依靠教育；在他看来，这是 104
一个人们应该怎样准备去生活的问题。他并未特别关注设立学校和大学以及师资训练的行政细节，像韦布夫妇[①]也许可以做到的那样，而是谈论教育要达到的可以称之为精神上的（仍是就其世俗意义而言）目标。他写道：教育的目的是培育品格，而最好的品格是具有"最大限度的"活力、勇气、机敏和明智。这就是他在1926年出版的《论教育》一书中所发表的意见，一年以后他就和多拉创办了毕肯希尔学校。这本书主要讲童年早期教育，罗素在自传中承认"他的心理学过分乐观"，他所建议的方法在

① 韦布夫妇（西德尼・韦布，1859—1947；比阿特丽斯・韦布，1858—1943），二人均为英国经济学家和社会改革家。

某些方面也“过分严厉”。比如说他从蒙特索里[①]教育原则搬来的那种看法，即认为如果一个孩子的行为不好，就应该把他隔离开，直到学好为止。罗素后来认识到这是一种残酷的纪律处分。

然而《论教育》还是包含了一些正确的建议。罗素争辩说，从最小年龄开始，婴儿就应过有规律的日常生活，并且要给予他们尽可能多的学习机会，但是父母应该掩盖自己的焦虑，以免“通过感染而传给孩子”。这个主张反映出罗素的一种信念，即认为由于在其他高级哺乳动物中焦虑并不属于本能，所以儿童出现焦虑必然是从成年人那里学来的。同时罗素还告诉读者不要为了尽父母的责任而牺牲自己，而是要在他们自己的兴趣与孩子的兴趣之间保持适当的平衡。

罗素相信知识本身既使人思想自由又保证人不受恐惧的危害。对于外界事物的浓厚兴趣（这也是他的《幸福之路》一书中的一个主题）是对于过一种有勇气的快乐生活的强有力帮助。罗素也告诉人怎样提倡诚实与大度：不是依靠惩罚说谎与不宽
105 容（因为表面上看来似乎是说谎的行为实际上也许是出自我们的想象），而是依靠鼓励诚实与大度实际体现的积极品质。他后来承认，正是在这一方面，也许他对幼童心理抱有过分乐观的态度。他当小学教师的经验很快就让他知道，儿童们有做坏事的能力，而如果做坏事不受到惩罚，那就会发展到可怕的地步，正如《蝇王》里讲的那样。

但是即使就这些早期观点而论，罗素也未曾主张放任原则，特别是关于学习。他相信培养自我约束和集中注意力的习惯从

① 蒙特索里（1870—1952），意大利女教育家。

长期来看起着解放思想的作用；尽管他争辩说应该靠吸引儿童的注意力而不是靠强迫他们去完成作业，他并不反对必要时还得让他们刻苦学习。他说，儿童到五岁就应该学会读，并应及早开始学习两种语言。学生需要而且应该得到数学基本知识的训练。到了上小学的年龄就能够欣赏诗歌与戏剧，但是真正鉴赏文学则是以后的事。学习经典作品、历史和科学要更靠后一些；到了这个阶段，学生在学过这些科目之后，应该自己选择最感兴趣的学科继续钻研下去（《论教育》，第18—162页）。

这些有关课程的看法还是相当符合传统习惯的。不符合传统看法并因而在当时招来诽谤的是罗素关于性教育的说法。许多关于毕肯希尔学校的流言一下子传播开来；据一个很有代表性的故事讲，有位主教到门口碰见一个赤裸着身子的孩子，大喊了一声“上帝啊！”，那个赤身的孩子却回答说“没有上帝”。但是事实上罗素所争辩的只是不应让孩子们为自己的身体感到不安，所以应该在青春期到来之前就把性机能从容地告诉他们，因为及早开始性教育的一个有力理由是，孩子们由此将不会通过不适当的和过于兴奋的方式得到性知识。罗素同当时的一般 106
医学意见有着惊人的一致之处，那就是怀疑手淫是否是件好事，所以至少在这个问题上人们显然不能指责他发表过什么危险意见。

五年以后，根据自己办学的第一手经验，罗素写了《教育和社会秩序》（1931）。他在书中仍然坚持他在《论教育》中所说的大部分意见，但是现在却将其称作“消极的”理论，承认需要加以补充。根据这个“消极的”理论，教育的任务在于提供机会和消除障碍，好让孩子们能够按照自己的方式去发展。罗素现

图10　罗素对毕肯希尔学校严重的校园恃强凌弱现象深感震惊。他视之为成人世界野蛮行为的缩影，认为它表明了国家主义和战争是人类境况不可避免的部分

在看到另外还应该让孩子们接受与人相处的积极教导。他在毕肯希尔由于看到一些恃强凌弱的事而感到震惊，认为这是成年人甚至整个国家的残暴行为的缩影。他对于人的本性中就有非理性和侵略性所抱的担忧由于这一经验而加深了，这使他为世界感到绝望，因为这也似乎表明国家主义和战争是人类境况中不可避免的事情。

罗素从来不过分夸大对教育的期望。但是尽管因实际的教学实验而感到幻灭，他还是保持着他所特有的自由信念，即对于一个更美好的世界的希望必须主要寄托在教育身上。罗素在他论述社会与政治问题的通俗著作中确实正是不知疲倦地在做这件事：以全世界为课堂进行教育。不管发生什么事情，他从来没有放弃这一希望：只要在儿童时期给予孩子正确的指导，就可以培养出有活力、勇敢、机敏和明智的人。

政治

罗素认为，我们要想了解政治，就必须了解权力。从历史上看，一切政治制度都扎根于权威；起初是一个部落或国王的权威，人们出于恐惧而顺从他；后来则服从王权制度，人们出于习俗而效忠它。有人认为文明社会产生于最初的“社会契约”：按 108
照契约，个人放弃一部分自由以换取社会生活的利益——其中最重要的就是安全。罗素不同意这个看法。他说，假如真有最初的契约，那是在上层统治成员之间的“征服者的契约”，他们签署契约是为了巩固其地位和特权（《权力》，第190页）。

照罗素的观点看，历史表明君主制构成了最早形成的政治制度。权威通过各个社会等级往下传，从国王（在许多政教制度中自称其权威受之于天）起传到贵族、乡绅等等阶层，最后传到住在茅舍、地位最卑微的一家之长。这种制度在其能够得到人们的效忠时，具有使社会凝聚起来的优点。其缺点则在于专制统治者没有施仁政的动力；有许多实例表明这类制度可以变得暴虐和残酷（《权力》，第189页）。

罗素说，君主制的天然继承者是寡头政治，后者有许多不同的形式：贵族统治、财阀统治、教会统治或政党制度。在中世纪的自由城以及拿破仑占领前的威尼斯，由富人掌权治理，罗素认为这种统治运作得很好，但是他认为现代的实业大亨还达不到同样的水平（《权力》，第193页）。正如君主制在取得臣民效忠时能够产生社会凝聚力一样，教会统治和政党寡头政治通过共同的信仰和意识形态也能做到这一点；但是它们的重大危险在于其对自由的威胁。这类寡头政治不能容忍与他们观点不同的人，也不允许可能向他们垄断的权力进行挑战的组织存在（《权力》，第195—196页）。

然而罗素看到，在各种寡头政治下，只要保证有自由，就可
109 以得到一种好处，即它们允许一个有闲阶级的存在。理由在于
闲暇是繁荣精神生活（文学、学术和艺术）的一个条件。在过去
这要许多人做出牺牲，这些人不得不做长时间的劳动，好让少数
人得以享受所需要的各种自由。但是罗素相信，只要善于利用
现代工业技术，“我们就能够在二十年内消除全部赤贫、大约半
数的疾病、压迫世界十分之九人口的整个经济奴役制度：我们
能让世界充满美丽和欢乐，保证世界和平”（《政治理想》，第27
页）。罗素在1917年发表了这些带有空想性质的议论，在战争
的黑暗年代给人点燃了希望之光，但是这些话并非完全没有道

理：有了科学的成功并将其合理应用于和平目的，就没有理由认为不应让更多的人享用更多的闲暇，从而让他们可能有更多的条件去过充满创造力的富裕生活。这样一种可能性否定了维护允许有闲阶级存在的社会结构的论证，转而赞成民主政治，发出追求正义的强烈要求。

罗素说，民主政治与寡头政治的不同仍然只是个程度的问题，因为即使在民主制度下也只有少数人能够掌握真正的权力。这就使罗素对于受到高度赞扬的英国议会模式也表现出不屑一顾的轻蔑态度，因为一般议会议员实际上只不过是他（或她）的政党手中的投票工具。但是民主政治的前景还不是漆黑一团，因为虽然民主政治不能保证有好的政府，却可以防止某些邪恶，主要是靠其确保不让坏的政府永远掌权（《权力》，第286页）。

在罗素看来，民主政治最大的优点是它与受到他高度评价的“个人自由学说”紧密相关。这个学说由两方面组成。第一个方面是个人自由受到正当法律程序要求的保护，使人免受任意逮捕和惩罚。第二个方面是个人有不受当权者控制的行动范
围，包括言论与宗教信仰的自由。这些自由并不是没有限度的； 110
例如在战时为了国家安全，也许有必要限制言论自由。罗素认识到在整个社会利益与希望得到最大自由的个人利益之间的确可能有很多对立。他说：“一个政府在它能够信赖人们行动上的忠诚时，给予他们思想自由并不困难；但是当它不能得到人们行动上的忠诚时，事情就会比较困难。”（《权力》，第155页）

对于罗素来说，政治组织的问题从根本上说是经济组织的问题。罗素早年，在第一次世界大战之前，是个自由贸易的拥护

者，他还一直是个自由企业的支持者，其有力理由便是他反对让经济力量过分集中在任何一个集团手中，不管是资本家还是政府。他看不出有什么理由认为人不该富有，只要钱是自己挣来的，但却反对继承财富的思想。尽管他成年时期绝大部分都站在社会主义一边，但这却是某种经过特别修正的社会主义。他说，政府控制经济事务是为了防止经济上的不公正。但是正如从苏联进行的共产主义实验所看到的，把生产资料的所有权或控制权都收归政府并不是最好的办法。罗素还是喜欢那种在法国叫作工联主义而在英国则叫作行会社会主义的学说；这种学说主张工厂应由本厂工人管理，而企业也应组成行会。这些行会将向国家交税，以换取原料，此外则有权决定工资和工作条件以及出售产品。各行会还可以自己选出代表大会，而产品的消费者则选出议会，两者结合起来便可以构成国家政权，决定税收并作为国家最高法院裁决工人与消费者的利益（《自由之路》，第91—92页）。为了确保行会的存在不危及自由，特别是发表意见的自由，罗素建议每个人不管是否工作都应得到一份微薄
111 的最低薪金，这样每个人只要愿意都可以保持相当的独立性。任何一个想得到超过这份最低薪金的人就要去工作，工作越多就越富有。对此，明显的反对意见是：这个方案是行不通的，因为如果人们选择不去工作，那么就会出现没有税收同时却要得到最低薪金的局面。罗素对这种反对意见表示不屑一顾，他说大多数人都愿意为了过富裕的生活而去工作；不管怎样，行会社会主义下的工作条件和生活条件都比较舒适，所以人们不会反对工作（《自由之路》，第119—120页）。

行会社会主义的重大原则问题是**权力**（这个最重要的政治

商品）的下放。照罗素的观点看，权力的集中，特别是集中在政府手中，增加了战争的可能性。因此把权力分散到许多集团或个人手中是非常值得向往的事情。“除了维护秩序以外，实现国家的积极目的不是靠国家本身，而是应该尽可能靠各个独立的组织。这些组织应该得到完全的自由，只要它们满足国家的要求即提供的钱不少于必需的最低薪金。”（《社会改造原理》，第75页）罗素在其较早时期的政治思想中就表现出这种观点，此后一直坚信不疑。他在《权力》一书中争辩说，目前比任何时候都更有必要防范官方的暴政、宣传和警察，就后者而言他首次提议事实上应该对监管者进行监管：一支警察力量应完成通常为了逮捕嫌疑罪犯而搜集必要的证据并提出指控，而另一支警察力量则应搜集证据来证明这些人无辜。

罗素在政治上反对权力集中的倾向与他对国家主义所抱的敌视态度密切相关。第二次世界大战之前，他指责国家主义是一种“愚蠢的思想”，是“我们这个时代最危险的恶行”，它预示着欧洲的毁灭。第二次世界大战之后，他看到国家主义在苏联
和美国重新抬头，只是这次由于两国都拥有大规模毁灭性武器 112
而危险得多。他争辩说，制止国家主义及其威胁的办法就是建立世界政府。

从表面上看，这种信念与罗素反对权力集中的信念似乎不大一致，他也承认把军事力量交给一个唯一的世界权力机构的危险。但是他认为这比再发生世界大战要好得无法估量，在这种战争中会使用具有更大毁灭力的武器，从而可能消灭地球上的生命。在罗素看来，这是罪大恶极，所以不管什么事情都胜过它。但是建立一个世界政府并不一定仅仅是两害相权取其轻之

举。要对世界政府保持某种程度的控制，一个办法也许是除了军事力量之外，把权力尽量下放给最小的实际运作的地方单位。然而罗素最后还是说：

> 一个世界国家或国家联合体，如要取得成功，就必须尽可能在由战争来决定的意义上，而不是靠海牙国际法庭所会采用的法律准则来决定问题。权威的功用应是使诉诸武力成为不必要，而不应做出与通过武力所达到的目标截然相反的决定。
>
> （《社会改造原理》，第66页）

怎样才可以产生一个世界政府？各国政府不大可能愿意放
弃其主权来支持一种乌托邦式的理想。照罗素的看法，最有可
能使用的方法是一个强国或强国集团最终将控制世界，从而在
事实上构成世界政府。按照冷战的说法，北约与华约（或者更准
确地说是其各自主要国家）可以看作是在为了取得这一结果而
相互竞争。罗素认为这类似中古时期正常运作的政府的发展：
国王取得权力，然后通过一种演变过程，主权越来越受到民主的
113 控制。他认为这样一种过程也许可以发生在世界政府身上。“国
际关系中由秩序来取代无政府状态，如果得以实现，那将是通过
某一个国家或国家集团的超级力量来完成的。只有在建立这样
一个唯一的政府之后，走向民主形式的国际政府的演变才有可
能开始。”他认为这也许要用一百年，在此期间大概已经开始赢
得“某种程度的尊重，从而有可能把权力建立在法律和意见而不
是武力基础之上”（《对改变中的世界的新希望》，第77—78页）。

罗素关于政治和政府的全部思想中有一个主题，这就是让个人自由与国际和平取得平衡的问题。但是它们之间的竞争最后还会分出胜负。如果人类被战争消灭，那么不仅没有这样的自由，而且连这样的自由的可能性也没有了。因此罗素为了拯救人类而愿意牺牲或者推迟获得自由。自然他希望能够同时拥有和平与自由；但是根据他从人类身上得到的经验，他却无法否认人类的贪婪、残暴和非理性以及其他共有的特点使得这种希望难以实现。他写道，这种想法使他常常陷入绝望。第一次世界大战时期，看到多少万人被迫在欧洲的土地上进行毫无意义的相互残杀，他已经感到绝望。第二次世界大战之后，核武器的可能受害者不再仅仅是军队，甚至也不再仅仅是各国人民，而是（最坏的一种可能）世界上的全体居民。这该使罗素感受到多么大的绝望。从一种观点看，只有极少数人具有看清这一事实的眼光，也只有极少数人具有感受到其恐怖可怕的想象力。罗素特别值得称道之处正在于他兼备了这两种优点。

战争与和平

罗素反对过布尔战争和第一次世界大战，支持过第二次世界
大战中盟国的战争努力，并曾有力地奔走阻止第三次世界大战的 114
立即爆发，还强烈抨击过越南战争的现实。他终生致力于向战争宣战，直到以九十七岁高龄去世为止。他早年和晚年的反战活动都招来敌视并使他被关进监牢。然而现在谁也不能说他站错了立场；而当极端爱国狂热和沙文主义表现冷却下来，人们比较清醒地权衡付出这笔巨额经费的理由时，他们才在事过之后开始像罗素当时以天才的眼光所观察到的那样来看待战争。

“不说是吧！最后问一次：谁是幕后主使？”

图11　这幅漫画出自《标准晚报》，表现的是罗素于1961年9月被判入狱一周的情形，原因是他被认定在伦敦市中心举行的悼念广岛的大型和平集会后扰乱公共秩序

罗素从未改变过他认为没有必要打第一次世界大战的看法。德英两国在1914年除了国家荣誉和某些有关帝国利益问题可以解决的摩擦之外，并不存在真正的争执。他认为本来可以通过谈判避免敌对行为，谈判本来会缓解德国情理之中的不满，
115 感到它在殖民地竞争中未能顺利取得本来也许可以取得的成功。然而欧洲各国的外交部里的职位却被一些贵族所占据，决定他们行为动机的是骄傲自大而不是基于常识的考虑。

在第一次世界大战期间，反对罗素的人争辩说，德国的罪行是侵略和扩张主义，并谋取在欧洲的霸权；这威胁到英国的自由，因为一旦德国战胜，一切事物都会打上专制和官僚制度的烙

印。所以英国有足够的理由来打仗。罗素既不承认这种嫁祸于人的理由，也不相信英国如果不打仗便会招来那种可能有的后果；他认为这会很像重演一遍1871年普法之间那次短暂而具有决定性的冲突。但是即使德皇获得胜利——这是件坏事，但也比不上大战本身那样邪恶——罗素的主要论点仍然是：人们总得有压倒性的正当理由才能去打仗，而这在1914年是不存在的。

1939年的情况却非常不同，在1930年代，罗素实际上是个绥靖主义者，正如我们可以从1936年出版的《怎样获得和平？》这本书所看到的那样。然而他并没有让该书重印，因为当他写完时他已经感到这并不是诚实的态度，1930年代的形势与1914年太不相同了：

> 我能以不心甘情愿的态度来看待德皇统治下的德国有可能取得凌驾他国的地位。我认为这虽然是件坏事，却比世界大战带来的灾难小。但是希特勒的德国却是另一回事。我觉得纳粹党人令人十分反感——残暴、顽固、愚蠢。从道德和理智上讲他们都同样让我憎恶。
>
> （《自传》，第430页）

他觉得被这样的人打败这个念头是“不可忍受的，最后才有意识地、明确地决定我必须支持为争取第二次世界大战的胜利
需要做的事情，不管取得胜利可能有多么困难，其后果又是多么 116
痛苦”（出处同上）。

太平洋战争由于对日本城市投掷原子弹而取得令人惊骇的结局，这立即让罗素注意到必须对某种全新的事物加以考虑。

1945年11月他在上院的讲演中给贵族议员们发出了警告。最初他想到美国应该利用原子武器的优势迫使俄国不发展这种武器。这曾被人解释为罗素要求美国应该对俄国发动一场先发制人的原子弹攻击；但实际上他并未走到这一地步。他看到美国有机会凭借其军事优势来建立世界政府，便力促它这样去做。尽管他认为美国有许多缺点，他还是喜欢它的自由和民主的总趋势而不是苏联的暴政。在第二次世界大战以后的岁月里，罗素甚至还加深了他对苏联的敌视（1920年代初期对苏联的访问就使他相当反感）。十五年后他开始用同样激烈的言辞来谴责美国人，由此可以看出他对越南战争的憎恶程度。然而这种态度的改变并不是突然发生的。美国的麦卡锡主义及其在海外由好斗的麦卡锡主义分子推行的反共外交政策逐渐使他认为美国人对和平的威胁比苏联更大。1961年古巴导弹危机加强了他的这种看法。从此以后他坚决反对美国。

在原子武器问题上促使罗素改变态度的首先是苏联在1949年获得了原子弹，然后是1954年英国在比基尼岛进行了核试验。对于后一件事他发表了一篇有名的圣诞节广播演讲，题为《人类的危险》，警告英国和全世界，提醒每个人注意现在面临的可怕危险。这篇演讲是个转折点；此后才真正开始了反对储存大规
117 模毁灭性武器的运动。给他的信件像潮水一般涌来。他利用这次广播的势头，组织了一次由知名科学家签名的国际性请愿书。他从未停止英国应该废除其核武器的要求，他争辩说这样做的理由之一是给其他国家在道义上带个好头。

1950年代随着国际局势的恶化和他个人的努力遭受到挫折，他对于应该怎样对付世界目前面临的危险在看法上有了改

变，他写文章，发表广播演讲；除了请愿，他还组织过一次让“铁幕”两边的科学家坐在一起的讨论会；他参与建立核裁军运动的努力并担任第一任主席。由于这些和平的和认真说理的手段在政府的顽固态度面前屡次碰壁，他变得更加绝望了。他辞去了核裁军运动中的职位，参加了激烈得多的一百人委员会，后者开始了一场非暴力反抗运动。这场运动使他再次身陷囹圄，与他第一次入狱时间相隔42年。在这里没有什么谈论理论的余地，因为罗素感到没有时间去谈理论；需要做的是行动。

到了晚年，罗素的注意力完全集中到越南战争上。现在他周围的人以他的名义发表一些出版物和新闻稿件（从语法和口气上看，不像出自他本人之手），他攻击美国，特别是其军事联合企业和中央情报局，指控它们侵略越南，犯下战争罪行，他同让-保罗·萨特和其他人一起倡议组成国际战争罪行法庭，旨在让美国为其在越南的行为受到审判。当时人们认为法庭对美国的指控纯属歇斯底里的叫喊。随着后来美国政府档案的公布，许多指控现在已经证明属实。

罗素反对第一次世界大战并且反对越南战争，其中至少有 118
一个方面很明显是前后一贯的。这就是他认为两者都不存在真
正的善受到危害的问题，两者都是受人类最卑劣的本能——残
暴、愚蠢、侵略的本能所驱使，这些本能一旦失去控制便什么事
都干得出来：轰炸妇女和儿童，使用有毒化学物质，用宣传和谎
言蒙骗本国人民。罗素在他度过漫长的一生到临终一定会发现
这一事实的可怕，即从1914到1970年之间军事武器的毁灭力已
经发展到前所未有的水平，但是人类却丝毫也没有改变。 119

第五章

罗素的影响

如果你想看清罗素的重大贡献，那就要观察一下，从两次世界大战之间的年代起在英语世界中发展的主流哲学。另外还要看一看逻辑和数理哲学的发展、20世纪西方世界中道德风气的改变，以及为了防止核武器扩散而进行的种种努力。全面讲述其中任何一个问题都要提到罗素。

在上面说的某些方面他只是众多角色中的一个；比如说促成本世纪的道德革命就绝非他一人之力。他在核裁军运动中站在更靠近中心的位置，正如第一次世界大战时期他在和平运动中的地位一样。

但是在哲学领域，正如第一章所说，他的地位却重要到无所不在的程度。他的哲学继承者是按照他的风格进行哲学工作的，所讨论的是由他认定或由他赋予当代说法的问题，使用的是由他发展起来的工具和技术，他们大体上也都认同他所抱有的目标和假定。正是由于这种影响无所不在，20世纪比他年轻几代的哲学家中许多人几乎意识不到这一切都是由他开创的，这

就足以衡量他的影响的深远程度了。 120

儒勒·威勒曼说，当代哲学是从罗素《数学的原理》一书开始的。著名美国哲学家奎因在引用这句话时换了个比喻：在他看来这部著作是“20世纪哲学的胚胎”（W.V.奎因，《为纪念文集所写的评论》，载皮尔斯，《伯特兰·罗素》，第5页）。奎因本人就是读了罗素才被吸引到哲学上来的。他年轻时在逻辑、科学、哲学各方面最初所受的教育就是靠读罗素的书得到的；同许多人一样，他感受到这些书的“吸引力”，先是投入逻辑和数理哲学的研究，后来又钻研认识论和科学哲学。奎因写道：“罗素在逻辑上的真正科学精神在他关于自然知识的认识论上得到了反映。这种反映在1914年出版的《我们关于外部世界的知识》一书中尤为明显。这本书使我们当中一些人很受鼓舞，卡纳普无疑是其中之一，使我们充满了建立现象论的新希望。”（同上书，第2—3页）奎因把该书同罗素关于逻辑原子主义的讲演以及《心的分析》和《物的分析》一起当作富有开创性的著作：“它们对于本世纪的西方科学哲学永远不会失去其重要性。”（出处同上）而罗素的逻辑对于他的哲学也永远不会失去其重要性。“罗素的名字同数理逻辑是分不开的，对此他做出了很大贡献”——特别是摹状语①理论和类型论。

罗素首创了类型论，目的在于克服正当他努力把数学建立在逻辑基础之上时所发现的一些悖论。在为解决这个问题而做出努力时，他全面考察了一些可供选择的方案，包括一个后来在集合论中占了上风的设想，以致不无讽刺意味地取代了罗素最

① Description，通译作摹状词，似不妥。因为它不是一个词，而是一个短语，例如“《红楼梦》的作者”“美国的第十任总统”等。故改译为摹状语。

后构想的那个方案，这就是恩斯特·策梅罗所发展的理论。然而罗素的类型论在哲学上却发挥了重大影响。这个理论的主导思想在1920年代和1930年代曾被逻辑实证主义者采纳，用来攻击形而上学；吉尔伯特·赖尔曾用这个理论的不同说法来消除“范畴错误”，这种错误具体表现为某人认为牛津大学是一个存
121 在于其所有学院和机构之外的实体。按照奎因的看法，类型论还对胡塞尔产生过影响，此外类型论连同罗素的逻辑的其他方面也影响了伟大的波兰逻辑学家斯坦尼斯拉夫·列斯涅夫斯基和卡济米尔兹·艾杜凯维奇（皮尔斯，《罗素》，第4页）。

此外还必须提到摹状语理论的重要性。奎因说：

> 罗素关于摹状语的逻辑理论在哲学上很重要，这既是由于它直接影响到涉及意义与指称的哲学问题，也是由于它具有作为典型哲学分析的示范作用。罗素的逻辑类型论在有关本体范畴的形而上学、逻辑实证主义的反形而上学及超出哲学外围的结构语言学等方面都同时促成了新的转向。威勒曼认为他的逻辑工作开创了当代哲学，难道这还有什么令人惊奇之处吗？
>
> （皮尔斯，《罗素》，第4—5页）

罗素逝世后，吉尔伯特·赖尔对亚里士多德学会宣读了一篇悼词。该学会是英国主要的哲学俱乐部，罗素从1896年起就经常去那里宣读论文。赖尔在这篇悼词中讲明他认为在哪些方面罗素给20世纪哲学划出了全部轨道（《罗素：1872—1970》，后收进罗伯茨编《罗素纪念文集》）。一个方面是“罗素给哲学思想

方法带来了新的哲学工作风格，我认为这实际上是靠他独自完成的”（同上书，第16页）。这就是使用困难的实例来检验哲学论点，是一种旨在仔细考查哲学主张和哲学概念的概念性实验。例如，在《以类型论为基础的数理逻辑》这篇论文中，罗素列举了七种需要由一个有效力的理论来解决的矛盾，并把能够处理所有这些矛盾作为检验他的类型论是否可以成立的标准。这种技术现
在已经成为哲学方法中习以为常的东西。设计“思想实验”就是 122
用来检验一种观点的有效性。例如在伦理学中把一个原则应用到许多各自不同的越来越困难的个例上，看其能否适用；或者例如在法庭上或形而上学上关于人的身份概念的重要讨论中，人们设计出想象的“存在测验”来确定人在经过这些测验之后是否还是“同一个人”。

但是在赖尔看来，更为重要的是罗素把形式逻辑这一学科引进哲学中来的方式。“接受后亚里士多德形式逻辑的一些训练相当快地被认为是未来哲学家的一个不可缺少的条件，这要归功于罗素，并在较低程度上归功于弗雷格和怀特海。”（同上书，第19页）赖尔的职位使他对此深有了解；在保证牛津大学课程表的变化上，他是起过作用的。而接受逻辑训练的理由就在于逻辑引进严格性并且可以给人带来那种体现为罗素关于摹状语和类型论的洞见。同奎因一样，赖尔认为这些理论在具体说明怎样可以区分意义与无意义上特别重要，因而照他看来它们分别影响了早期维特根斯坦和逻辑实证主义者。

威勒曼把罗素的第一次重大努力，即赋予数学以逻辑基础称为分析哲学的熔炉。这无疑是正确的，也就是说罗素在这里通过最初阶段的和有时还是不完整的形式初步指明了分析哲学

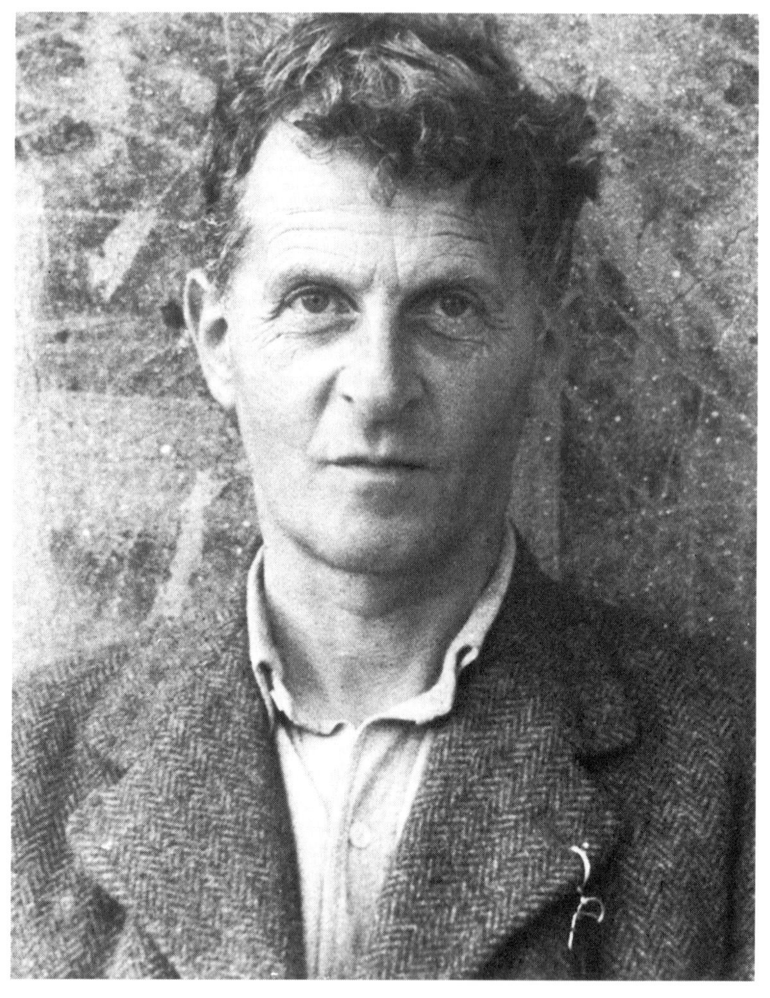

图12　路德维希·维特根斯坦（1889—1951），罗素战前在剑桥大学的学生

的主要方法和问题。但是奎因的话也是对的，他说罗素自1903年到大约1930年整个这段时期的著作（包括书和论文）是分析哲学的基础。然而其中某些篇章却更直接显示出后来哲学发展的萌芽。例如《我们关于外部世界的知识》的第二章，该章标题为“逻辑是哲学的本质”。这一章从两个方面讲都是一篇示范性文献。首先，它最清楚地讲明罗素分析风格的目标、动力和方
法。其次，它包含了维特根斯坦在《逻辑哲学论》中所采用的哲 124
学规划的蓝图，显示出这些思想的萌芽和发展。

罗素在《我们关于外部世界的知识》第二章的开头就说：哲学问题，“只要是真正的哲学问题，全都可以还原为逻辑问题”（《我们关于外部世界的知识》，第42页）。他的意思是说，哲学问题可以通过使用初等数理逻辑的技术得到澄清或者消除。这些技术“让我们能够容易处理比文字推理所能列举的更加抽象的概念；它们向我们提示用其他方法无法想到的富有成效的假说；它们还使我们能够很快看清什么是可以用来构建某一特定的逻辑或科学大厦所需的最少量材料”（同上书，第51页）。他在《我们关于外部世界的知识》后面几章所提出的关于知觉和知识的理论尤其明显是在数理逻辑的启发下产生的，“没有数理逻辑这些理论是绝对不能想象的”（出处同上）。起主要作用的是这种思想，即认为逻辑确定事实的**形式**并确定表达事实形式的命题。摹状语理论一直就是通过显示命题的形式来解决重要问题的分析典范。罗素甚至早先就已经用形式分析表明所有命题并非都是主谓形式，而是表示关系；照他看来这本身就反驳了观念论并为多元论的假定提供了正当理由。

罗素在《我们关于外部世界的知识》第二章中讨论关系时

讲到只有在掌握事实的逻辑形式的分类之后才能正确理解关系。这里已经预示出维特根斯坦的《逻辑哲学论》的蓝图。这种提法并不意味着罗素的观点是从维特根斯坦那里学来的，因为在罗素写出这一章之前两年中维特根斯坦是他在剑桥的学生；情况正好相反：维特根斯坦倒是向罗素学到这些思想的。这种主张的理由根据可以简述如下。首先，有必要重温维特根
125 斯坦在《逻辑哲学论》中的论证。用维特根斯坦自己的话并且重新安排其编号系统（目的在于显示论证的结构），《逻辑哲学论》的基本论点是：

1. 世界就是全部的实际情况。

1.1 世界是事实而不是事物的全体。

2. 实际情况——事实——就是事态的存在。

2.01 事态（事物的状态）是客体（事物）的组合。

2.02 客体是简单的。

与这种关于世界结构的简朴描述相平行的是关于命题中所表现的思想的相应结构的描述，这种关系维特根斯坦称为“图映”关系。

4. 事实的逻辑图像就是思想。

3.1 思想在命题中得到可以由感官感受的表达方式。

3.201 思想能够在命题中得到表达，其方式是命题符号的组成元素与思想中的客体相对应。

5. 命题是基本命题的真值函项。

4.21 最简单的命题即基本命题断言事态的存在。

还有其他等等关于细节的论述。不用说，支持这些论点的逻辑思想当然是读罗素早期著作的人所熟知的；但是这些论点主要涉及的却是结构概念和以摹状语理论为典型的逻辑分析手段。更引人注目的是维特根斯坦在《逻辑哲学论》中和罗素在《我们关于外部世界的知识》第二章中所分别表达的实际内容。罗素在这一章中写道：

> 现有世界是由许多具有许多性质和关系的事物构成
> 的。对现有世界的完全描述也许不仅需要列举这些事物， 126
> 而且需要谈到它们的所有性质和关系。……当我说“事实”时，我并不是指世界中的简单事物；我指的是某种事物具有某种性质，或者说某些事物具有某种关系。……照这种意义讲，一件事实从来不是简单的，而是具有两个或更多的组成部分。……给出一件事实，就有一个表达这件事实的命题……（这样一个命题）将被称为原子命题，因为我们立即可以看到，原子命题组成其他命题的方式正像原子组成分子一样……为了在语言中保留下事实与命题之间的类似关系，我们将把这些我们一直在考察的事实叫作“原子事实”。
>
> （《我们关于外部世界的知识》，第60—61页、第62页）

还有其他等等类似的话。

罗素在这里提出的只是一个轮廓，并不是正式的说法。维特根斯坦在《逻辑哲学论》中把他的论点表述得更为详细，而且附有系统的编号，外观上显得很严格，尽管事实上这只是个部分的论证。维特根斯坦小心翼翼地把他的语言——世界的平行结构与认识论的考虑分离开来，而罗素则给出了事实、性质和关系的实例：“这是红的”是原子事实的一个实例，而“今天是星期一，天在下雨”则是分子事实的一个实例。

维特根斯坦的《逻辑哲学论》的基本思想来自罗素的这些思想，这一点可以从以下事实得到证实：罗素在他的《我们关于外部世界的知识》第二章中所写的提纲概括了他想在一部现今取名为《认识论》的稿子中详细叙述的内容。（这一书名是在他身后整理出版这部稿子时所取的。）当罗素于1913年写作本书时，维特根斯坦还是他的学生。他把稿子交给维特根斯坦看，后
127 者批评了其中关于亲知和判断的讨论。正如前面所说，“亲知”是罗素给主体与各种不同种类客体之间的基本认知关系所起的名称；“判断”则是一种复合关系，大体上可以描述为：只要对命题的组成部分有亲知的关系，就承认该命题为真。我们不知道维特根斯坦的批评意见的细节；罗素在一封信中曾复述这些批评，他说：“我们两人都因情绪激动而有些急躁。我让他看的是我刚刚写出的中心部分。他说这些全是错的，未能理解到那些困难（他说已经试用过我的观点，知道它行不通。我不理解他的反对意见），实际上他讲得很不清楚，但是我却确信他是对的。”主要由于这个原因，罗素只发表了这份稿子的一部分，并且在若干年后放弃了亲知这个在其中占有中心地位的概念。但是这个基本构想（即认为分子命题可以分解为原子命题，而这些命题则表达在结构上与之类似的事实，并以事实与命题之间的关系来保证我们对于命题的理解）却仍然在《我们关于外部世界的知识》第二章中保留下来。维特根斯坦在《逻辑哲学论》中正是依附这个骨架而赋予它多少有些不同的血肉的。

维特根斯坦的观点就是这样来自罗素的思想，这一点并不令人惊奇。实际上罗素是维特根斯坦唯一的哲学老师；除了少数可举出的著作外，罗素的著作是他主要的哲学读物。他的朋友戴维·品森特在其日记中写道："很明显，维特根斯坦是罗素的一个弟子，得益于他甚多。"由此可以清楚看出，从罗素著作中最早生长出来的哲学支脉就是维特根斯坦的《逻辑哲学论》。可以这样说，通过某些复杂的和这一次甚至是反面的方式，罗素也是维特根斯坦后期哲学的主要影响人之一。

如果受罗素影响的人包括我们已经提到过的那些名字（奎因、卡纳普、逻辑实证主义者、维特根斯坦和赖尔；对于这个名单，还应当加上艾耶尔的名字，因为他同奎因一样是自己承认这
种影响的），那么威勒曼认为罗素是20世纪分析哲学的奠基人 128
和主导精神的说法就无疑是正确的。但是关于这一点还有很多话可说；事实上也真有人把这份荣誉奖给别人。

不幸的是R.C.马尔什所编的名为《逻辑与知识》的罗素论文集没有索引。这本论文集把罗素某些最重要和最有影响的文章收集起来，所以其中大多数文章是分析哲学家所必读的。这些文章包括《关系的逻辑》《论指示》《建立在类型论基础上的数理逻辑》《论亲知的性质》《逻辑原子主义的哲学》《论命题的性质和表示意义的方式》等等。由于不附索引，仔细阅读这些文章的学者往往在书后面空白页上做出自己的索引。看一看我自己的索引就发现不仅有在罗素著作选集中预料会有的题目，如摹状语、指示、类型、逻辑虚构、分析、亲知、感觉材料、关系、共相、特体、事实、命题等等的出处；而且还有一个看来像是分析哲学中常常遇见的概念表，如命题态度、模态与可能世界、含糊性、自

然主义、真理函项性、心的本性、证实、真理、存在、意义等等。这其中很大部分来自罗素本人，所以罗素的著作在兴趣焦点和探讨范围上都促成了哲学史上一个明显的方向性变化。甚至罗素在书中表示感谢时（他在讲到自己受到别人启发而表示感谢时总是非常慷慨大度，实际上是过了分）最常提到的五个同时代人（即皮亚诺、弗雷格、怀特海、摩尔、威廉・詹姆斯）当中，只有一个人在讨论这一类题目上并在较小范围内可以与他相比，这个人就是弗雷格。

但是尽管弗雷格影响了罗素，并且在数理哲学和语言哲学中做了卓越的工作，他对罗素所起的影响却比人们所认为的要
129 小：罗素最初读弗雷格的著作时并不理解他，只是等到自己重新发现弗雷格的某些观点时才掌握了它们的意义；甚至这时他在诸如弗雷格关于意义与所指之间的区别等某些重要论点上也并未采用弗雷格的观点，而是自己另外做出一个不同的、不太方便的区别。弗雷格的着眼点尽管比罗素的深刻，却比较狭窄，所以罗素把数理逻辑的新观念应用到较宽阔的哲学问题上是前无古人的。因此他的贡献具有伟大的独创性。

罗素的影响也在其他方面起到作用。他在《我们关于外部世界的知识》一书第三章中处理怎样说明空间知觉这个问题时通过构建一个“模式假说”来提供一种可能的解释，即怎样才可以说明一些个体在视觉和触觉中所经验到的配景相当不同的个人空间与其他个体的个人空间得以在公共空间中协调一致。他的办法是通过建立一个模式，然后“削掉假说中多余的东西，剩下的也就是我们可以看作是对这个问题做出的抽象解答”（《我们关于外部世界的知识》，第94页）。他带领我们通过构造的模

式一步一步地展示怎样克服感觉世界与物理世界之间表面存在的一种重要的差异。以后P.F.斯特劳森在其著作《论个体》中就采用类似的技术，构建了一个纯听觉的世界，以便探讨基本特体与再认同等概念。A.J.艾耶尔在《哲学的中心问题》中也用它来确定就知觉能力和概念能力来讲我们在多大程度上承认知觉者是知觉经验的基础。还有一些其他实例。

罗素遗产的一个突出特点就是其影响几乎全在哲学方面而不在数学或逻辑方面。这件事实需要加以说明。G.T.尼伯恩讲过："尽管《数学原理》给了20世纪逻辑学家和哲学家以很大启发，尽管该书提供的概念和符号设计无比丰富，这部伟大著作在 130
数学基础文献中仍是一部后继无人的经典。"这个评价严格来讲并不正确；《数学原理》所引进的逻辑记号系统现在已成为通用的标准形式的基础，而《数学原理》中的某些技术则有了不同的形式，例如奎因的类型论。但是这个评价从广义上说却是对的；这就是值得评论的理由。简单说，也许可以这样讲：在《数学原理》写作的同时及以后涌现出大量的数学和逻辑研究，平心而论这就使得《数学原理》很快变得陈旧。人们提出了各种不同的逻辑，并发现了不依靠逻辑的对算术的形式化表述，逻辑和集合论后来也被证明都是相对的（这就是说，从各自不同的研究方法取得的进展表明并没有一种独一无二的或者"绝对的"逻辑或集合论）。策梅罗–弗兰克尔的集合论取代了类型论的集合论，而库尔特·哥德尔的不完全性定理（基本上是说数学或逻辑都不能公理化）也挫败了罗素所追求的逻辑主义（即想以逻辑方式来说明数学知识的来源并使之获得合理根据）的希望。

由此可见，《数学原理》的构想以及罗素为了克服实现这种构想的技术困难而做的尝试之所以有价值，主要在于它在哲学中所起的作用而不是在数学史上的地位。弗雷格的著作也是这样，只不过他在逻辑的某些形式上的技术性创新对其后来的发展起过极其重要的作用。

弗雷格是20世纪初另外一位伟大的思想家，被人誉为分析
哲学的奠基人。迈克尔·达麦特是把弗雷格置于本世纪哲学舞
台中心的一位学者，他争论说分析哲学的本质就是这种主张，即
认为要理解我们对于世界的看法，就必须考察语言，因为语言乃
是通向思想的唯一渠道。这就使得语言哲学占据了中心地位，
取代了至少自笛卡尔以来就占有这一地位的认识论。据达麦
131 特讲，这种由语言哲学取代认识论的变化本身要归功于弗雷格。
弗雷格早于罗素二十年就开始进行同样的计划，即把数学建立
在逻辑的基础之上。他发现他当时拥有的逻辑工具没有希望完
成这项工作。所以他才着手创造新的工具，并取得成功。他的
创新既简化了逻辑，又大大扩展了逻辑的能力。但是他也看到，
要实现他的计划，就必须考察指称、真理、意义这些概念；而据达
麦特说，这正是转向语言哲学的开始。

毫无疑问，弗雷格的工作在哲学上极为重要。弗雷格曾对罗素产生过影响，这也是没有疑问的，尽管照上面几段所述，这种影响并不那么明确。但是达麦特主张把历史的优先地位给予弗雷格，这一点却令人难以同意——这并不仅仅是由于达麦特的分析哲学观因为不现实而带有局限性。事实上弗雷格的著作在他生前（他死于1925年）很少为世人所知，而罗素则几乎是唯一使之广为人知的人。即使如此，直到1950年代（实际上是直到1960年代达麦特第一部关于弗雷格的重要研究发表之后）弗

雷格的著作的重要性才充分被人认识。就这个纯属历史的问题来讲，更正确的说法应该是：弗雷格思想的突出价值在于其理论上的而不是历史上的重要性。而就罗素的大部分著作，如他的关于知觉和知识的理论、他的关于精神和科学的哲学来说，比较公平的说法却正好相反：其重要性是历史上的而不是理论上的。但是罗素的某些著作，上面已经讲过，兼有理论和历史两方面的价值，这也就是为什么罗素著作对分析哲学起到开创作用的原因。

有时人们也曾提出G.E.摩尔对分析哲学起着奠基作用的主张，这并非没有道理。罗素为人慷慨大度，把自己从观念论解放出来归功于受到摩尔的影响，而摩尔的哲学气质和方法也无疑对他产生过影响。摩尔说大多数哲学家都是由于惊奇而开始 132
进行哲学思考，而他自己从事哲学工作的理由却是由于发现其他哲学家所说的话令人惊讶。他的方法是：找出某些哲学研究领域中正在讨论的关键性名词或概念的定义。他对定义的要求是：定义的说法与被定义的名词或概念应该是同义的，但却不包含与之相同的名词。这里的困难在于即使这类定义是可能的（其可能性确实令人产生疑问，即使在字典中常见的字词定义也是如此），它们也仅仅构成一种定义，而其他种类的定义，比如说分析性定义（通过描述某种事物的结构或功能来下定义）和使用性定义（让某种事物显示其作用来说明其自身）不仅更为实用，而且具有更大的显示性，因而在哲学上也就更有价值。摩尔当然承认其他种类的定义的存在及其实用价值，但却认为他所喜欢的那一种是合乎理想的定义；他还认为某些具有根本性质的哲学概念，比如说伦理学中的“善”，是不可能下定义的：这类概念是不可界定的最基本的东西，理论必须从它们开始而不是去说明它们。

摩尔的风格和人格在分析哲学的早期岁月中无疑起过重要的作用。罗素在《我们关于外部世界的知识》一书序言中说，分析在哲学中引进了伽利略在物理学中引进的东西：“用逐步取得的、详尽的、可以证实的结果取代未经检验但却迎合想象的广泛的大原则。”这种说法同样可以很好地刻画出摩尔耐心细致的哲学风格。摩尔的哲学风格表现为先提出一种主张或想法，然后锲而不舍地对之做无休止的分析，直到其各个组成部分都清晰地展现出来为止。这种风格显示不出大的气魄，但在一定限度内却卓有成效。摩尔得到不少人的仿效，然而他的目标和方法主要却是批判性的；他并没有做出任何哲学上的发现。他的主
133 要遗产在于他传播了伦理学中“自然主义的谬误”的概念，这个概念是用某种比如说快乐的自然性质来界定善这一道德性质。一位哲学家影响的大小可以从人们应用他所引进的方法和思想看出来，照这个尺度来衡量，摩尔在20世纪初的地位无法与罗素相比。然而他却帮助树立了分析精神，他那有名的习惯（见到他认为奇怪的哲学说法就会由于吃惊而深吸一口气）使得几代学生和同事在说话和写文章之前更加认真思考。

从上面讨论中我们也许可以看出这个推论，即分析哲学是一个晚近才出现的现象。许多当代富有启发性的思想和技术都来自新逻辑的基本原理，就这种意义来讲，上述说法是正确的；但就另外一种同样重要的意义来讲，分析哲学却代表了休谟、贝克莱、洛克和亚里士多德传统的直接发展。这些思想家中最前面两位（特别是第二位）与莱布尼茨一起构成了罗素的大部分哲学见解的基础。罗素与亚里士多德之间的相似是不难看出

的，因为后者同罗素一样，也把他的形而上学的基础建立在逻辑上面，并且为此目的来发展他的逻辑。

对于哲学家罗素的任何评价都不能忽视下述事实，即他的著作远远未能达到倘若遵循自己的方法论建议本该取得的那种严格性和认真程度。在他的著作中确实有一些众所周知的粗心和肤浅之处。在哲学界有一件事经常引起人们的惊讶，这就是他那部最成功和拥有广大读者的《西方哲学史》（我们有理由说这是大多数人的哲学知识来源）在哲学讨论上有若干极不确切的地方，尽管该书有许多其他优点。对于他的某些错误现在的学生在最初写论文时都会注意避免；例如“使用－谈到”的区别，这标明实际使用与谈到一个表达式的重大区别。在上面句子中我使用了“表达式”一词；而我现在则是谈到该词，通过加 134
引号来标明这件事实。这种区别在哲学争论的许多场合都是至关重要的，通过看清“Cicero有六封信”与“‘Cicero’有六个字母”表示很不相同的意思就可以揭示区别的所在。

罗素有时表现出的对力求精细的必要性（这是从事哲学工作不可回避的责任，如果人们想做到精确、清晰和严格的话；哲学也需要想象和创造，然而除非与精确相结合，否则想象就不会给人带来多大成果）的忽视使一些人感到不满。诺尔曼·马尔科姆在评论《人类的知识》时把这本书说成是“一个魔术师喋喋不休的废话”。看来似乎自相矛盾的是，罗素在哲学辩论上提出的标准很高，而照这些已经达到的高标准来衡量的话，他本人有时却没有做到。

然而这些缺点并不严重。罗素有时凭借他那无与伦比的散文，让我们完全为其文章中的机智所折服，行文流畅却不顾条件的限制和细节；在大多数这类情况下，只要读者多加小心，他所造成的问题并不算大。无论如何，他还是意识到自己有时行文过快。他对那种喜欢大量脚注的学究作风很不耐烦。他急于得出实用的结论，找到一种为科学提供最好的经验基础的有效而稳定的观点。特别是在他的一些后期著作中，他的态度是：如果已经勾画出一种理论的大纲，其中细节的充实可留待以后完成。即使这时他的思想仍令人兴奋，有时还很新颖。

但是人们也注意到，上面这些话只适用于罗素在匆忙中工作的情况，可以说他画的是木炭画而不是油画。在最佳工作状态下，他的哲学著作内容丰富，讲述细致、独具慧眼、思想深刻。这句话特别适用于他在1900到1914年这段时期所写的著作。《逻辑与知识》中收集的文章充分说明了这一点。R.L.古德斯坦在讲到《数学原理》做出的某些贡献时说："在某些方面，《数学
135 原理》代表了理智成就的一个高峰；特别是附有可还原性公理的分支类型论，是逻辑和数学全部文献中最精细和最富创造性的概念之一；这种说法也适用于罗素某些比较重要的哲学著作。这确实是很高的评价。

人的声誉有着一条几乎不变的曲线。生前不断上升，尽管晚年有所下降，可是到了出讣告和举行悼念仪式的时候，却又突然猛升上去。然后再跌落下来，经过整整一代的时间不受重视。但是这种声誉最终还会恢复并得到后人的公允评价。罗素死于1970年；在其后的几十年里，他的名字（正如上面所讲，不是他的真正影响）只有在讨论那些深受他的著作影响的题目时才会被人提到。其中主要是：关于指称和摹状语的讨论、存在的分析，以及知觉理论的最新发展历史。造成这种退居脚注地位的

一个原因是有一段时间维特根斯坦提出了一种与罗素的分析风格十分不同的东西（维特根斯坦的声誉升降却与上述曲线走势不同；在他刚刚死后有三十年一直受到热心门徒的崇拜，但是尽管他的哲学天赋很高，近来也得到了比较冷静的评价）。事实上大多数从事哲学工作的人仍然继续采用罗素的分析风格，但是维特根斯坦思想的名气和他的门徒的充沛活力却使人得出几乎相反的印象。赖尔有一段话可以解答这个问题，他认为罗素并不想建立一个由其门徒组成的学派。他说："罗素教导我们不要思考他的思想，而要去想怎样发展我们自己的哲学思想。一方面我们现在不是、将来也不会再成为罗素的信徒；另一方面我们每一个人现在多少又都是罗素的信徒。"

一般来说，思想家通过对哲学的重大问题（说得通俗一些就是生活的重大问题）提出有吸引力的答案而招来信徒。罗素对于答案则抱着怀疑的态度，尽管他也在全力去寻找。他在《哲学 136
问题》的结论部分谈到哲学的价值时写道：

> 研究哲学的目的不是为了对哲学问题给出确定的答案，因为一般来说人们无法知道确定的答案就是真理，而是为了这些问题本身；因为这些问题扩大我们关于可能的事物的想法，丰富我们理智上的想象，减少那种封闭理智不去思辨的独断自满；但是最重要的还是因为通过哲学静观看到宇宙的宏大，心灵也变得开阔起来，从而能够达到那种同宇宙合一的至善境界。

不管人们选用什么尺度，罗素（他通过静观看到许多宇宙）

图13　罗素

都算是一个有着伟大才智的人。他改变了哲学的进程并赋予它一种新的性质。就人们自身的活动范围来讲，历史上很少有人可以得到这样的评价。即使这样，一些人也是靠偶然机会或短暂的努力取得声誉的，例如亚历山大·弗莱明和加夫里罗·普林齐普，且不必管其各自的好坏如何。与这些人恰成对比，罗素的成就是靠纪念碑式的手段取得的：写过许多本著作和很多篇论文，做过许多次讲演，前后历经几十年，足迹遍及各大洲。因此他确实是一位可以同亚里士多德、牛顿、达尔文、爱因斯坦并肩站立的超乎寻常的伟人。 138

索　引

（条目后的数字为原书页码，见本书边码）

A

B

C

D

E

F

G

H

I

J

K

L

M

N

O

P

Q

R

S

T

U

V

W

Z

A. C. Grayling

RUSSELL

A Very Short Introduction

Contents

Preface

Russell lived long and did much. He is one of the relatively small number of philosophers whose names are popularly known, and who in their life and work have come to seem emblematic of the great tradition of thought they represent. The reputation Russell enjoyed among his contemporaries rested on the multiplicity of contributions he made – often highly controversial ones – to social, moral, political, and educational debates. But his claim to an enduring fame rests on his outstanding technical contributions to logic and philosophy. In what follows I survey his life's work in both spheres. The aim throughout is to give as clear an account of them as brevity allows. Because this is not the place for detailed evaluation of philosophical arguments, still less of technicalities in mathematical logic, I give most houseroom to exposition; but I venture some discussion also, the themes of which can be pursued by consulting the literature cited in the Further reading section, which shows the way for anyone who, having paddled in the surf here, might like to go for the swim. However, readers not especially interested in the more technical reaches of logic and philosophy can forgo chapters 2 and 3, and can concentrate instead on the story of Russell's life and his contributions to public debate, as told in chapters 1 and 4.

I am grateful to Keith Thomas and the Press's keen-eyed reader for comments, to Ken Blackwell for prompt help and documents from the

Russell Archive, and to Alex Orenstein and Ray Monk for related and relevant discussion. My thanks go also to Leena Mukhey for her work on the index.

This is dedicated to Sue – '*dulces dominae Musa Licymniae cantus, me voluit dicere*'.

A.C.G.

London
1996

Abbreviations

Russell wrote much, and his work has been reprinted often and in a variety of editions. the paginations of which do not always agree. Here are the principal works cited in the text in the editions consulted, with the abbreviations employed for those most frequently occurring.

A	*The Autobiography of Bertrand Russell*, one-volume edn. (Unwin Paperbacks, 1975)
AMd	*The Analysis of Mind* (Allen & Unwin, 1921)
AMt	*The Analysis of Matter*, paperback edn. (Routledge, 1992)
HK	*Human Knowledge: Its Scope and Limits* (Allen & Unwin, 1948)
HSEP	*Human Society in Ethics and Politics* (Allen & Unwin, 1954)
PLA	'The Philosophy of Logical Atomism', in *Logic and Knowledge*, ed. R. C. Marsh
MM	*Marriage and Morals*, paperback edn. (Routledge, 1991)
MPD	*My Philosophical Development*, paperback edn. (Routledge, 1993)
OKEW	*Our Knowledge of the External World*, 2nd edn. (Allen & Unwin, 1926)
PM	*Principia Mathematica*, 2nd edn. (Cambridge University Press, 1925)
PoM	*The Principles of Mathematics* (Allen & Unwin, 1937; first published 1903)
PP	*The Problems of Philosophy* (Oxford University Press, 1912)

An Inquiry into Meaning and Truth (Allen & Unwin, 1940)
The Conquest of Happiness (Allen & Unwin, 1930)
Education and the Social Order (Allen & Unwin, 1931)
Essays in Analysis, ed. Douglas Lackey (Allen & Unwin, 1973)
Introduction to Mathematical Philosophy (Allen & Unwin, 1919)
Logic and Knowledge, ed. R. C. Marsh (Allen & Unwin, 1956)
Mysticism and Logic, paperback edn. (Allen & Unwin, 1963)
Power (Allen & Unwin, 1938)
Principles of Social Reconstruction (Allen & Unwin, 1916)
Religion and Science (Oxford University Press, 1935)
Why I Am Not A Christian (Allen & Unwin, 1957)
Political Ideals (Routledge, 1994; first published 1917)
Roads to Freedom (Allen & Unwin, 1918)
Portraits from Memory (Allen & Unwin, 1958)

List of illustrations

Chapter 1
Life and work

Russell is one of the best-known philosophers of the twentieth century. His fame – at times, his notoriety – was chiefly the product of his engagement in social and political controversy. He was a familiar public figure for nearly 60 years, featuring in the popular press sometimes as a subject of scandal and sometimes, in his respectable periods, as a pundit; in which role he also appeared as a broadcaster. He had much to say about war and peace, morality, sexuality, education, and human happiness. He published many popular books and articles, his views earning him a wide range of responses, from prison sentences to a Nobel Prize.

But his greatest contributions, and the true basis of his reputation, lie in the technical fields of logic and philosophy. So pervasive is his influence both on the matter and style of twentieth-century English-speaking philosophy that he is practically its wallpaper. Philosophers use techniques and ideas developed from his work without feeling the need – sometimes without recognizing the need – to mention his name; which is influence indeed. In this way he is a far more significant contributor to philosophy than his pupil Ludwig Wittgenstein. Philosophy learned some valuable lessons from Wittgenstein, but from Russell it acquired an entire framework, constituting what is now called 'analytic philosophy'.

This label 'analysis' means rigorous examination of philosophically important concepts, and the language which embodies them, using methods and ideas derived from formal logic. Russell did not, of course, create analytic philosophy unaided. He was influenced by the logicians Giuseppe Peano and Gottlob Frege, and by his Cambridge colleagues G. E. Moore and A. N. Whitehead. Other influences were the seventeenth- and eighteenth-century thinkers René Descartes, Gottfried Leibniz, George Berkeley, and David Hume. Indeed his first philosophical book was a sympathetic study of the second of these. But he brought these influences together in such a way that they offered a new approach to philosophical problems, illuminating them by a sharp new logical light. By this means he played a central role in revolutionizing twentieth-century philosophy in the anglophone tradition.

Russell was accordingly a philosopher in both the popular sense, as a sage and teacher of mankind, and in the professional academic sense. In the chapters that follow I describe his contribution in both these philosophical guises. In the present chapter I sketch his long, rich, and sometimes tumultuous life, which in its sum and variety constitutes one of the most heroic biographies of modern times.

Bertrand Arthur William Russell was born on 18 May 1872 into a famous family, a cadet branch of the Dukes of Bedford. His paternal grandfather was the celebrated Lord John Russell who introduced the Reform Bill of 1832, which was the first step towards democratization of Parliament. Lord John was twice Prime Minister – from 1846 to 1852 and from 1865 to 1866 – and was raised to an earldom by Queen Victoria. Russell's maternal grandfather, Lord Stanley of Alderley, had been a political ally of Lord John.

Russell's parents were an unusual and controversial couple, committed to progressive causes such as family planning and votes for women. His father, Viscount Amberley, chose John Stuart Mill as his godfather in a

1. The Russell family in 1863, showing Dr Wagner, a tutor; Bertrand Russell's uncle, William Russell; Lady Russell; Rollo Russell (another uncle); Georgy (Lord John's daughter by his first marriage); Lord Amberley; Lord John Russell; and Agatha Russell (Bertrand Russell's aunt).

non-religious sense. Mill died just before Russell's first birthday, so his influence, though considerable, was indirect.

Amberley was briefly a Member of Parliament, but his political career collapsed when it became publicly known that he supported the idea of contraception. An example of the Amberleys' advanced views is afforded by the case of D. A. Spalding, a clever young scientist employed as tutor to Russell's elder brother Frank. Spalding was severely consumptive, and therefore in no position to marry and have a family. The Amberleys decided that this was no reason for him to be celibate, so Russell's mother 'allowed him', as Russell puts it in his *Autobiography*, 'to live with her' – to which he adds, 'though I know of no evidence that she derived any pleasure from doing so' (*A* 12).

Russell's mother and sister died of diphtheria in 1874 when he was aged 2, and his father's death followed 18 months later. Amberley had appointed two agnostics as guardians for his sons – Spalding was one of them – but their grandparents, Earl Russell and his wife, strenuously objected. They went to law to overturn Amberley's will, and took their grandsons to live with them at Pembroke Lodge, a Royal grace-and-favour house in Richmond Park. Frank, seven years Russell's senior, found life there intolerable, and rebelled. He was sent away to school. Bertie, more tractable and sweet-tempered, was kept at home. His grandfather died a mere three years later, and he was then entirely under the influence of his strait-laced Scottish Presbyterian grandmother, a daughter of the second Earl of Minto. Russell's character has often been explained, even – when occasion seems to demand it – excused, by reference to his aristocratic origins; but its first moulding was more truly the work of his grandmother's puritanism, characteristic rather of middle- than upper-class Victorianism. In the flyleaf of the Bible she gave him for his twelfth birthday she inscribed one of her favourite texts: 'Thou shalt not follow a multitude to do evil.' This remained a principle for Russell throughout his life.

It was a lonely but not, to begin with, an unhappy childhood. Russell had German and Swiss governesses, and early spoke German as fluently as English. He conceived a love for the extensive grounds of Pembroke Lodge, with their handsome views of the surrounding country. 'I knew each corner of the garden,' he wrote, 'and looked year by year for the white primroses in one place, the redstart's nest in another, the blossom of the acacia emerging from a tangle of ivy' (*A* 26). But as adolescence encroached, his isolation, intellectual as well as emotional, grew increasingly painful. He was alone in a household of old people remote from him in every way. A succession of tutors was his only tenuous link with the larger world. Nevertheless he was saved from too great unhappiness by nature, books, and, later, mathematics. One of his uncles had an interest in science, which he communicated to Russell, helping to spur his mental awakening. But the real epoch occurred

2. Frontispiece from *The Elements*, Euclid's best-known treatise on mathematics.

when he was 11 years old and his brother began to teach him geometry. Russell said the experience was 'as dazzling as first love' (*A* 30). After he had mastered the fifth proposition as easily as its predecessors, Frank told him that people generally found it difficult – it is the famous *pons asinorum* which puts a stop to many a budding geometrical career. 'This was the first time', wrote Russell, 'that it had dawned upon me that I might have some intelligence.' But there was a fly in the ointment: Euclid begins with axioms, and when Russell demanded proof of them Frank replied that they just had to be accepted, otherwise geometry could not proceed. Russell reluctantly accepted this, but the doubt raised in him at that moment remained with him, determining the course of his subsequent work on the foundations of mathematics.

In 1888 Russell went as a boarder to an army crammer to prepare for Cambridge University scholarship examinations. His time there was made unpleasant by what he viewed as coarse behaviour among some of the other youths. Nevertheless he won a scholarship to Trinity College and entered there in October 1890 to read mathematics.

He felt as if he had stepped into paradise. Alfred North Whitehead, with whom he later collaborated in writing *Principia Mathematica*, had examined his scholarship papers, and told a number of the more gifted undergraduates and dons to look out for him. He accordingly found himself in highly congenial company, no longer intellectually isolated, and with friendship, based upon a mutuality of interests and intelligence, at last open to him.

In his first three years Russell read mathematics. His fourth he devoted to philosophy, studying under Henry Sidgwick, James Ward, and G. F. Stout. The Hegelian philosopher J. M. E. McTaggart was at that time influential among Cambridge's students and younger dons. He led Russell to think of British empiricism – represented by Locke, Berkeley, Hume, and John Stuart Mill – as 'crude', and gave him a taste instead for

Kant and especially Hegel. Under Stout's influence Russell became an admirer of the neo-Hegelian Oxford philosopher F. H. Bradley, and carefully studied his works, which promote a version of the philosophical view known as 'idealism'.

But it was a younger contemporary who most decisively influenced Russell. This was G. E. Moore, who like Russell began as a Hegelian but soon repudiated that philosophy, persuading Russell to follow. Bradley had argued that everything believed by common sense, such as plurality and change in the world of things, is mere appearance, and that reality is in truth a single mental Absolute. With a heady sense of liberation Moore and Russell rejected this view. Although they thereafter developed in different ways, and although Russell in particular struggled hard to find satisfactory alternatives, the philosophical work of both was squarely premissed on realism and pluralism (see pp. 34–5 for an explanation of these terms).

But the Moore-led rebellion came later. Russell was awarded a First Class in the Mathematics Tripos in 1893, being placed seventh Wrangler, and a First Class with distinction in the Moral Science Tripos the following year ('moral science' used to be Cambridge's name for subjects such as philosophy and economics). He then began writing a Fellowship dissertation on the foundations of geometry, a Kantian exercise representative of his outlook at the time. During the course of these excitements he came of age, and was therefore free to do something he had been planning in the face of his family's strong disapproval, namely, to marry Alys Pearsall Smith, an American Quaker five years his senior. He had met and immediately fallen in love with her in 1889, although she had not reciprocated his sentiments until four years later. Russell's family thought her highly unsuitable, and told him that in any case he should not have children because there was insanity in his family – both his Uncle William, who was in an asylum for the insane, and his Aunt Agatha, who had experienced delusions and was growing increasingly eccentric with age, were cited as proof.

3. Alys Pearsall Smith, an American Quaker, was Russell's first love. He met her when he was seventeen and married her four years later in 1894.

In an attempt to detach him from Alys, Russell's family arranged for him to serve as honorary attaché at the British Embassy in Paris. They no doubt hoped that the allurements of the Naughty Nineties' capital might satisfy whatever impulses were driving him to a matrimonial bed. But the puritan education imposed on him by his grandmother had been altogether too effective; it scuppered the plan, as shown by the letters – paradigms of priggishness – in which Russell wrote home complaining of Parisian life. 'In Paris everybody is wicked,' he wrote, 'and every time one looks around one sees some blasphemy against love – they make me quiver with disgust.' As soon as he was in control of his own finances (he had a comfortable patrimony of £600 a year, and his bride had money too) Russell married Alys, and to begin with they were happy.

Russell's dissertation earned him a fixed-term research Fellowship at Trinity with no duties attached, which meant that he had neither to teach nor to reside in Cambridge. Accordingly he and Alys went to Berlin where Russell studied German social democracy and wrote a book about it. This was his first book – the first in an extraordinary total of 71 books and booklets (leaving aside countless articles) published during his lifetime. While in Berlin he conceived the idea of undertaking a vast project of research, in which two lines of enquiry, one into the natural sciences and the other into social and political questions, would eventually converge to form a 'grand encyclopaedic work'. Russell was still then influenced by Hegelianism, of which such a project is typical; but the plan survived his radical change of philosophical outlook, although it did not take so systematic a form, for among his many works Russell indeed wrote much on both theoretical and practical questions.

German Social Democracy was followed a year later by the published form of his Fellowship dissertation, *An Essay on the Foundations of Geometry*. Then in 1900 Russell published *A Critical Exposition of the Philosophy of Leibniz*. It was an accident, but an important one for him, that he came to write this book. A Cambridge colleague who usually lectured on Leibniz asked Russell to stand in for him one year, and Russell, who had not had an opportunity to study Leibniz in detail, welcomed the challenge. The book grew out of his lectures. Although Russell disagreed with the main tenets of Leibniz's philosophy, aspects of it remained influential in his thought.

By the time he was giving his Leibniz lectures Russell had been persuaded by Moore to abandon idealism. Shortly afterwards his interest in the philosophy of mathematics – specifically, in the question whether mathematics can be supplied with logical foundations, and thus be rendered certain – was given powerful impetus by his encounter with the Italian logician Giuseppe Peano at the International Congress of Philosophy in Paris in July 1900. Peano was responsible for certain technical developments in logic which suggested to Russell ways of carrying out the desired reduction of mathematics to logic. He avidly read Peano's works, then began to improve, extend, and apply the methods they contained. In the first flush of excitement, and in just a few months, he wrote a complete draft of what was to prove his first major treatise, *The Principles of Mathematics*. He worked on revisions and improvements for another year, and the book was published in 1903. In writing a Preface for a new edition in 1937 Russell said that he remained convinced of the truth of the book's fundamental thesis, which is 'that mathematics and logic are identical'.

The intellectual intoxication felt by Russell in 1900 never thereafter returned. For one thing, events in his private life during the following years brought dark clouds. He found that he had lost his love for his wife, and told her so. 'I believed in those days (what experience has taught me to think possibly open to doubt) that in intimate relations one should speak the truth,' he later wrote (*A* 151). The result was great misery for them both in the nine further years during which they shared an address. At nearly the same time a revolution was wrought in his emotional life by witnessing the suffering in illness of Evelyn Whitehead, wife of his former teacher Alfred North Whitehead. Seeing her in the intense isolation endured by one in agony, his view of the world suddenly changed; to that moment he subsequently dated his pacifism, his longing for children, the beginnings of a heightened aesthetic sensibility, and a profound sense that each of us is ultimately and irremediably alone. The experience is movingly described in his *Autobiography*.

In his mathematical work, which otherwise might have afforded him consolation, there occurred a similarly grave upheaval. This was the discovery of a contradiction at the very heart of the project Russell was trying to carry out. The contradiction and its importance is described in its due place in chapter 2 below. Its effect was to stall Russell's work for over two years, during which he stared at a blank sheet of paper wondering how to proceed. By this time he was at work on *Principia Mathematica*, which began life as an intended second volume to *The Principles of Mathematics*. This putative second volume was to have contained the technical working-out of the ideas sketched in *The Principles*, together with a fuller treatment of a number of difficulties left over from it; but it quickly became apparent that much more was needed if he was to achieve the project's aim, which was 'to show that all pure mathematics follows from purely logical premisses and uses only concepts definable in logical terms' (*MMD* 57). Russell therefore invited Whitehead's collaboration, and from then until 1910 most of his mental energies were devoted to the production of this monumental work. Its philosophical aspects, and the actual writing out of the technical material, fell to Russell; Whitehead, among other things, made significant contributions to the notation and a great deal of working out of proofs.

Russell reports that he worked at *Principia Mathematica* for eight months each year, and from ten to twelve hours a day. When the manuscript was at last delivered to Cambridge University Press it was so huge that it had to be transported there in a four-wheeler carriage. The Syndics of the Press calculated that the book would bring them a loss of £600, and said that they were willing to bear only half that sum. Russell and Whitehead persuaded the Royal Society to help by voting a £200 grant, but the remainder had to be supplied from their own pockets. As a result, their financial reward for years of work on this vast project was a loss of £50 each.

But the true rewards were great. In the course of the endeavour, and arising from it, Russell published some very important philosophical papers. He was elected a Fellow of the Royal Society at the unusually young age of 35. His place in the history of logic and philosophy was secured. Much that Russell later attempted and achieved in his many spheres of activity was made possible by his having earned the Olympian stature conferred by authorship of *Principia*.

Russell was not idle in other respects during these years of intellectual labour. His interest in politics remained lively; he campaigned for free trade, and stood as a parliamentary candidate on behalf of female suffrage at the Wimbledon by-election of 1907. Votes for women was an intensely unpopular cause whose champions regularly suffered abuse and even violence. Russell might eventually have entered Parliament had his agnosticism not stood in the way; he was about to stand as a candidate for Bedford in the 1911 election when his local campaign organizers learned that he would not conceal his agnosticism from the electors, and would not go to church. They accordingly chose another candidate.

But something much more congenial then offered: Trinity appointed him to a five-year lectureship, so Russell assumed the life of a don, and turned his attention to writing a little book that became a classic: *The Problems of Philosophy*, which remains to this day one of the best short introductions to the subject.

One unexpected result of Russell's political activities was romance. In 1910, while living near Oxford, he helped canvass for the local candidate Philip Morrell whose wife Lady Ottoline Morrell he had known in childhood. Their re-encounter blossomed in the following year into a love affair. Russell wished to marry her, which would have meant his divorcing Alys and Ottoline's divorcing Philip. But Ottoline did not wish to leave Philip, so the affair remained adulterous, with the compliance of Philip but the bitter opposition of Alys and her family. Russell and Alys separated and did not meet again for 40 years, although they were in the meantime divorced, early in the 1920s.

Ottoline was indisputably good for Russell. 'She laughed at me', Russell wrote, 'when I behaved like a don or a prig, and when I was dictatorial in conversation. She gradually cured me of the belief that I was seething with appalling wickedness which could only be kept under by iron self-control. She made me less self-centred and less self-righteous' (*A* 214).

4. Lady Ottoline Morrell (1873–1938), painted in 1926 by Augustus John; oil on canvas.

She also provided him, in her person and the voluptuous beauty of her surroundings, with satisfactions for his aesthetic impulses. Russell was then nearly 40 years of age; it was a late but profound awakening.

In 1914 Russell visited the United States and lectured, among other places, at Harvard University. His lectures were subsequently published as *Our Knowledge of the External World*. One of his pupils at Harvard was T. S. Eliot, who wrote a poem about him, 'Mr Apollinax', in which he appears as a mythical creature, strange and even frightening, whose seaweed-festooned head might suddenly roll under a chair or pop up, grinning, above a screen; who laughs, Eliot says, 'like an irresponsible foetus', yet whose 'dry and passionate talk' eats up the afternoon, reminding Eliot of the beating of a centaur's hoofs on hard ground. It was an encounter that left a strong impression on Eliot; of the others present he could remember only that they ate cucumber sandwiches.

While visiting Chicago Russell fell in love with his host's daughter – she is unnamed in his autobiography – who was then a student at Bryn Mawr. They made plans for her to join him in England so that they could marry when he divorced Alys. She did indeed come; but by then the First World War had begun, the emotional shock of which to Russell, and his passionate engagement in pacifist activities, had obliterated his feelings for her. The disaster of her visit was later compounded by her going mad. In his autobiography Russell reports this sad interlude with agonized regret.

Russell's response to the outbreak of war was complex. He was too old to be a combatant, so he never had the status of a conscientious

5. T. S. Eliot (1888–1965), one of Russell's students at Harvard, wrote a poem about him, 'Mr Apollinax', in which he appears as a mythical creature, with a seaweed-festooned head and centaur hoofs.

objector. (A number of his acquaintances who were in this position, such as Lytton Strachey, discharged their compulsory agricultural duties by pottering about Ottoline's country estate at Garsington.) Like many Edwardian intellectuals Russell had a tenderness for Germany and German culture. He was fluent in the language, read German books as a matter of course, and had lived there and written about its politics. But he was also intensely patriotic, once writing that 'love of England is very nearly the strongest emotion that I possess'. Nor was he an unconditional pacifist, as shown by the fact that a quarter of a century later he strongly supported the war against Nazism. The point for him was that the outbreak of hostilities in 1914 served no principle and promised no benefits, but was brought about by the folly of politicians and threatened to engulf civilization in a huge welter of wasted young life. 'All this madness', he wrote in a letter to the *Nation* very soon after fighting began, 'all this rage, all this flaming death of our civilisation and our hopes, has been brought about because a set of official gentlemen, living luxurious lives, mostly stupid, and all without imagination and heart, have chosen that it should occur rather than that any of them should suffer some infinitesimal rebuff to his country's pride.'

Then as in the Vietnam War half a century later Russell was extraordinarily insightful. The horrendous slaughter of the trenches had not properly begun, yet Russell saw its inevitability, and with it much longer-term evil consequences. Very few could then have foreseen that a process had begun which would trap most of the world in actual or incipient war for most of the rest of the century, with scores of millions of deaths and the misdirection of massive resources to development of military technology, each new advance in the sophistication of which has been more dangerous and destructive than the last. Russell could not of course in 1914 foresee Bolshevism, Nazism and the Holocaust, nuclear weapons and the Cold War, nationalism given teeth by the international arms trade, and fundamentalism spurred by the jealous gap between rich and poor nations. But he had a lively sense that the outbreak of war meant that a gate had been swung wide to disaster of some form: and many decades of disaster duly followed.

He was equally horrified by the popular support for war in the combatant nations, and the form it took of 'primitive barbarism' and the release of 'instincts of hatred and blood lust', which – as he pointed out – are the very things civilization exists to oppose. Worst of all was the appearance of these same sentiments in the majority of his friends and acquaintances. He could not stand aside; throughout the war years he wrote articles and made speeches, supporting organized opposition to the war in the form of the Union of Democratic Control and the No Conscription Fellowship. Early in the war he did charitable work among Germans living in England who had been made destitute by being cut off from home. The need for this work did not last long because citizens of enemy nations were soon interned.

The leader of the No Conscription Fellowship was a young man called Clifford Allen (later Lord Allen of Hurtwood), who was repeatedly sent to prison for refusing to give up his anti-war work. At one of Allen's trials Russell met Lady Constance Malleson, an actress with the stage-name of Colette O'Neil. She was engaged in pacifist work also, spending her evenings in the theatre and her days stuffing envelopes in the Fellowship's offices. They became lovers, her calmness providing Russell with a refuge from the harshness of the wartime struggle.

Russell was himself several times on the rough end of the law for his anti-war work. In 1916 he was prosecuted because of an article he had written, and was fined £100. He refused to pay, so his goods were distrained; but his friends kindly bought them and gave them back to him, rendering his gesture futile. Then he was banned from entering any militarily restricted areas of Britain, in particular any part of the coast (to prevent him, he wryly supposed, from signalling to enemy submarines). He was refused a passport when he attempted to travel to America in 1916. And in 1918 he was sent to prison for six months because of an article in which he said that American troops coming to Europe might be used for strike-breaking, a task they had performed in their own country. Because of his connections (it was, as he sardonically acknowledged, useful being an Earl's brother) he was placed in the first division, which meant that he had a cell to himself and could have books; so he read and wrote, producing one book – *An Introduction to Mathematical Philosophy* – and the beginnings of another – *The Analysis of Mind* – together with a number of reviews and articles. He was released in September 1918, when it was already apparent that the war could not last much longer.

The first of Russell's brushes with the law carried an extra penalty. All the younger dons at Trinity had gone off to fight, leaving a small group of older men in charge of the College's affairs. They were deeply hostile to Russell's war work. When they heard of his conviction, they voted to deprive him of his lectureship. The mathematician G. H. Hardy, outraged by this treatment of Russell, later wrote an account of it. When at the war's end the younger dons returned from fighting, they voted to reinstate Russell, but by that time Russell's interests were leading him abroad.

Among the many changes effected in Russell by the war was a widening in the scope of his literary activity. He produced two non-philosophical books during these years, *Principles of Social Reconstruction* (in the United States called *Why Men Fight*), published in 1916, and *Roads to Freedom*, published in 1918, which presaged his many further popular books on social, political, and moral questions. While giving *Principles of Social Reconstruction* as a series of lectures in 1916 Russell met and began what was intended to be a collaboration with D. H. Lawrence, but Lawrence's attitude soon turned hostile. At first Lawrence's accusations that Russell's pacifism was a mask for violently misanthropic feelings troubled Russell profoundly, because he thought Lawrence had special insight into human nature; but Lawrence's increasingly hysterical and vituperative letters led Russell to see through Lawrence's proto-fascistic brand of politics and his worship of irrationalism, and relations between them ceased.

In prison in 1918 Russell worked, as noted, on two philosophical books. His return to philosophy had however begun earlier, for in the early months of 1918 he gave a series of lectures under the title 'The Philosophy of Logical Atomism', published shortly afterwards in successive numbers of a journal called *The Monist*. In his characteristically overgenerous way, Russell attributed his ideas to Ludwig Wittgenstein, who had been his pupil for a short time at Cambridge before the war. In fact most of the ideas in Russell's lectures are apparent in work he did long before meeting Wittgenstein; but as one can see from the latter's *Tractatus Logico-Philosophicus*, written while Wittgenstein was serving at the front in the Austrian army, the two had discussed these ideas at some length before the war. Now Russell received a letter from Wittgenstein, who was languishing in an Italian prisoner-of-war camp, telling him about the *Tractatus*. After the Italians released him Wittgenstein tried to get his book published, but failed; so Russell lent his help, and persuaded a publisher to take the book by agreeing to write an introduction to it. Although Russell was several more times of crucial help to Wittgenstein – not least in arranging a research Fellowship for him at Trinity a decade later – the two men drifted apart because of profound temperamental and philosophical differences.

Russell had once again fallen in love, this time with a young Girton graduate called Dora Black. In 1920 they independently visited the Soviet Union, from which Dora returned enthusiastic and Russell hostile. He wrote a damning book about the Bolsheviks, over which he and Dora quarrelled. But it did not stop them going together to China in 1921, where Russell had been invited to spend a year as a visiting professor in Peking.

As with many who spend any length of time in China, Russell fell in love

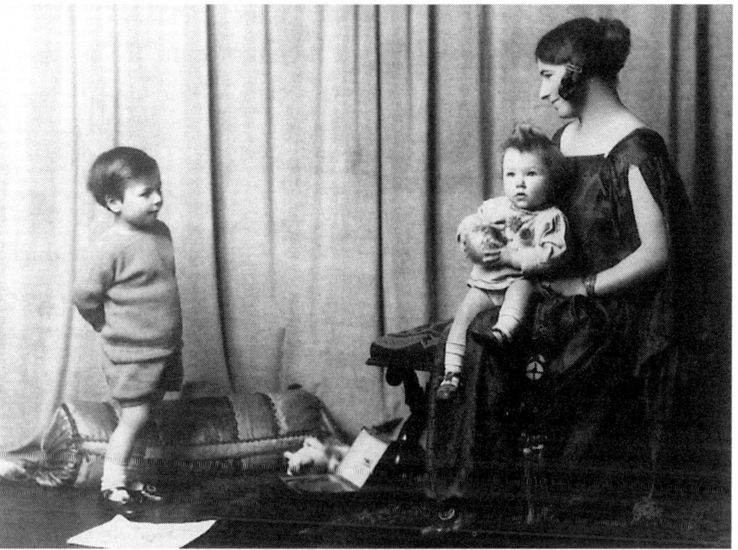

6. Dora Black (1894–1986) was a young Girton graduate who met Russell in 1916. They fell in love, but Dora rejected his proposal of marriage until September 1921. They had two children, John Russell and Katharine Russell.

with it. And like many of these many, he was inclined to romanticize the Chinese themselves. He applauded their sense of humour, their sagacity, their enjoyment of beautiful things, and their immensely civilized love of culture and learning. But he somehow did not see how vilely harsh were the lives of the majority in that vast country, nor how crushed and obstructed China was by its ancient traditions. While there he refused to set himself up as an adviser to the many who asked him how they should live, what they should think, and how China could emerge from its poverty and feudal disarray. The American philosopher John Dewey was visiting China at the same time, and did not hesitate to pronounce on all these matters, with the result that his memory remains a more potent influence in China today than Russell's. The tradition of the sage is strong in China; Russell therefore lost an opportunity to do much good there. He wrote a book setting out his views on China and its future, but a book published later in far-away England was no substitute for the oracles his guests had hoped to hear. He lectured them, instead, on mathematical logic.

Towards the end of his sojourn in Peking, Russell fell seriously ill with bronchitis, and nearly died. As a result of the overzealousness of some Japanese journalists, news of his death was announced; Russell was therefore able to read his own obituary notices, including a one-liner that appeared in a missionary journal and especially amused him: 'Missionaries may be pardoned', it read, 'for breathing a sigh of relief at the news of Mr Bertrand Russell's death.'

Alys had at last agreed to a divorce, so when Russell and Dora returned to England in September 1921 they married, and not long afterwards their first son, John Conrad, was born. A daughter, Kate, followed two years later. Russell twice stood for Parliament as a Labour Party candidate in Chelsea, in 1922 and 1923, but unsuccessfully. Family responsibilities pressed; he needed to make a living, and therefore again gave up the idea of parliamentary politics to devote himself to writing and lecturing. The most lucrative lecturing circuit was the United States, to which he made four visits during the 1920s. The popular books he published included *The A.B.C. of Relativity*, *The A.B.C. of Atoms*, *What I Believe*, *On Education*, *Sceptical Essays*, *Marriage and Morals*, and *The Conquest of Happiness*. Some of these were financially successful, and some caused scandal, mainly because of their liberal views on sexual morality. Nor did he neglect philosophy; his *Analysis of Mind*, begun in prison, appeared in 1921; he was invited to give the Tarner Lectures in Cambridge in 1925, and they were published in 1927 as *The Analysis of Matter*. He also produced an introductory textbook called *An Outline of Philosophy*.

The advent of children satisfied a long yearning in Russell. They provided him with a 'new emotional centre' which absorbed him in parental interests for the rest of the 1920s. He bought a house in Cornwall so that the family could spend their summers there, and when John and Kate reached school age he and Dora decided to found their own school so that the children would be educated as they thought best. They rented Russell's brother's country house on the South Downs, and began a school of 20 children all roughly of the same age. The house was large, set in 200 acres of virgin forest filled with magnificent beeches and yews, and roamed by many kinds of wildlife, including deer. The views from the house itself were beautiful.

Despite the ideal and the idyll, the experiment in the end was a failure. The school never paid for itself, and Russell's writing of popular books and journalism, and his crossings and recrossings of the Atlantic to make lecture tours – he hated the sea journeys – were mainly aimed at subsidizing it. Dora also made a lecture tour to America, but her chief responsibility was running the school. Staff proved a difficulty; Russell and Dora never found teachers who could consistently apply their principles, which involved allowing freedom with discipline – for despite allegations to the contrary, Russell's school was not an anarchy of infants; he later wrote, 'To let the children go free was to establish a reign of terror, in which the strong kept the weak trembling and miserable. A school is like the world; only government can prevent brutal violence.'

Another difficulty was that the school attracted a high proportion of problem children, whose parents had tried to send them elsewhere but had been driven at last to try experimental schools. Because the Russells needed the money they accepted these children, only to find that they made running the school very difficult.

Worst of all, however, was the effect on Russell's own children. The other pupils thought they were unduly favoured, because their parents ran the school; but in an effort to be fair, Russell and Dora tried to treat them on the same footing as the others, with the consequence that

John and Kate were effectively deprived of their parents, and suffered for it. The early happiness in the family was, in Russell's own words, thereby 'destroyed, and was replaced by awkwardness and embarrassment' (*A* 390).

Hopes for education as a way of transforming the world were widespread in the years after the First World War. In Austria, for example, where the demise of the Austro-Hungarian Empire had had a shattering effect, many young intellectuals took up school-teaching in the hope of building mankind anew. Karl Popper and Ludwig Wittgenstein were among them. In an indirect way Russell was part of this movement. But the realities of teaching, and the sheer intractability of human material, quickly disillusioned most of them, and they gave it up.

In 1931 Russell's brother Frank died suddenly, and Russell inherited the earldom. With it he inherited his brother's debts and an obligation to pay £400 a year in alimony to the second of his brother's three ex-wives. His attitude to the earldom was somewhat wry, but he was not averse to making use of it in various ways, not least in exploiting the automatic entry it gave him to Establishment platforms, where his expression of iconoclastic and independent views could have the greatest effect. Nevertheless he did not often attend the House of Lords, and preserved a healthy streak of contempt for the British class system.

At about this time Russell's marriage was feeling the strain both of the school and of the various affairs which both spouses allowed themselves. Russell did not object to Dora having affairs, but he did not wish to be responsible for any children that resulted. Dora became pregnant by an American lover, and the child was at first registered as Russell's; later, when he saw her listed in Debrett's as one of his offspring, he instituted proceedings to have her name removed. To this extent, therefore, Russell had dynastic impulses.

In the aftermath of the school and separation from Dora, and with the additional financial burdens inherited from his brother, Russell was still under the necessity of making a living from his pen. A lucrative association with the Hearst newspapers in America, for which Russell had written a column, came to an end early in the decade, so Russell had to devote his energies to books. In 1932 he published *The Scientific Outlook*, and in 1934 one of his best books, a work of political history called *Freedom and Organization 1814–1914*. In 1935 he published *In Praise of Idleness* and in 1936 *Which Way to Peace?* In this book he reasserted his qualified pacifism and his commitment to the idea of world government. But by the time this book was published he had already come to feel the need for even deeper qualifications of pacifism, especially – as events in Germany over the previous two or three years showed – in the face of such an 'utterly revolting' threat as he perceived in Nazism. By the outbreak of the Second World War he had decided that resistance to Hitler must be unequivocal.

In 1937 Russell published *The Amberley Papers*, a three-volume record of the life of his parents. He found this work 'restful', because he admired and profoundly agreed with his parents' radical views, and felt nostalgia for the more hopeful and spacious world – so it seemed to Russell – in which they had fought for them. In working both on this book and on *Freedom and Organization* Russell had the assistance of a young woman who had previously taught at his school, and who had become first his lover and then, in 1936, his third wife: Patricia (commonly called 'Peter') Spence. In 1937 they had a son, Conrad. They moved to a house near Oxford where Russell gave a course of lectures and held discussions with some of the younger philosophers, among them A. J. Ayer. He published *Power, A New Social Analysis* in 1938, and his Oxford lectures, at first entitled 'Words and Facts', became his next philosophical book, *An Inquiry into Meaning and Truth*, published in 1940.

In 1938 Russell went with Peter and Conrad to America to take up an appointment as visiting professor at the University of Chicago. Although he had stimulating conversations there with brilliant students and colleagues – among the latter Rudolf Carnap – he did not get on with the head of the philosophy department, and he disliked Chicago, which he described as 'a beastly town with vile weather'. At the end of the year the Russells went to California, where the weather proved altogether more congenial. Russell taught at the University of California at Los Angeles (UCLA). In the summer of 1939 John and Kate came to spend a Californian holiday, but the outbreak of war made it impossible for them to return to England, so Russell placed them both in UCLA.

Despite the sunshine he was less happy at UCLA than he had been at Chicago, because the staff and students were not very able and the president of the University seemed to Russell especially disagreeable. After a year, therefore, he accepted an invitation to become a professor at the City College of New York. But before he could assume his post a scandal was raised against him on the grounds of irreligion and immorality. It was started by an Episcopalian bishop, carried forward enthusiastically by Catholics, and achieved focus in a legal suit brought by the mother of an intending female student of the College. The mother, a Mrs Kay, said that Russell's presence in the College would be dangerous to her daughter's virtue. Russell was unable to plead in court because the suit was brought against the Municipality of New York and he was not himself a party to it. Mrs Kay's lawyer described Russell's works as 'lecherous, libidinous, lustful, venerous, erotomaniac, aphrodisiac, irreverent, narrow-minded, untruthful, and bereft of moral fibre'. One of the grounds for this was that Russell had stated in a book that very young children should not be punished for masturbating. The Irish Catholic judge was even more vituperative in his summing up against Russell than Mrs Kay's lawyer had been. Mrs Kay, naturally, won.

The case raised not just the whole of New York City and State against Russell, but the whole country. Driven from his New York job, he could at first find nowhere else that would give him a teaching post, and no newspaper that would offer him a column. Because of war conditions it was impossible to get money from England. He was thus stranded abroad without a livelihood, and with a family to support.

Russell was rescued from this dilemma first by Harvard University, which generously invited him to lecture in 1940, and then by a Philadelphia millionaire, Dr Barnes, a passionate collector of art who had established a Foundation for the study chiefly of art history. He gave Russell a five-year contract to lecture at the Foundation. To his amusement, and despite thinking it incongruous with academic philosophy, Russell gave his lectures in a room hung with French paintings of nudes. Barnes was something of an eccentric with a reputation for falling out with his staff; less than halfway through Russell's term he suddenly issued a dismissal notice on the grounds that, in his opinion, Russell's lectures were poorly prepared. These lectures were subsequently published as *A History of Western Philosophy*, by far Russell's most successful book from a popular and financial point of view. Russell sued for breach of contract and gave the manuscript to the judge to read. He won his case. It must be said that parts of this famous book are sketchy enough to make one feel a certain sympathy with the Philadelphia millionaire. But in other respects it is a marvellously readable, magnificently sweeping survey of Western thought, distinctive for placing it informatively into its historical context. Russell enjoyed writing it, and the enjoyment shows; his later remarks about it equally show that he was conscious of its shortcomings.

Work on the *History* was continued in the library of Bryn Mawr College after Russell's break with Barnes. This was owing to the kindness of Professor Paul Weiss who invited Russell there while he awaited permission from the British Embassy in Washington to return to England. Trinity College had offered Russell a Fellowship, which, together with a handsome advance for the *History*, rescued Russell from his difficulties. Just before sailing home through the dangers of German submarines in the Atlantic, Russell spent a short time at Princeton, where he had discussions with Einstein, Kurt Gödel, and Wolfgang Pauli.

For the next few years Russell taught in Cambridge, publishing the *History* in 1945 and *Human Knowledge: Its Scope and Limits* in 1948. This was Russell's last great work of philosophy, and he was disappointed when it received little notice from the philosophical community. One reason for this he attributed to the considerable vogue then and for some time afterwards enjoyed by Wittgenstein's ideas. In 1949, a year which he described as the 'apogee of his respectability', his Fellowship at Trinity was changed to a Fellowship for life without teaching duties; he was elected to an Honorary Fellowship of the British Academy; the BBC invited him to give the first ever series of Reith Lectures; King George VI gave him the Order of Merit; and in the following year he was awarded the Nobel Prize for Literature, news of which reached him while he was on yet another visit to the United States.

Russell was pleased to be given the OM, and went to Buckingham Palace for the investiture. King George was embarrassed at having to behave graciously to an iconoclastic ex-convict adulterer, who in addition was – in his own words – so 'queer looking', so he said, 'You have sometimes behaved in a way which would not do if generally adopted.' The reply that sprang to Russell's lips, but which he managed to suppress, was, 'Like your brother', meaning the abdicated Edward VIII; instead he said, 'How a man should behave depends upon his profession. A postman, for instance, should knock at all the doors in a street at which he has letters to deliver, but if anybody else knocked on all the doors, he would be considered a public nuisance.' The King hastily changed the subject (*A* 516–17).

Russell's new respectability, and in particular his long-standing opposition to the communism of the Soviet Union, made him useful to the British Government in the deepening chill of the Cold War. In this capacity he visited Germany and Sweden to lecture, on the latter occasion being involved in a seaplane crash in Trondheim harbour, which necessitated his having to swim to safety through freezing water;

and on the former being temporarily made a member of the British Armed Forces, to his great amusement.

Russell travelled widely in the 1950s – to Australia, to India, to America again, as well as to continental Europe and Scandinavia – lecturing all the while, and enjoying considerable celebrity. Three years after separating from Peter Spence he married his long-standing American friend, Edith Finch, and they made a honeymoon to Paris; but even on sightseeing jaunts around the city – which neither had ever explored as tourists, for the good reason that both had previously lived there – Russell was recognized and crowds clustered round him.

Travelling and lecturing, as always with Russell, turned into books. The Reith Lectures appeared as *Authority and the Individual*. In 1954 he published *Human Society in Ethics and Politics*, which included his Nobel Prize oration. Because his Nobel Prize was for Literature (the citation nominated *Marriage and Morals*) Russell was prompted to write fiction. In 1912 he had written a novel but not attempted to publish it; now he wrote two collections of short stories, more accurately fables, all with philosophical or polemical intent, called *Satan in the Suburbs* and *Nightmares of Eminent Persons*. In 1956 he published *Portraits From Memory*, a series of sketches of eminent people he had known, and in 1959 he gave the world his intellectual autobiography, *My Philosophical Development*, which summarizes the progress of his views from childhood onwards.

But any idea that Russell had finally entered the Establishment fold, and would subside into grandly respectable and quiescent old age, was mistaken; for Russell saw that the world was beset by a horrifying and rapidly growing danger which he felt it imperative to resist. This was the proliferation of weapons of mass destruction. From the mid-1950s until his death in February 1970 he campaigned against weapons and war with the passion of a young man, among other things earning another prison sentence – commuted, in the light of his great age (he was by then in his nineties), to a week in a prison hospital – and in his very last years again earning dislike and hostility, especially for what seemed to be intemperate, ill-judged, and even hysterical opposition to American actions in the Vietnam War. It later transpired that his accusations of war crimes against the United States were based on largely correct information. In the course of these endeavours Russell became the first president of the Campaign for Nuclear Disarmament (CND), published two books – *Common Sense and Nuclear Warfare* and *Has Man A Future?* – and was instrumental in establishing the Pugwash Conference and later, with Jean-Paul Sartre, the International War Crimes Tribunal in opposition to the Vietnam War.

The political struggles of Russell's last 15 years are canvassed in chapter 4 below. By the close of his life, despite bodily age and some infirmity (but he was spry and alert until the end, dying in his 98th year) Russell seemed to have grown younger with time; his grandmother sent him into the world a middle-aged Victorian, and he metamorphosed into an eternally young knight-errant; honest, indomitable, equipped with a formidable intellect and great ability as a writer, who used his gifts – not least among them his extraordinarily incisive powers of reason and wit – to do battle with dragons.

The perspective of time either enlarges or diminishes those who have occupied the public view. Most dwindle into foothills (which is to say, footnotes); a few rise to Himalayan majesty. Among their peaks Russell stands high.

Chapter 2
Logic and philosophy

Introduction

By his own account, Russell's chief philosophical motive was to find out if anything can be known with certainty. This ambition, identical to that of Descartes, had risen in him as a result of two early intellectual crises: his loss of religious faith, and his disappointment at having to accept unproven axioms as the basis of geometry. His first truly original philosophical endeavour was to show that mathematics rests on logic. Success in this enterprise would have provided a grounding of certainty for mathematical knowledge. The project failed, but a number of important philosophical advances came out of the attempt. Russell then turned to the problems of general philosophy, where certainty is even harder to find. He worked at constructing theories which he hoped would, despite the elusiveness of certainty, provide satisfactory solutions nevertheless. He returned to these problems again and again, developing and changing his views but keeping faith with the analytical techniques derived from his logical work. He felt able, in the end, to claim a measure of success, although he knew that few of his fellow philosophers agreed with him.

When one surveys Russell's philosophical work, ignoring the fact that it evolved over a very long span, frequently and lengthily interrupted by many other activities, one is surprised at how continuous and logical an evolution it represents. In his own account of his philosophical development Russell states that his philosophical life divides into two, the first part consisting in an early and short-lived flirtation with idealism, the second, inspired by his discovery of new logical techniques, dominating his outlook from then on:

> There is one major division in my philosophical work; in the years 1899–1900 I adopted the philosophy of logical atomism and the technique of Peano in mathematical logic. This was so great a revolution as to make my previous work, except such as was purely mathematical, irrelevant to everything that I did later. The change in these years was a revolution; subsequent changes have been in the nature of an evolution.
>
> (*MPD* 11)

The evolution that followed the revolution was considerable, but at every point it was driven by a need to solve problems thrown up by preceding phases, or, if the problems were too great, to find alternative routes forward. This dialectical continuity of concerns shows that Charles Broad's witticism, 'Mr Bertrand Russell produces a new system of philosophy each year or so, and Mr G. E. Moore none at all', although perhaps true of Moore, is not true of Russell, least of all in its hint that there was something capricious about the steps in Russell's philosophical pilgrimage.

In the years between taking his degree and discovering Peano – roughly, the decade of the 1890s – Russell was under the influence of German idealism as favoured by his teachers at Cambridge. The published version of his Fellowship dissertation was a Kantian account of geometry, but his main allegiance was to Hegel. He wrote a Hegelian account of number, and planned a complete idealist dialectic of the sciences aimed at proving, in Hegel's style, that all reality is mental.

Russell later dismissed this work, with characteristic robustness, as 'nothing but unmitigated rubbish' (*MPD* 32). The revolution in his philosophical approach occurred, as we have seen, as a result of his joint revolt against idealism with Moore, and his discovery of the logical work of Peano. This last was particularly significant because it galvanized Russell's ambition to derive mathematics from logic, and offered the means of doing so. The years between 1900 and 1910 were principally devoted to this task, much valuable philosophical work arising in the process. The project is mooted in *The Principles of Mathematics* (1903), and the detailed attempt to carry it out constitutes *Principia Mathematica* (1910–13). Among the classic philosophical papers produced by Russell on the way is 'On Denoting' (1905), some of the ideas in which have been immensely influential in the subsequent history of philosophy.

The philosophical work of these years continued after the associated logical work was brought to an end by the publication of *Principia Mathematica*. Russell set about applying the techniques of analysis developed in this work to the problems of metaphysics (enquiry into the nature of reality) and epistemology (enquiry into how we get and test knowledge). His enduring little classic, *The Problems of Philosophy* (1912), sketches the metaphysical and epistemological views he then held. He proposed to give them more detailed treatment in subsequent writings, and began in 1913 by drafting a large book, posthumously published as *Theory of Knowledge* (1984). But he was dissatisfied with aspects of it, so instead of publishing it in book form he broke it up and published part of it as a series of papers. At the same time a suggestion by Whitehead inspired him to apply logical techniques to the analysis of perception; the result was a set of lectures delivered at Harvard and subsequently published as *Our Knowledge of the External World* (1914). This book, together with a paper entitled 'The Relation of Sense-Data to Physics' published in the same year, represents an excursus by Russell into something like phenomenalism. 'Phenomenalism' is the view that perceptual knowledge can be analysed in terms of our acquaintance with the fundamental data of sensory experience. (I say 'something like phenomenalism' because although Russell half a century later described these views as phenomenalistic, in the original writings they are not unambiguously so; this point is discussed in the appropriate place below.) Four years later, in another series of lectures, Russell applied his analytic method to objects and our talk of them. He called this the 'Philosophy of Logical Atomism'. At the same time he published what is in effect a popular version of *Principia Mathematica*, setting out the basic ideas of the philosophy of mathematics. This book is entitled *An Introduction* to *Mathematical Philosophy* (1918).

In the 1920s Russell sought to extend and improve the application of his analytic techniques to the philosophy of psychology and physics. The first fruit of this was *The Analysis of Mind* (1921) in which his version of quasi-phenomenalism is applied to the analysis of mental entities. The second was *The Analysis of Matter* (1927), where Russell seeks to analyse the chief concepts of physics, such as force and matter, in terms of events. The argument of this book is strongly realist; Russell did not think it feasible to analyse the basic concepts of physics without admitting that certain entities exist independently of perception of them, which marked the end of any dalliance with phenomenalism. It might also be described as a 'return' to realism, because Russell had been committed to a rather swingeing form of realism before writing *Our Knowledge of the External World.*

Having made this return journey from a version of phenomenalism or something close to it, Russell reconsidered problems which he now felt had not been properly dealt with under his phenomenalist assumptions. The result was *An Inquiry Into Meaning and Truth* (1940) where he again discusses the relation of experience to contingent knowledge, and *Human Knowledge* (1948), where, among other things, he returns to a matter left inadequately discussed in earlier writings: the important question of non-demonstrative (non-deductive) inference, of the kind generally supposed to be employed in science.

THE PRINCIPLES

OF

MATHEMATICS

BY

BERTRAND RUSSELL M.A.,

LATE FELLOW OF TRINITY COLLEGE, CAMBRIDGE

VOL I.

CAMBRIDGE:

at the University Press

1903

7. Frontispiece of *The Principles of Mathematics*, published in 1903, with the premiss that mathematics and logic are identical.

Each of these phases in the development of Russell's thought merits extended discussion, to be found in the works cited in Further reading below. In the following sections I give a summary account of them.

The rejection of idealism

Idealism takes a number of variant forms, but its basic tenet is that reality is fundamentally mental. 'Idea-ism' would be a more informative version of the name. It is a technical term of philosophy, and has nothing to do with ordinary senses of the English word 'ideal'. In one of its forms, as held by Bishop Berkeley, idealism is the thesis that reality ultimately consists of a community of minds and their ideas. One of the minds is infinite, and causes most of the ideas; Berkeley identifies it as God. In later views of the kind espoused by T. H. Green and F. H. Bradley, both of whom were much influenced by German idealism, the thesis is that the universe ultimately consists of a single Mind which, so to speak, experiences itself. They argue that our finite, partial, and individual experience, which tells us that the world consists of a plurality of independently existing entities – many if not most of which are material rather than mental – is contradictory or at very least misleading. This plurality of things is mere 'appearance', which obscures rather than represents the true nature of reality. This implies an important concomitant of the idealist view, as Russell had learned to accept it: that because plurality is a misleading appearance, the truth is that everything is related to everything else in the universe, and therefore the universe is ultimately a single thing – everything is One. This view is called 'monism'.

When Moore and Russell rejected idealism in 1898 (the event was marked by publication in that year of Moore's article 'The Nature of Judgment') they opposed both of the chief theses of idealism: that experience and its objects are inextricably mutually dependent, and that everything is one. They thereby committed themselves to 'realism', which is the thesis that the objects of experience are independent of experience of them, and to 'pluralism', which is the thesis that there are many independent things in the world.

Russell saw idealism and its concomitant monism as arising from a view about *relations* which, once refuted, opens the way to pluralist realism. Relations are expressed by such sentences as 'A is to the left of B', 'A is earlier than B', 'A loves B'. On the idealist view, Russell claimed, all relations are 'internal', that is, they are properties of the terms they relate, and, in a full description, appear as properties of the whole which they form with their relata. This is sometimes plausible; in 'A loves B' A's loving B is a property of A – that is, is a fact about the nature of A – and the complex fact denoted by 'A loves B' has the property of being a *loving-of-B-by-A*. But if all relations are internal it immediately follows that the universe constitutes what the idealist philosopher Harold Joachim calls 'a significant whole', for it means that it is part of the nature of anything to be related to everything else, and that therefore a full description of any one thing will tell us everything about the whole universe, and vice versa. Bradley puts the point like this: 'Reality is one. It must be single because plurality, taken as real, contradicts itself. Plurality implies relations, and, through its relations it unwillingly asserts always a superior unity' (*Appearance and Reality*, 519).

In opposition to this view Russell argued that the idealists commit a fundamental mistake. This is that they take all propositions to be of subject-predicate form. Consider the sentence 'The ball is round'. This can be used to express a proposition in which the property of roundness is predicated of a given ball ('predicated' means: applied to, said of). In Russell's view, the idealists wrongly took it that all propositions, even relational ones, are ultimately of subject-predicate form; which means that every proposition must, in the final analysis, constitute a predication on reality as a whole, and that relations as such are unreal. For example: on the idealist view the proposition 'A is to the left of B' should properly be understood as saying, 'Reality has the property of A-appearing-to-be-to-the-left-of-B' (or something like this).

But if one sees that many propositions are irreducibly relational in form, one thereby sees that monism is false. To say that many propositions are irreducibly relational is to say that relations are real or 'external' – they are not grounded in the terms they relate; the relation 'to the left of' does not belong intrinsically to any spatial object, which is to say that no spatial object must of necessity be to the left of other things. For it to be true that 'A is to the left of B', Russell argued, there therefore has to be an A *and separately* a B for the former to stand to the latter in the relation 'left of'. And of course to say that there are more things than one is to reject monism.

Rejection of monism constitutes a rejection of idealism for Russell because it is crucial to idealism that the relation of experience to its objects should be internal; which is in effect to say that there is no such relation; which is again in effect to say that relations are unreal. But on Russell's opposed view that relations are real, experience cannot be conflated with its objects; which is to say that those objects exist independently of being experienced. And this is central to what Russell and Moore meant by realism.

It is disputable whether Russell is right in thinking that all the idealists (including Leibniz), and before them the Schoolmen with their metaphysics of substance and attribute, were committed to the view that all propositions are subject-predicate in form. But he certainly took himself to have discovered a highly important flaw in previous philosophy. With the rejection of idealism he went for a time to the other extreme, that of being a realist about everything. By his own account he was a 'naïve realist' in the sense of one who believes that all the perceived properties of material objects are genuine properties of them, a physical realist in believing that all the theoretical entities of physics are 'actually existing entities' (*MPD* 48–9), and a Platonic realist in believing also in the existence, or at least in the 'being' (where this is a qualified and perhaps lesser kind of existence), of 'numbers, the Homeric gods, relations, chimeras, and four-dimensional spaces' (*The*

Principles of Mathematics (*PoM*) 449). Russell later trimmed this luxuriant universe by applying 'Ockham's razor', the principle that entities should not be multiplied unnecessarily. For example, if physical objects can be exhaustively explained in terms of subatomic entities, then a basic inventory of the universe should not contain *both* trees *and* the quarks, leptons, and gauge particles of which trees are made. This, later, was how he applied the technique of analysis. But he still believed in an inclusive realism in *PoM*, to which he turned after encountering the work of Giuseppe Peano in Paris in 1900.

The foundations of mathematics

Leibniz had dreamed of a *characteristica universalis*, a universal and completely precise language, use of which will solve all philosophical problems. Russell recognized, in his book on Leibniz, that this was a desire for a symbolic logic, by which Russell then meant the 'Boolean algebra' developed by George Boole in the mid-nineteenth century. But at that juncture he did not think Leibniz was right to suppose that philosophical problems can be solved by employing the technicalities of a deductive logical system, for the reason that the truly important questions of philosophy are about matters that are 'anterior to deduction', namely, the concepts or facts referred to in the premisses from which inference starts. Whatever these are, Russell argued, they are not supplied to us by logic; logic can only help us in reasoning about them.

But Russell changed his mind when he encountered Peano's work. Peano's advances in logical technique (they had been anticipated by Gottlob Frege, but neither Peano nor Russell then realized this) immediately suggested to Russell ways of stating the fundamental principles of logic, and of showing two centrally important things: first, how all the concepts of mathematics can be defined in terms of them, and secondly, how all mathematical truths can be proved from them. In short, it suggested to Russell how to show that logic and mathematics are identical. This is the aim of both *PoM*, and its more fully worked out version, *Principia Mathematica* (*PM*).

The project of deriving mathematics from logic is known as 'logicism'. In *PoM* Russell did not attempt a rigorous assault on this part of the programme, limiting himself instead to an informal sketch. The rigorous assault was left to *PM*. Chief among Russell's reasons for delaying the task until *PM* was his discovery of a paradox which threatened the whole enterprise.

Russell's first task was to define the concepts of mathematics using as small a number as possible of purely logical notions. (Here follow three paragraphs of informal technicality, which need not detain the reader.) Letting 'p' and 'q' stand for propositions, these notions are: negation (not-p), disjunction (p or q), conjunction (p and q), and implication (if p then q). To these operations are added symbols for representing the inner structure of propositions: 'Fx' is a functional expression in which 'x' is a variable standing for any individual, and 'F' is a predicate letter standing for any property. Thus 'Fx' says that x is F (an instance of what it symbolizes is: 'the tree is tall'). One of the important technical advances that Russell was able to use is a way of *quantifying* such functions. Using notation which is now standard in logic, quantification is expressed like this: (x) expresses 'all xs', so (x)Fx says that *all* xs are F, (∃x) expresses 'at least one x', so (∃x)Fx says that *at least one* x is F. And finally there is the notion of identity: 'a = b' says that a and b are not two objects but one and the same object. With this simple language it is possible to define the concepts of mathematics.

Earlier mathematicians had investigated the relations among mathematical notions and had recognized that they are all reducible to the natural numbers (the counting numbers 1, 2, 3 . . .), although no one had so far demonstrated this precisely. The first step in the programme was therefore to define the natural numbers in logical terms. This is what Frege had already done, although Russell did not at the time realize this.

The definition exploits the notion of classes: 2 is defined as the class of all couples, 3 as the class of all trios, and so on. In turn, a 'couple' is defined as a class having members x and y where x and y are not identical and where, if there is any other member z of the class, z is identical with either x or y. The general definition of number is stated in terms of sets of similar classes, where 'similarity' is a precise notion denoting a one–one relation: two classes are similar if a one–one relation is specifiable as holding between their members.

With these notions in place, a raft of problems is solved, among them: how to define 0 and 1 (Russell pointed out that these are two of the most difficult notions in mathematics), how to overcome 'one and many' puzzles (how many things is a chair: is it one, or – if you count its parts and constituents – many?), and how to understand infinite numbers. Once the whole numbers are defined, the others (positive and negative numbers, fractions, real numbers, complex numbers) present relatively little difficulty.

The first part of the programme – defining mathematical concepts in terms of logical ones – therefore seems largely unproblematic, once the right technicalities are available. The second – the distinctively logicist part of showing that mathematical truths can be proved from the fundamental principles of logic – turns out to be vastly more difficult.

The main reason for this, from Russell's point of view at the time, was his discovery of paradox. The paradox relates to a notion which, as the foregoing sketch shows, is central to the project: the notion of classes. In the course of his work Russell was led to ponder the fact that some classes are, and some are not, members of themselves. For example, the class of teaspoons is not a teaspoon, and therefore is not a member of itself; but the class of things which are not teaspoons is a member of itself because it is not a teaspoon. What, then, of the class of all those classes which are not members of themselves? If this class is not a member of itself, then by definition it is a member of itself; and if it is a member of itself, then by definition it is not a member of itself. So it is both a member of itself and not a member of itself. Thus paradox.

At first Russell thought that some trivial mistake was to blame, but after much effort to put things right, and after consulting Frege and Whitehead, it became clear to him that disaster had struck. Russell published *PoM* without having found a remedy. But by the time he and Whitehead came to write *PM* he had, he thought, found a way out – but his strategy proved highly controversial. Matters can be described as follows.

The attempt to deduce the theorems of mathematics from purely logical axioms cannot proceed, Russell found, without supplementary axioms to make possible the task of proving certain theorems in arithmetic and set theory. Two of these supplementary axioms (their details do not matter; I mention them for completeness) are the 'axiom of infinity', which states that there are infinite collections in the world, and the 'axiom of choice' (sometimes called the 'multiplicative axiom') which states that for every set of disjoint non-empty sets there is a set which shares exactly one member with each of the member sets. The axioms are needed so that numbers can be defined in terms of classes, as sketched above. But they both appear to involve a difficulty, which is that they are existential in character, that is, they say '*there is* such-and-such' – in the first case, a number, in the second, a set – and this is a problem because logic should not be concerned with what does or does not exist, but only with purely formal matters. But Russell found a solution: it is to treat mathematical sentences as conditionals, that is, as sentences of 'if – then –' form, with the axioms occupying the 'if' gap: as such they say, 'if you premiss this axiom, then –'. Because these conditionals are derivable from the axioms of logic, the apparent importation of existential considerations does not matter.

But much greater difficulty arose with a third supplementary axiom, the 'axiom of reducibility'. This is the axiom Russell adopted to overcome the paradox problem, but which other logicians find hard to accept.

The axiom of reducibility is tied to Russell's 'theory of types'. An informal way of understanding this theory is to note that the paradox discovered by Russell arises because the property of not being-a-member-of-itself is applied to the class of all classes having that property. If a restriction could be introduced which ruled that this property is applicable only to the member classes and not to the class of those classes, the paradox would not arise. This suggests that there should be something like a distinction of levels among properties, such that those attributed at one level are not attributable at a higher level.

There is a version of type theory – it is a simpler version than Russell's – which captures this intuition and seems plausible to some logicians. It was suggested by the mathematician-philosopher Frank Ramsey and is called the 'simple theory of types'. It puts matters like this: the language which applies to a given domain has level 1 expressions – names – which refer to objects in the domain, and it has level 2 expressions – predicates – which refer only to properties of those objects, and it has level 3 expressions – predicates of predicates – which refer only to properties of those properties . . . and so on. The rule is that every expression belongs to a particular type and can only be applied to expressions of the next type below it in the hierarchy. In line with the informal sketch just given, one sees how this strategy suggests a solution to the paradox problem.

Russell's more complicated version of type theory is called the 'ramified theory of types'. (The correct way to understand this theory is a matter of controversy – see, for example, Hylton 1990, chapter 7 – but the following sketch can serve as a first approximation.) Russell's reason for introducing 'ramification' – which means the internal subdivision of types into 'orders' – was that he thought a solution to the paradox problem specifically needed it. He took it that the paradox problem results from attempting to define properties by means of expressions which contain reference to 'all properties', so talk of 'all properties' must be strictly controlled. Properties of, say, type 1 are therefore to be subdivided into orders: a first order of properties in whose definition the expression 'all properties' does not occur; a second order of properties in whose definition the expression 'all properties of the first order' occurs; a third order in whose definition 'all properties of the second order' occurs; and so on. Since there is never reference to 'all properties' which does not anchor it to a definite order, no property is ever defined in such a way that reference is made to the totality it belongs to. And this avoids paradox.

But it does so at a major cost. It introduces difficulties into the theory of real numbers by blocking its most important definitions and theorems. It was to overcome this problem that Russell introduced the axiom of reducibility, which tries to engineer a way of reducing orders within a type to the lowest order. This manoeuvre, likened by one commentator to using 'brute force' to salvage real number theory, was abandoned by Russell in the second edition of *PM* (1927). But because he could not accept that there is any alternative to a ramified theory of types he was left in quandary. It was in response to this that Ramsey put forward the 'simple' theory of types sketched above. (It is as well to note that Ramsey's theory invites debate on its own account. It makes the controversial claim that the circularity in definitions which ascribe properties to themselves is harmless; and it demands an equally controversial realism about the existence of totalities before they are defined.)

Russell's logicist ambitions ran into difficulties partly on their own account and partly because, as later developments in mathematics –

especially the work of Kurt Gödel – suggest, logicism itself is unfeasible. Gödel showed that in any formal system adequate for number theory there is an undecidable formula, that is, a formula such that neither it nor its negation can be proved. A corollary of this is that the consistency of such a system cannot be established within the system, so one cannot assume that mathematics (or anyway large parts of it) can be provided with a set of axioms sufficient for generating all its truths. His work shows that the axiomatic method has profound inherent limitations, and that the only way to prove the consistency of many kinds of deductive systems is to use a system of reasoning so complicated that its own consistency is equally doubtful.

What Russell required to see his logicist project through was a formal systematization which excludes the possibility of contradiction. Gödel's work says this is impossible. It has to be concluded that the achievement of *PoM* and particularly *PM* is not to be found in the degree to which they realize their stated aims, but in what might be called their many significant 'spin-offs' for logic and philosophy.

The Theory of Descriptions

One of the most influential spin-offs was Russell's 'Theory of Descriptions'. In working out this important theory Russell achieved a number of different goals. One lesson he had learned from arguing against idealism is that the surface grammar of language can mislead us about the meaning of what we say. As noted above, he thought that the reason philosophers had been led into adopting a metaphysics of substance and attribute – a view that, as debate in the history of philosophy shows, runs into deep difficulties – was that they had taken all propositions to be fundamentally subject-predicate in form. 'The table is made of wood' and 'the table is to the left of the door' were both treated as having the expression 'the table' as subject, and as predicate the expressions which in each case follow the copula 'is'. But whereas the first sentence might express a proposition of that form, the second expresses something quite different, namely, a relational proposition; it in fact has two subjects ('the table' and 'the door') and it asserts that they stand in a particular relation to one another. So the logical form of the second sentence is quite different from the logical form of the first. In Russell's view, the need, therefore, is for a method of revealing the true underlying form of what we say to help us avoid philosophical mistakes.

The next important step Russell took was to apply the new logic to this task. Just as it serves to define the concepts and operations of mathematics, so we can use it to analyse what we say about the world, thus getting a correct picture of reality.

One way of showing how the theory of descriptions carries out this task is to describe how it solves an important problem about meaning and reference. The background to Russell's treatment of this problem is to be found in the work of Alexius Meinong, an Austrian philosopher whose writings Russell had carefully studied and who had therefore been an early influence on him. Meinong held that denoting expressions – names like 'Russell' and descriptions like 'the author of *The Principles of Mathematics*' – can occur significantly in propositions (strictly: in sentences expressing propositions) only if what they denote exists. Suppose, Meinong argued, you say, 'the golden mountain does not exist'. Obviously, you are talking about something – the golden mountain – when you assert that it does not exist; and since what you say is meaningful, there must therefore in some sense *be* a golden mountain. His theory is that everything that can be talked about – named, referred to – must therefore either exist or have some kind of 'being' even if such being does not amount to existence, for otherwise what we say would be meaningless.

Russell accepted this view at first, and indeed held it in *PoM*; which is why, as noted earlier, he there expressed belief in the existence or at least being of 'numbers, Homeric gods and chimeras'. But the implausibility of this view soon came to offend his 'vivid sense of reality', as he put it, for it crowded the universe not just with abstract and mythological entities but also with *impossible* objects like 'the round square' – and this Russell could not accept.

Russell used the techniques of logic to devise a beautiful solution. He did not wish to give up the view that a name is meaningful only if there is something it names, but he argued that the only 'logically proper' names are those which denote *particular* entities with which one can be *acquainted*. By 'acquaintance' Russell meant an immediate and direct relation between a mind and an object; examples include awareness of sense-data in perception (see below) and knowledge of such abstract entities as propositions. Only logically proper names can properly occupy subject-position in sentences. The best examples are the demonstrative pronouns *this* and *that*, for the reason that they are guaranteed a reference every time they are used. All other apparent naming expressions are in fact not naming expressions at all; they are – or when they are analysed they turn out to be – 'definite descriptions', that is, expressions of the form 'the so-and-so'. The importance of this is that when sentences containing descriptions are analysed, the descriptive phrases vanish, and therefore the meaningfulness of what one says does not depend upon the supposed existence or being of some entity which the descriptions appear – according to surface grammar – to denote.

This can be seen by considering an example. Take the sentence 'The present king of France is bald', said at a time when France has no king. On the supposition that sentences are always either true or false, what is one to say if asked: is this sentence true or false? It seems obvious to say 'false' – not because the present king of France has a fine head of hair, but because he does not exist. This point gave Russell his clue. He argued that sentences with definite descriptions in grammatical subject-place turn out upon analysis to be shorthand for a set of sentences asserting the existence, the uniqueness, and the baldness of something having the property of being the present king of France. Thus 'the present king of France is bald' is equivalent to:

(1) there is a king of France,
(2) there is not more than one king of France,
(3) whatever is king of France is bald.

Sentence (1) is an existence claim; (2) is a uniqueness claim, that is, it captures the implication of 'the' in the description that there is only one thing being talked about; and (3) is the predication. The original sentence 'the present king of France is bald' is true when all three are true; it is false if any one of them is false. In the present case it is false because (1) is false.

In none of (1)–(3) does the description 'the present king of France' appear. Because the descriptive phrase has vanished – has been analysed away – there is no need to invoke a subsistent king of France to make the sentence meaningful.

Owing to the imperfections of ordinary language, and the fact that the surface forms of sentences can diverge from their underlying logical form, the analysis thus given is not yet, says Russell, good enough. It needs to be expressed in the 'perfect language' of symbolic logic. This alone can display with *complete* clarity what is being asserted by 'the present king of France is bald'. In notation which is now standard, the logical analysis of this sentence is:

$$(\exists x)[Fx \,\&\, (y)(Fy \rightarrow y = x) \,\&\, Gx]$$

The '&' in this string of symbols stands for 'and', dividing the string of symbols into three conjoined formulae, so the three sentences (1)–(3) above are respectively:

(1) $(\exists x)Fx$

This is pronounced 'there is an x such that x is F'. Let 'F' be 'has the property of being king of France'; the formula symbolizes 'there is something which is king of France'. (The existential quantifier ($\exists$x) binds every occurrence of 'x' in the whole string, of course, as the square brackets show.)

(2) $(y)(Fy \rightarrow y = x)$

This is pronounced 'for everything y, if y is F then y and x are identical'. This expresses the uniqueness implied by 'the', that is, that only one thing has the property F.

(3) Gx

This is pronounced 'x is G'. Let 'G' be 'is bald'; the formula symbolizes 'x is bald'.

Objections to Russell's theory mainly take the form of resisting his claim that definite descriptions are never referring expressions, and questioning his analysis of sentences containing them in grammatical subject-place. In the latter connection, what some dispute is the claim that definite descriptions embody both uniqueness and existence claims.

The problem about uniqueness is exemplified by someone's saying, 'the baby is crying'. Russell's analysis seems to imply that this can only be true if there is just one baby in the world. The way out is to require that there is an implicit understanding that the context of the remark shows how much of the world is included in its range of application. Suppose the parents of a baby inhabit a block of flats where there are dozens of babies, all crying, and their own begins to follow suit. If one said, 'the baby is crying', there would obviously be no misunderstanding because the context restricts reference to the one baby in which they have a special interest. So much seems intuitive, and suggests ways of disposing of the objection by appealing to implicit or explicit delimitations of the 'domain of discourse'.

The problem about existence is a little more complex. In a much-cited discussion of Russell's theory, P. F. Strawson argues that in saying 'the present king of France is bald' one is not *stating* that a present king of France exists, but presupposing or assuming that it does ('On Referring', *Mind*, 1950). This is shown by the fact that if someone uttered this sentence, his interlocutors are not likely to say, 'that's false', but instead, 'there's no king of France at present', thereby making the point that he had not in fact made a statement, that is, he had not succeeded in saying anything true or false. This amounts to saying that descriptions must be referring expressions because an important part of their contribution to the truth-values of sentences containing them is that, unless they refer, the sentences in question do not have a truth-value at all.

Strawson's use of a notion of 'presupposition' to explain how, on his opposed view, descriptions function in sentences, has prompted much critical debate, and so has his preparedness to allow 'truth-value gaps', that is, absence of truth-value in a meaningful sentence – thus breaching the 'principle of bivalence' which says that every (declarative) sentence must have one or other of the two truth-values 'true' and 'false'. But the main response to his criticism of Russell is undoubtedly to say that the fact upon which his case turns, namely, that we would not say 'that's false' when someone says 'the present king of France is bald', does not mean that the description cannot be treated as making an existential claim. It might be true that we would respond by denying that there is a king of France; after all, merely to say 'that's false' might be misleading, because it could imply something quite different, namely, that there is a hairy king of France. But if we reply 'there is no king of France at present' we have in effect acknowledged that use of the description makes an existential claim – for that is exactly what the denial addresses.

Another objection is that Russell did not see that there are two different uses that can be made of descriptions. Consider the following two cases. First, you see a painting you like, and you say, 'the artist who painted this is a genius'. You do not know who the artist is, but you attribute genius to him. Secondly, the painting is 'Madonna of the Rocks', and you know that Leonardo painted it. In admiration you murmur the same sentence. In the first case the description is used 'attributively', in the second 'referentially'. According to Keith Donnellan, who advanced this criticism, Russell's account concerns only attributive uses. This matters because there are cases where a description can be used successfully to refer to someone even if it does not apply to him 'the man drinking champagne over there is bald' can be used to say something true even if the bald man's glass contains only fizzy water.

A response would be to distinguish between semantic and pragmatic levels of analysis. At the semantic level Russell's account applies, and it makes the sentence 'the man drinking champagne is bald' literally false, because although he is indeed bald, he is drinking water. At the pragmatic level reference has been successfully made, and a truth conveyed, because this kind of use gets the job done. But Russell might argue that since his analysis is aimed at a certain type of *expression* standardly taken to be specifically referential, what he says holds good: questions of use are a further matter.

This response does, however, raise questions about the relation of use and meaning. If use is a large part of meaning, facts about it have to be taken centrally into account in explaining how expressions function. The question of how much weight is to be placed on use is controversial; one view claims that it comes close to exhausting meaning, others reject this claim. Russell's theory demands that we think of the semantics of expressions and their uses as at least separable questions.

For this and other reasons mainly related to the philosophically crucial question of reference – of how language hooks onto the world – Russell's theory of descriptions plays an important role in debates in the philosophy of language. For present purposes it is significant as an example of the analytic technique he applied in his attempts to solve problems in the theory of knowledge and metaphysics, as we shall now see.

Perception and knowledge

One of the central questions of philosophy is: what is knowledge and how do we get it? John Locke and his successors in the empiricist tradition argued that the foundation of contingent knowledge about the world lies in sensory experience – the use of the five senses, aided when necessary by instruments such as telescopes and the like. With this Russell agrees. But empiricism faces challenge from sceptical arguments aimed at showing that our claims to knowledge might often – perhaps always – be unjustified. There are various reasons for this. We sometimes commit errors in perceiving or reasoning, we sometimes dream without knowing that we are dreaming, we are sometimes deluded because of the effects of fever or alcohol. How, on any occasion of claiming to know something, can we be sure that the claim is not undermined in any of these ways?

In *The Problems of Philosophy* (*PP*) in 1912 Russell made his first systematic attempt to address these questions. 'Is there any knowledge', he asks, 'which is so certain that no reasonable man could doubt it?' He answers in the affirmative; but the certainty, as it turns out, is far from the absolute certainty of proof.

On the basis of straightforward observations about perceptual experience – the fact that, say, a table appears to have different colours, shapes, and textures depending upon variations either in the perceiver or in the conditions under which it is perceived – we can see that there is a distinction to be drawn between the appearances of things and what they are like in themselves. How can we be sure that appearance faithfully represents the reality we suppose to lie beyond it? The question might even arise, as the sceptical points about dreams and delusions suggest, whether we can be confident that there are indeed real things 'behind' our sense experiences at all.

To deal with these questions Russell introduces the term 'sense-data' to designate the things immediately known in sensation: particular instances in perceptual awareness of colours, sounds, tastes, smells, and textures, each class of data corresponding to one of the five senses. Sense-data are to be distinguished from acts of sensing them: they are what we are immediately aware of in acts of sensing. But they must also, as the considerations of the preceding paragraph show, be distinguished from the things in the world outside us with which we suppose them associated. The crucial question therefore is: what is the relation of sense-data to physical objects?

Russell's response to the sceptic who questions our right to claim knowledge of what lies beyond the veil of sense-data, or even to think that physical objects exist at all, is to say that although sceptical arguments are strictly speaking irrefutable, there is nevertheless 'not the slightest reason' to suppose them true (*PP* 17). His strategy is to collect persuasive considerations in support of this view. First, we can take it that our immediate sense-datum experiences have a 'primitive certainty'. We recognize that when we experience sense-data which we naturally regard as associated with, say, a table, we have not said everything there is to be said about the table. We think, for example, that the table continues to exist when we are out of the room. We can buy the table, put a cloth over it, move it about. We require that different perceivers should be able to perceive the *same* table. All this suggests that a table is something over and above the sense-data that appear to us. But if there were no table out there in the world we should have to formulate a complicated hypothesis about there being as many different seeming-tables as there are perceivers, and explain why nevertheless we all talk as if we are perceiving the same object.

But note that on the sceptical view, as Russell points out, we ought not even to think that there are other perceivers either: after all, if we cannot refute scepticism about objects, how are we to refute scepticism about other minds?

Russell cuts through this difficulty by accepting a version of what is called 'the argument to the best explanation'. It is surely far simpler and more powerful, he argues, to adopt the hypothesis that, first, there really are physical objects existing independently of our sensory experience, and, secondly, that they cause our perceptions and therefore 'correspond' to them in a reliable way. Following Hume, Russell regards belief in this hypothesis as 'instinctive'.

To this, he argues, we can add another kind of knowledge, namely, a priori knowledge of the truths of logic and pure mathematics (and even perhaps the fundamental propositions of ethics). Such knowledge is quite independent of experience, and depends wholly upon the self-evidence of the truths known, such as '1 + 1 = 2' and 'A = A'. When perceptual knowledge and a priori knowledge are conjoined they enable us to acquire general knowledge of the world beyond our immediate experience, because the first kind of knowledge gives us empirical data and the second permits us to draw inferences from it.

These two kinds of knowledge can each be farther divided into subkinds, described by Russell as immediate and derivative knowledge respectively. He gives the name 'acquaintance' to immediate knowledge of things. The objects of acquaintance are themselves of two sorts: *particulars*, that is, individual sense-data and – perhaps – ourselves; and *universals*. Universals are of various kinds. They include sensible qualities such as redness and smoothness, spatial and temporal relations such as 'to the left of' and 'before', and certain logical abstractions.

Derivative knowledge of things Russell calls 'knowledge by description', which is general knowledge of facts made possible by combination of and inference from what we are acquainted with. One's knowledge that Everest is the world's highest mountain is an example of descriptive knowledge.

Immediate knowledge of truths Russell calls 'intuitive knowledge', and he describes the truths so known as *self-evident*. These are propositions which are just 'luminously evident, and not capable of being deduced from anything more evident'. For example, we just see that '1 + 1 = 2' is true. Among the items of intuitive knowledge are reports of immediate experience; if I simply state what sense-data I am now aware of, I cannot (barring trivial slips of the tongue) be wrong.

Derivative knowledge of truths consists of whatever can be inferred from self-evident truths by self-evident principles of deduction.

Despite the appearance of rigour introduced by our possession of a priori knowledge, says Russell, we have to accept that our ordinary general knowledge is only as good as its foundation in the 'best explanation' justification and the instincts which render it plausible. Ordinary knowledge amounts at best, therefore, to 'more or less probable opinion'. But when we note that our probable opinions form a coherent and mutually supportive system – the more coherent and stable the system, the greater the probability of the opinions forming it – we see why we are entitled to repose confidence in them.

An important feature of Russell's theory concerns space, and particularly the distinction between the all-embracing public space assumed by science, and the private spaces in which the sense-data of individual perceivers exist. Private space is built out of the various visual, tactual, and other experiences which a perceiver coordinates into a matrix with himself at the centre. But because we do not have acquaintance with the public space of science, its existence and nature is wholly a matter of inference.

Thus Russell's first version of a theory of knowledge and perception, as set out in *PP*. It has a brisk common-sense feel about it on first encounter, but it is far from unproblematic. For example, Russell speaks of 'primitive' knowledge and describes it as intuitive; but he does not offer an account of what such knowledge is, beyond saying that it does not require the support of anything more self-evident than itself. But this definition is hardly adequate, and it is obscured further when he adds that there are two kinds of self-evidence, only one of which is basic. Does this distinction make sense? What is 'self-evidence' anyway? Nor does he consider the possibility that two propositions might contradict each other despite appearing self-evident when considered separately. If this were to happen, which is one to choose, and on what additional principles of self-evidence?

Another criticism levelled at Russell's view is that it makes an important but questionable assumption about the basic nature of sense-experience. This is that sense-data, *qua* sensory minima such as particular colours, smells, or sounds, are simply given in experience, and are its most primitive elements. But in fact sensory experience is not 'thin' and immediate in this way at all. Rather, it is a rich and complex experience of houses, trees, people, cats, and clouds – it is phenomenologically 'thick', and sense-data are only arrived at by a sophisticated process of emptying ordinary perceptual experience of everything it normally means to us. Thus we do not see a rectangle and infer that it is a table; we see a table, and when we come to concentrate upon its shape we see that it is a rectangle.

This criticism is undoubtedly right as far as it goes, but there are ways in which it can be accommodated while still allowing us to describe the purely sensory aspect of experience independently of the usual load of beliefs and theories it carries. Since the whole point is that we are trying to justify possession of those beliefs by showing that perceptual experience entitles us to them, we obviously need an account of our perceptual experience considered purely as such, so that we can evaluate its adequacy to the task. Russell's aim in talking of sense-data is to do just that. Moreover Russell recognized that sense-data are not the immediately perceptually *given*; in writings during the decade after *PP* he points out repeatedly that specifications of sense-data come last in analysis, not first in experience.

Another criticism is that Russell assumes that immediate experience is expressible in propositions which, despite the fact that they describe only what is subjectively 'given', can be used as a basis for knowledge of the world. But how can what seems to apply only to private experience, and carries no reference to what is beyond that experience, be the basis for a theory of knowledge? It does not help to say that Russell also allows a priori knowledge of logical principles which permit inferences from these propositions, for there would be no motivation to draw them unless, in addition, the subject possessed some general empirical beliefs to serve as the major premisses in such inferences, and some empirical hypotheses which the inferences in effect test or support. But these are not available to an experiencer possessed only, as Russell presents him, with sense-data and the self-evident truths of logic.

This problem carried weight with Russell himself, and much later (in *Human Knowledge*) he dealt with it by accepting a version of something he otherwise deprecated in the philosophy of Kant, namely, that there have to be some things (other than truths of logic) known to us a priori if knowledge is to be possible at all. This highly important point is discussed in the appropriate place below.

Another problem advanced by critics is that the considerations Russell relies upon to show that there is an appearance-reality distinction do not, as he states them, persuade. The fact that an object looks one colour or shape to one perceiver but another colour or shape to another perceiver, or different colours or shapes to the same perceiver under different conditions – for example, depending upon whether he sees it in daylight or darkness, or from one viewpoint or another – tells us that the question of how objects appear to perception is a complicated matter, but it does not by itself tell us that we are perceiving something other than the object in question.

This criticism is valid as it stands, but it happens that there are other perfectly adequate ways of drawing an appearance-reality distinction, as more recent work in the philosophy of perception shows; so Russell's arguments here can be regarded – as he regarded them himself – as heuristic, that is, as merely illustrating the point in order to get discussion started.

But this criticism suggests a further and more important one. It is that Russell, like all his predecessors since Descartes and like some of his successors such as H. H. Price and A. J. Ayer, accepted a crucially significant assumption from Descartes. This is that the right starting-point for an enquiry into knowledge is individual experience. The individual is to begin with the private data of consciousness, and find reasons among them to support his inferences to – or, more generally, beliefs about – a world outside his head. One of the major shifts in twentieth-century philosophy has been the rejection of this Cartesian assumption. Among the serious difficulties with this assumption is that scepticism becomes impossible either to ignore or refute if we accept it. Another is that on such a thin basis we are simply not entitled to think of the solipsistic would-be knower, alone inside his mind, as capable of naming and thinking about his sensations and experiences, still less as being able to reason from them to an external world. Both thoughts push us firmly towards the thought that the proper place to begin epistemology is, somehow, in the public domain.

The external world and other minds

Russell himself was not content with the way he had set out matters in *PP*, which after all was intended as a popular book and did not offer a rigorous exposition of its theses. Over the next four decades he returned to the problem of knowledge and perception repeatedly. In the years between publication of *PP* and the outbreak of the First World War he devoted himself seriously to them, drafting his big *Theory of Knowledge* manuscript, part of which he published and part of which he abandoned, and writing a major series of lectures which appeared in 1914 as *Our Knowledge of the External World* (*OKEW*). In this work he gives more detailed thought to aspects of the theory in *PP*, with significant results.

One difference between the theories of *PP* and *OKEW* is that Russell had come to see that the experiencing subject's basis for knowledge – the sense-data that appear to him alone, and his intuitive knowledge of the laws of logic – is too slender a starting-point. He was not rejecting the Cartesian assumption just discussed; rather, now somewhat more sensitive to the difficulties it poses, he was trying to limit them. He accordingly places greater weight on the subject's possessing facts of memory, and a grasp of spatial and temporal relations holding among the elements of a current experience. The subject is also empowered to compare data, for example as to differences of colour and shape. Ordinary common beliefs, and belief in the existence of other minds, are still excluded.

With this enriched basis of what he now calls 'hard data', Russell formulates the question to be answered thus; 'can the existence of anything other than our own hard data be inferred?' His approach is first to show how we can construct, as a hypothesis, a notion of space into which the facts of experience – both the subject's own and those he learns by the testimony of others – can be placed. Then, to see whether we have reason for believing that this spatial world is real, Russell gives an argument for believing that other minds exist, because if one is indeed entitled to believe this, then one can rely on the testimony of others, which, jointly with one's own experience, will give powerful support to the view that there is a spatial – that is, a real – world.

This strategy is ingenious. In the paper 'The Relation of Sense-Data to Physics', written in early 1914, Russell adds to it an equally ingenious way of thinking about the relation of sense-experience to things. In *PP* he had said that we infer the existence of physical things from our sense-data; now he describes them as functions of sense-data, or as he sometimes puts it, 'constructions' out of sense-data. This employs the technique of logic in which one thing can be shown to be analysable into things of another kind. Russell describes as the 'supreme maxim of scientific philosophising' the principle that 'wherever possible, logical constructions are to be substituted for inferred entities'. In accordance with this principle, physical objects are accordingly to be analysed as constructions out of sense-data; yet not out of actual or occurrent sense-data only, but out of 'sensibilia' also, by which is meant 'appearances or, in Russell's phrase, 'how things appear', irrespective of whether they constitute sense-data which are currently part of any perceiver's experience. This is intended to explain what it is for an object to exist when not being perceived.

An important aspect of this view is, Russell now holds, that sense-data and sensibilia are not private mental entities, but part of the actual subject-matter of physics. They are indeed 'the ultimate constituents of the physical world', because it is in terms of them that verification of common sense and physics ultimately depends. This is important because we usually think that sense-data are functions of physical objects, that is, exist and have their nature because physical objects cause them; but verification is only possible if matters are the other way round, with physical objects as functions of sense-data. This theory 'constructs' physical objects out of sensibilia; the existence of these latter therefore verifies the existence of the former.

Instead of developing this distinctive theory further, Russell abandoned it; in later work, particularly in *The Analysis of Matter* (*AMt*) in 1927 and *Human Knowledge* (*HK*) in 1948, he reverted to treating physical objects, and the space they occupy, as inferred from sense-experience. A number of considerations made him do this. One was his acceptance, driven by the sciences of physics and human physiology, of the standard view they offer that perception is caused by the action of the physical environment on our sense organs. 'Whoever accepts the causal theory of perception', he writes, 'is compelled to conclude that percepts are in our heads, for they come at the end of a causal chain of physical events leading, spatially, from the object to the brain of the percipient' (*AMt* 32). He also, in *The Analysis of Mind* (*AMd*) in 1921 gave up talk of 'sense-data', and ceased to distinguish between the act of sensing and what is sensed. His reason for this relates to his theory of the mind, sketched later.

Another major reason for Russell's abandonment of the theory was the sheer complexity and, as he came to see it, implausibility of the views he tried to formulate about private and public spaces, the relations between them, and the way sensibilia are supposed to occupy them. He makes a passing mention of this cluster of problems in *MPD*. And he there reports that his main reason for abandoning 'the attempt to construct "matter" out of experienced data alone' is that it 'is an impossible programme . . . physical objects cannot be interpreted as structures composed of elements actually experienced' (*MPD* 79). Now, this last remark is not strictly consistent with Russell's stated view in the original texts that sensibilia do not have to be actually sensed; *MPD* gives a much more phenomenalistic gloss to the theory than its original statement does. But it touches upon a serious problem with the theory: which is that it seems simply incoherent to speak of an 'unsensed sense-datum' that does not even require – as its very name seems *per contra* to demand – an essential connection with perception.

Giving up the project embodied in the *Theory of Knowledge* manuscript and *OKEW* was doubtless a blow to Russell, because when, after finishing *PM*, he turned his attention to questions of knowledge and perception, he saw the task of solving problems about the relation between these matters and physics as his next major contribution. It was an ambition he had nourished since the late 1890s.

There are other important questions in epistemology to which, in these endeavours, Russell gave only passing attention. They concern the kind of reasoning traditionally supposed to be the mainstay of science, namely, non-demonstrative inference. It was some years before Russell returned to consider these questions: the main discussion he gives is to be found in *HK*, written after the Second World War. In the meantime he turned his attention to certain questions of method and metaphysics which, during the course of his work on perception, had come to seem to him important. These questions are the subject of the next chapter.

Chapter 3
Philosophy, mind, and science

Method and metaphysics

Russell gave the name 'logical atomism' to the views he developed from *OKEW* onwards. Logical atomism is principally a method, and Russell hoped that it would resolve questions about the nature of perception and its relation to physics. It is important to note that Russell's philosophical work in the four decades after *Principia Mathematica* is chiefly devoted to the particular question of the relation of perception to physics, and is in effect thus an attempt to provide a (qualified) empirical basis for science, considered as the theory of the world which has the best chance of being true or at least on the way to truth. Logical atomism also thereby gave Russell his metaphysics – that is, his account of the nature of reality – which turns out not to be, at least in a straightforward way, the current physics of matter, but a representation of it as a logical structure. Russell's accounts of his metaphysical views almost invariably take the form of a sketch occupying the concluding parts of his various discussions of logical analysis; most of his attention is devoted to describing the analytical strategy itself.

The philosophy of logical atomism

Russell describes logical atomism in a number of places, the most important being the chapter in *OKEW* entitled 'Logic as the Essence of

Philosophy', and the series of lectures delivered in 1918 under the heading 'The Philosophy of Logical Atomism' (reprinted in Marsh, *Logic and Knowledge*). There is a summary of logical atomism's methods and aims in the essay 'Logical Atomism' (1924) also reprinted in Marsh.

A key to the method of logical atomism lies in Russell's claim that 'logic is the essence of philosophy', where 'logic' means mathematical logic. Its importance is that it provides the means of effecting powerful and philosophically revealing analyses of structures; in particular, the related structures of propositions and facts.

It has already been seen how the analysis of propositions shows that it is a mistake to treat them all as subject-predicate in form, and that in this and related ways surface grammar misleads, as when we take descriptions and ordinary names to be denoting expressions. There is likewise a structure-revealing analysis to be given of the world we talk about when we assert these propositions, and of the propositions themselves.

In 'Logic as the Essence of Philosophy' Russell sketches these two related structures by starting with the former. The world, he says, consists of many things with many qualities and relations. An inventory of the world would require not just a list of things, but of things with these qualities and relations – in other words, it would be an inventory of facts. Things, qualities, and relations are the constituents of facts, and facts can in turn be analysed into them. Facts are expressed by what Russell calls 'propositions', defined as 'forms of words asserted as true or false'. Propositions which express basic facts – that is, which simply assert that a thing has a certain quality or stands to some other thing in a certain relation – he calls 'atomic propositions'. When these are combined by means of logical words such as 'and', 'or', and 'if – then', the result is complex or 'molecular' propositions. Such propositions are exceedingly important because all possibility of inference depends upon them.

Finally there are 'general propositions' such as 'all men are mortal' (and their denials, formed with the word 'some' as in 'some men are not mortal'). The facts they express depend to some degree upon a priori knowledge. This crucial point emerges as a result of reflection upon the analysis of propositions and facts. Theoretically, if we knew all the atomic facts, and that they are *all* the atomic facts, we could infer all other truths from them. But general propositions cannot be known by inference from atomic facts alone. Consider 'all men are mortal': if we knew each individual man and his mortality, we still could not infer that all men are mortal until we knew that these were all the men there are; and this is a general proposition. Russell was keen to stress the importance of this point. Because general truths cannot be inferred from particular truths alone, and because all empirical evidence is of particular truths, it follows that there must be some general a priori knowledge if there is knowledge at all. Russell took this to refute the older empiricists, for whom all knowledge rests solely on sense experience.

The question immediately arises as to where such general knowledge is found. Russell's answer remains what it had been in *PP*: such knowledge is found in logic, which provides us with completely general self-evident propositions. Consider the proposition, 'all men are mortal, Socrates is a man, therefore Socrates is mortal'. It contains empirical terms ('Socrates', 'man', 'mortal') and is therefore not a proposition of pure logic. But the proposition of pure logic which represents its form, 'if anything has a certain property, and whatever has this property has a certain other property, then this thing has this other property' (clearer still: 'all Fs are Gs, x is F, therefore x is G') is both completely general and self-evident. Just such propositions take us beyond the limits of empirical particularity.

In 'The Philosophy of Logical Atomism' the details of this analytical programme are spelled out in greater detail. The 'logical' in the label signals that the atoms are arrived at as the 'last residue of analysis' where the analysis is logical rather than physical (PLA 178). They are particulars such as 'little patches of colour or sounds, momentary things – and . . . predicates or relations'. The aim is to pass from ordinary beliefs about the world to an accurate grasp of how experience underwrites science; that is, to pass from 'those obvious, vague, ambiguous things, that we feel quite sure of, to something precise, clear, definite, which by reflection and analysis we find is involved in the vague thing we start from, and is, so to speak, the real truth of which that vague thing is a sort of shadow' (ibid.). The method is analysis of complex symbols – propositions – into the simple symbols from which they are combined; the terminus of such analysis is 'direct acquaintance with the objects which are the meanings of [the] simple symbols' where 'meaning' means 'denotation' (PLA 194). In a 'logically perfect language' such as *Principia Mathematica* is intended to provide, the components of a proposition – the simple symbols – correspond one-to-one with the components of a fact, except for the logical expressions 'or', 'and', and the like. Each simple object is denoted by its own different simple symbol. Such a language, says Russell, shows 'at a glance the logical structure of the facts asserted or denied' (PLA 198).

On this basis Russell offers an 'excursus into metaphysics'. Logical atomism is the view that in theory, if not in practice, analysis takes us down to the ultimate simples out of which the world is built. Simples are defined as whatever is non-complex – that is, not further analysable – and each is an independent self-subsisting thing. They are, moreover, very short-lived, so the complexes built out of them are 'logical fictions', put together to serve our epistemic and practical purposes.

Simples come in infinitely many kinds. There are various orders of particulars, qualities, and relations, but their common feature is that they have a reality not shared by anything else. The only other objects in the world are facts, which are the things that get asserted or denied by propositions. Facts do not have the same reality as their constituents, and knowledge of them is quite different from knowledge of simples;

the former is knowledge by description, the latter knowledge by acquaintance.

Russell's method of analysis involves Ockham's razor, the principle that we should work with the most economical theory possible about what exists. It can be described as posing an insistent question, 'What is the smallest number of simple undefined things at the start, and the smallest number of undemonstrated premisses, out of which you can define the things that need to be defined and prove the things that need to be proved?' (PLA 271). When Ockham's razor is applied, the account to be given of an ordinary physical object, such as a desk, is as follows. We think of the desk as an enduring object which exists when unperceived. As a sceptic might point out, this belief is based on intermittent perceptions of the desk, which by themselves tell us nothing about whether the desk continues to exist between times. Yet we say that all these different appearances of the desk are appearances of the *same* desk. What makes us say this? Russell's answer is that the series of appearances is simply defined by us into a single persisting object. 'In that way the desk is reduced to being a logical fiction, because a series is a logical fiction. In that way all the ordinary objects of daily life are extruded from the world of what there is, and in their place as what there is you find a number of passing particulars of the kind that one is immediately conscious of in sense,' namely, sense-data (PLA 273). So the things we call real things 'are systems, series of classes of particulars, and the particulars are the real things, the particulars being sense-data when they happen to be given to you' (PLA 274).

This way with matters suggested to Russell an analysis of physics – physical atoms are construed as logical fictions too – and it began to incline him towards a view of mind called 'neutral monism'. He did not work out either view fully at this stage; but later, and on the basis of some important changes in his outlook, he gave them express attention. He did so in *The Analysis of Matter* (1927) and *The Analysis of Mind* (1921) respectively. I defer more particular discussion of them.

Some problems in logical atomism

It is difficult to find logical atomism satisfactory. For one thing, Russell's presentation of it is sketchy, and yet it is aimed at solving many different problems at once. It is an empiricist theory of meaning, which means that it has to offer component theories of knowledge, perception, and mind, with, at their centre, an empiricist account of how words work, and of how they are learned and understood. This latter task is complicated for Russell by his view that the surface forms of ordinary language are misleading and therefore, if not correctly analysed, will lead to bad philosophy:

> I think the importance of philosophical grammar is very much greater than it is generally thought to be. I think that practically all traditional metaphysics is filled with mistakes due to bad grammar, and that almost all the traditional problems of metaphysics and traditional results – supposed results – of metaphysics are due to a failure to make the kind of distinctions in what we may call philosophical grammar.
>
> (PLA 269)

So the analysis proceeds by assuming that there is an underlying structure of language, importantly different from its surface structure, which alone corresponds to the structure of the world revealed by its analysis. One large problem this therefore raises is whether the logic of *Principia Mathematica* is uniquely the correct way to represent the underlying logical form of natural language.

Russell's theory unites a purely logical account of structure to a sense-data empiricism, by making sense-data the simples constituting the world's structure. But it is necessary for him to include among simples not just things but their qualities and relations – that is, universals –and this immediately introduces another difficulty, for it is not clear that universals are simple in the way particulars are supposed to be. The marks of simplicity are unanalysability and independence. Do universals have these marks, even in Russell's best example of colour-patches of a specific shade? No; for colour-patches are not independent of one another, and the expressions denoting them are capable of introducing incompatibilities between propositions.

Russell believed that such problems could be overcome by a completely thorough analysis of ordinary factual discourse. But he was never able to carry out such an analysis, and had to regard it as something for future scientific philosophy to achieve – or to deal with differently, if it could discover a way. This led him to make some interesting admissions:

> When I speak of simples, I ought to explain that I am speaking of something not experienced as such, but known only inferentially as the limit of analysis. It is quite possible that, by greater logical skill, the need for assuming them could be avoided. A logical language will not lead to error if its simple symbols (i.e. those not having any parts that are symbols, or any significant structure) all stand for objects of some one type, even if these objects are not simple. The only drawback to such a language is that it is incapable of dealing with anything simpler than the objects which it represents by simple symbols. But I confess it seems obvious to me (as it did to Leibniz) that what is complex must be composed of simples, though the number of constituents may be infinite.
>
> (*Logic and Knowledge*, 337)

In this passage Russell effectively concedes the problem of attaching his empiricism to his atomism – if sense-data are simples, and yet simples are inferred not experienced, then the theory is incoherent – and breaks the connection, elsewhere insisted upon, between simple symbols and simple entities: for here he is saying that simple symbols can stand for complex entities; the only requirement is that they should be of one type. Moreover, if simples are infinite in number the prospects even for a logically *perfect* language are exceedingly dim, because it would have to contain an infinity of names, and analysis itself, as a potentially infinite procedure, would never be fully achievable.

Some commentators suggest that logical atomism would fare better if it were detached from empiricism and treated as a purely formal theory, as Wittgenstein treated it in the *Tractatus Logico-Philosophicus*. So considered, its essence is that expressions (other than those of logic, such as 'and') are of two kinds, those that denote existing (simple) things and those that are analysable into such expressions. When we leave aside the empiricism which says that the simple things are sense-data and therefore objects of acquaintance, we thereby leave aside any account of how people can learn and understand language, and this is a serious defect; it certainly mattered to Russell that such an account should be available, and it marks one of the chief differences between his and Wittgenstein's versions of atomism. But since, as noted, trying to graft empiricism to atomism creates such difficulties, this defect might have to be accepted – although it would be entirely natural to argue that the incompatibility of atomism with these considerations (treated as constraints on any adequate account of language) might instead be taken as a reason for abandoning atomism itself.

But trying to detach empiricism from atomism makes difficulties for, among other things, Russell's theory of names. According to this theory, logically proper names are very like the demonstratives 'this' and 'that'; they are empty of descriptive content, and their meanings are the particulars they denote. These meanings can therefore only be learned in episodes of acquaintance with the particulars they denote; but detaching empirical considerations means that this part of the theory is not now available. This creates a problem; for one of the main applications of this view lies in analysis of ordinary language expressions which appear to denote temporally persisting things – desks and the like. The pure form of the theory requires that, for each logically proper name, something exists for it to denote. On the empiricist theory such denotata are momentary sense-data, and therefore in addition to knowing what names denote, we know that they share an aspect of their denotata; they are temporary also. But on the pure theory it is not clear how to characterize names, because we do not know what the unknown – purely formal – ultimate existents are. Denying ourselves a theory about this means further that we have no view of how the naming relation works; there is, for example, no baptismal occasion as when, on the empiricist theory, someone christens a given sense-datum 'that' or something equally suitable. And this also means that we have nothing to say about why *this* name names *that* particular, and whether it could have named another; which anyway might seem a small problem once we have allowed ourselves to think of there being names without namers, language-learners, or perceivers.

This cluster of considerations suggests that the gain to be had from detaching atomism and empiricism is severely limited. It happens that these objections are not by themselves fatal to those aspects of logical atomism which offer an account of meaning; there are other ways of developing them, along with their connections to language-understanding. But a full evaluation should anyway take account of Russell's own reasons for modifying some and abandoning other – rather central – features of logical atomism in his later thinking about mind and matter. To a sketch of these points I now turn.

Mind and matter

In the course of setting out his logical atomist views in 1918 Russell said that he was tempted but still unconvinced by William James's 'neutral monism', a theory offered to solve long-standing problems about the differences and connections between mind and matter. Summarily stated, James's theory is that the world ultimately consists neither of mental stuff, as idealists hold, nor material stuff, as materialists hold, but of a 'neutral stuff' from which the appearance of both mind and matter is formed. By Russell's own account, he was converted to this theory soon after finishing the lectures on logical atomism. He had written about James's views in 1914, and rejected them; in the 1918 lectures he was more sympathetic, but still undecided; but finally in a paper entitled 'On Propositions' (1919) he embraced the theory, and used it as a basis in 1921 for his book *The Analysis of Mind* (*AMd*). Russell refined the theory somewhat thereafter, but I shall draw mainly on *AMd* for this sketch.

Popular philosophy has it that mind and matter are very different, and that the difference lies in the fact that minds are conscious whereas material things, such as stones, are not. The question Russell therefore asks is: Is consciousness the essence of the mental? To answer this, one needs first to have some idea of the nature of consciousness. Reflection on standard examples of conscious phenomena – perceiving, remembering, thinking, believing – suggests that the principal feature of consciousness is that to *be conscious* in any of these ways is to *be conscious of* something. Philosophers give the name 'intentionality' to this characteristic, which might also be labelled 'aboutness' or 'directedness'. Thus the notion of consciousness is an essentially relational one; an *act* of mind – an act of perceiving, or believing, or some such – is related to an *object* – the object perceived, the proposition believed. Indeed on some versions of the theory, for example Meinong's, there are three elements in play: the act, the content, and the object. For example: suppose one thinks of St Paul's Cathedral in London. There is one's act of thinking; there is the character of the thought that makes it about St Paul's and not about some other cathedral – this is the content; and then there is the object, namely St Paul's itself.

Russell rejects such views. First, he says, there is no such thing as the 'act'. The occurrence of the content of a thought is the occurrence of the thought, and there is neither empirical evidence nor theoretical need for an 'act' in addition. Russell's diagnosis of why anyone might think otherwise is that we say, '*I* think so-and-so', which suggests that thinking is an act performed by a subject. But he rejects this, for reasons very similar to those advanced by Hume, who held that the notion of the self is a fiction, and that we are empirically licensed to say no more than that there are bundles of thoughts which for convenience we parcel as 'me' and 'you'.

Secondly, Russell criticizes the relation of content and object. Meinong and others had taken it that the relation is one of direct reference, but in Russell's view it is more complicated and derivative, consisting largely of beliefs about a variety of more and less indirect connections among contents, between contents and objects, and among objects. Add to this the fact that, in imagination and non-standard experiences like hallucination, one can have thoughts without objects, and one sees that the content–object relation involves many difficulties – not least, Russell says, in giving rise to the dispute between idealists who think that content is more significant than objects, and realists who think objects are more significant than content. (Russell's use of these labels, although standard, is misleading: we should for accuracy substitute the label 'anti-realist' for 'idealist' here; this is because whereas, at bottom, realism and anti-realism are indeed differing theses about the relation of contents to objects, and thus are *epistemological* theses, idealism is a *metaphysical* thesis about the nature of the world, namely, that it is ultimately mental in character. This point is frequently missed in philosophical debate, so Russell is in good company.) All these difficulties can be avoided, Russell claims, if we adopt a version of William James's 'neutral monist' theory.

Neutral monism

James argued that the single kind of metaphysically ultimate raw material is arranged in different patterns by its interrelations, some of which we call 'mental' and some 'physical'. James said his view was prompted by dissatisfaction with theories of consciousness, which is merely the wispy inheritor of old-fashioned talk about 'souls'. He agreed that thoughts exist; what he denied is that they are entities.

They are, instead, functions: there is 'no aboriginal stuff or quality of being, contrasted with that of which material objects are made, out of which our thoughts of them are made; but there is a function in experience which thoughts perform, and for the performance of which this quality of being is invoked. That function is *knowing*' (James, *Essays in Radical Empiricism*, 3–4).

In James's view the single kind of 'primal stuff', as he called it, is 'pure experience'. Knowing is a relation into which different portions of primal stuff can enter; the relation itself is as much part of pure experience as its relata.

Russell could not accept quite all of this view. He thought that James's use of the phrase 'pure experience' showed a lingering influence of idealism, and rejected it; he preferred the use made by others of the term 'neutral stuff', a nomenclatural move of importance because whatever the primal stuff is, it has to be able – when differently arranged – to give rise to what could not appropriately be called 'experience', for example stars and stones. But even with this modified view Russell only partially agreed. It is right to reject the idea of consciousness as an entity, he said, and it is partly but not wholly right to consider both mind and matter as composed of neutral stuff which in isolation is neither; especially in regard to sensations – an important point for Russell, with his overriding objective of marrying physics and perception. But he insisted that certain things belong only to the mental world (images and feelings) and others only to the physical world (everything which cannot be described as experience). What distinguishes them is the kind of causality that governs them; there are two different kinds of causal law, one applicable only to psychological phenomena, the other only to physical phenomena. Hume's law of association exemplifies the first kind, the law of gravity the second. Sensation obeys both kinds, and is therefore truly neutral.

Adopting this version of neutral monism obliged Russell to abandon some of his earlier views. One important change was that he gave up the notion of 'sense-data'. He did this because sense-data are objects of mental acts, whose existence he had now rejected; therefore, since there can be no question of a relation between non-existent acts and supposed objects of those acts, there can be no such objects either. And because there is no distinction between sensation and sense-datum – that is, because we now understand that the sensation we have in seeing, for example, a colour-patch *just is* the colour-patch itself – we need only one term here, for which Russell adopts the name 'percept'.

Before accepting neutral monism Russell had objected to it on a number of grounds, one being that it could not properly account for belief. And as noted, even when he adopted the theory he did so in a qualified form; mind and matter overlap on common ground, but each has irreducible aspects. Nevertheless what at last persuaded him was the fact, as it seemed to him, that psychology and physics had come very close: the new physics both of the atom and of relativistic space-time had effectively dematerialized matter, and psychology, especially in the form of behaviourism, had effectively materialized mind. From the internal viewpoint of introspection, mental reality is composed of sensations and images. From the external viewpoint of observation, material things are composed of sensations and sensibilia. A more or less unified theory therefore seems possible by treating the fundamental difference as one of arrangement: a mind is a construction formed of materials organized in one way, a brain more or less the same materials organized in another.

A striking feature of this view is, surprisingly, how idealist it is. Russell had, as noted, charged James with residual idealism. But here he is arguing something hardly distinguishable: that minds are composed of sensed percepts – namely, sensations and images – and matter is a logical fiction constructed of unsensed percepts. Now Russell had often insisted (using his earlier terminology) that sense-data and sensibilia are 'physical' entities, in somewhat the sense in which, if one were talking about an item of sensory information in a nervous system, that datum would be present as impulses in a nerve or activity in a brain. But then nerves and brains, as objects of physical theory, are themselves to be understood as constructions from sensations and sensibilia, not as traditionally understood 'material substance', a concept which physics has shown to be untenable. At the end of *AMd* Russell accordingly says that 'an ultimate scientific account of what goes on in the world, if it were ascertainable, would resemble psychology rather than physics . . . [because] psychology is nearer to what exists' (*AMd* 305, 308). This explains Russell's notorious claim that 'brains consist of thoughts' and that when a physiologist looks at another person's brain, what he 'sees' is a portion of his own brain (Schilpp, *Philosophy of Bertrand Russell*, 705).

For robuster versions of materialism this aspect of Russell's view is hard to accept. But it is not the only difficulty with his version of neutral monism. Not least is the fact that he failed in his main aim, which was to refute the view that consciousness is essential to the distinction between mental and physical phenomena. He had not of course attempted to analyse consciousness quite away; his aim was rather to reduce its importance for the mind–matter question. But images, feelings, and sensations, which play so central a role in his theory, stubbornly remain *conscious* phenomena, whereas the sensibilia (by definition often unsensed), which constitute the greater part of matter, are not. Russell accepted this, but tried to specify a criterion of difference which did not trade on these facts, namely, the criterion of membership of different causal realms. But whereas that difference is open to question – and even if it exists might be too often hard to see – the consciousness difference is clear cut.

Relatedly, the intentionality which characterizes consciousness cannot be left out of accounts of knowledge; memory and perception are inexplicable without it. Russell later acknowledged this point, and gave it as a reason in *MPD* for having to return to the question of perception and knowledge in later writings.

Russell also later came to abandon the idea – anyway deeply unsatisfactory from the point of view of a theory supposed to be both *neutral* and *monist* – that images and feelings are essentially mental, that is, not wholly reducible to neutral stuff; for in a very late essay he says; 'An event is not rendered either mental or material by any intrinsic quality, but only by its causal relations. It is perfectly possible for an event to have both the causal relations characteristic of physics and those characteristic of psychology. In that case, the event is both mental and material at once' (*Portraits from Memory* (1958), 152). This, for consistency, is what he should have argued in *AMd* itself, where only sensations have this character. But this view in turn generates another problem, which is that it comes into unstable tension with a view to which Russell returned after *AMd*, namely, that the causes of percepts are inferred from the occurrence of the percepts themselves. As noted earlier, Russell wavered between treating physical things as logical constructions of sensibilia and as entities inferred as the causes of perception; he held this latter view in *PP* and returned to it after *AMd*. But on the face of it, one is going to need a delicate connection between one's metaphysics and one's epistemology in order to hold both that minds and things are of one stuff, and that things are the unknown external inferred causes of what happens in minds. So those parts of the legacy of *AMd* which remain in his later thinking raise considerable difficulties for his later views about matter.

Realism and perception

One of the chief reasons for Russell's reversion to a realistic, inferential view about physical things was the difficulty inherent in the notion of unsensed sense-data or, in the later terminology, percepts. As noted above, the idea had been to replace inferred entities with logically constructed ones, an application of the analytical technique. If physical things can be logically constructed out of actual and possible sense-data, then two desiderata have been realized at once: the theory is empirically based, and inferred entities have been shaved away by

Ockham's razor. But it is obvious, and the point has already been made, that the idea of unsensed sense-data (or unperceived percepts) is, if not indeed contradictory, at least problematic. It makes sense – although, without a careful gloss, it is metaphysically questionable – to talk of the existence of *possibilities* of sensation; but to talk of the existence of *possible sensations* arguably does not (note Russell's definition of sensibilia as entities having the 'same metaphysical and physical status as sense-data without necessarily being data to any mind'). If the choice lay between inferred material particulars and non-actual perceptions existing unperceived, it would seem best to plump for the former. In effect, this is what Russell himself came to think; and unsensed sensations went out of the window. But he did not return to the cruder form of inferential realism held in *PP*; something more ingenious, but no more successful, was up his sleeve, as explained shortly.

Another reason for Russell's reversion to realism was his recognition that the notion of causality is problematic for phenomenalism. Things in the world seem to affect one another causally in ways that are difficult to account for properly by mere reports of sense-experiences. Moreover, a causal theory of perception is a natural and powerful way of explaining how experience itself arises. In Russell's mature philosophy of science, contained in *AMt* and *Human Knowledge* (1948), he did not opt for a Lockean view which says that our percepts resemble their causal origins – the so-called 'picture-original' theory – because we cannot be directly acquainted with things, and therefore cannot expect to know their qualities and relations. Rather, he now argued, changes in the world and our perceptions are correlated, or co-vary, at least for orders of things in the world that our perceptual apparatus is competent to register (we do not, for example, perceive electrons swarming in the table, so there is no associated covariation of world and perception at that level). The correspondence between percepts and things is one of *structure* at the appropriate level: 'Whatever we infer from perceptions it is only structure that we can validly infer; and structure is what can be expressed by mathematical logic' (*AMt* 254). And this means that we have to be 'agnostic' about all but the physical world's mathematical properties, which is what physics describes (*AMt* 270).

Russell had come to think that the best candidate for what is metaphysically most basic in the world is the 'event'. Objects are constructed out of events in the following way: the world is a collection of events, most of which cluster together around a multitude of 'centres', thus constituting individual 'objects'. Each cluster radiates 'chains' of events, which interact with and react upon chains radiating from other centres – among which are perceivers. When a chain interacts with the events constituting the perceptual apparatus of a perceiver, the last link in the chain is a percept. Since everything is ultimately constituted of events, they are in effect the 'neutral stuff' of which minds and material things are made. Minds are clusters of events connected by 'mental' relations, not least among them memory; otherwise there is no metaphysical difference between mind and matter. Finally, the interrelations of event-chains is what scientific causal laws describe.

This view enabled Russell to formulate the argument he had long been trying to state satisfactorily, namely, that percepts are parts of things. For on this view it is not the case that there are events which constitute things, and then in addition other events which are perceptions of those things; rather, there are just events constituting the object, some of which are percepts – these being the terminal events of the chains radiating from the object which interact with events constituting the perceiver.

This theory is inferential not in the earlier sense in which the causes of percepts, lying inaccessibly beyond a veil of perception, are guessed from the nature of the percepts themselves. Rather, the inference is *from* certain terminal events, namely, percepts – which are interactions between (to put the matter heuristically) 'mental' events and that level of structure in the rest of the event world with which the 'mental' events are capable of interacting – to the clusters and chains of events constituting the world as a whole.

In *AMt* the core of the theory is the idea that knowledge of the world is purely structural. We know the qualities and relations as well as the structure of percepts, but we know only the structure of external events, not their qualities. This seems somewhat reminiscent of Locke's distinction between primary and secondary qualities, but it is not; Russell is saying that all we can infer from our percepts is the structure of the qualities and relations of things, not the qualities and relations themselves; and that this is the limit of knowledge.

This theory has a fatal flaw, which was quickly recognized by the mathematician M. H. A. Newman and set out in an article published soon after the appearance of *AMt*. It is that since our knowledge of the structure of events is not a mere result of our stipulating them, but is manifestly non-trivial, it follows that our inferential knowledge cannot be limited solely to questions of structure. This is because – to put the point by a rough analogy – a number of different worlds could be abstractly definable as having the same structure, and if they were, knowledge of their structure alone could not separate them and in particular could not individuate the 'real' one. If science genuinely consists of discoveries about the world through observation and experiment, the distinction between what we observe and what we infer cannot therefore be collapsed into a distinction between pure structure and qualities.

Russell wrote a characteristically generous letter to Newman acknowledging the point: 'You make it entirely obvious that my statements to the effect that nothing is known about the physical world except its structure are either false or trivial, and I am somewhat ashamed not to have noticed it myself.'

Familiarly by now, the common thread linking Russell's earlier and later views was his desire to reconcile science and perception, with the particular aim of basing the former on the relative certainty of the latter and thus furnishing it with grounds. He saw the chief problem in any such enterprise as securing the move from perception to the objects of physical theory. On his view, this move must either be inferential, in which it takes us from the incorrigible data of sense to something else, or it is analytic, that is, consists in a process of constructing physical entities out of percepts. On the later view just reported, the inference has a special advantage over more usual inferential theories, in that the inference is not from one kind of thing to another, but from one part of something to its other parts.

In his earlier views Russell had accorded primary reality to sense-data and built everything else out of them. On the later view, reality belongs to events as the ultimate entities, and an important change of emphasis is introduced: percepts remain immediate and as certain as anything can be, but they are not construed as having accurately to represent the physical world, which, in the picture offered by science as the most powerful way to understand it, is anyway very different from how it appears.

Inference and science

Crucially, however, there remains a familiar and major problem about whether inferences from perception to the world are secure. A large part of Russell's aim in *Human Knowledge* (*HK*) was to state grounds for taking them to be so. Throughout his thinking about the relation of perception and science he was convinced that something has to be known a priori for scientific knowledge to be possible. Earlier, as noted, he thought that purely logical principles provide such knowledge. But he now saw that logic alone is insufficient; we must know something more substantial. His solution was to say that inference from perception to events is justified in the light of certain a priori 'postulates' which nevertheless state contingent facts about the world. So stated, Russell's view immediately reminds one of Kant's thesis that possession of 'synthetic a priori knowledge' is a condition of the possibility of knowledge in general, a view which Russell robustly dismisses in the Preface to *HK*. The difference is explained by the tentative and probabilistic account that Russell, in this last major attempt to state a theory of knowledge, felt was all that could be hoped for.

Two features of Russell's approach in *HK* explain this result. One is that he now thought that knowledge should be understood in 'naturalistic' terms, that is, as a feature of our biological circumstances, taken together with the way the world is constituted. The other is that he had come to make a virtue of the fact that the basic data of knowledge are never certain, but at best merely credible to some degree. This second point enters into the detailed working out of the views in *HK*. The first makes its appearance whenever Russell needs to justify the justifications that *HK* attempts to provide for scientific knowledge.

When data have a certain credibility independently of their relations to other data, Russell describes them as having a degree of 'intrinsic' credibility. Propositions having some intrinsic credibility lend support to propositions inferred from them. The chief question then becomes: How do propositions with some measure of intrinsic credibility transfer that credibility to the hypotheses of science? Another way of framing the question is to ask how reports of observation and experiment can function as evidence. This is where Russell's postulates come in.

There are five postulates. The first, 'the postulate of quasi-permanence', is intended to replace the ordinary idea of a persisting thing: 'given any event A, it happens very frequently that, at any neighbouring time, there is at some neighbouring place an event very similar to A'. Thus the objects of common sense are analysed into sequences of similar events. The ancestor of this idea is Hume's analysis of the 'identity' of things in terms of our propensity to take a sequence of resembling perceptions to be evidence for a single thing, as when you have perceptions of a rose bush every time you go into the garden, and therefore take it that there is a single persisting rose bush there even when no perceivers are present.

The second, 'the postulate of separable causal lines', states that 'it is frequently possible to form a series of events such that, from one or two members of the series, something can be inferred as to all the other members'. For example, we can keep track of a billiard ball throughout a game of billiards; common sense thinks of the ball as a single thing changing its position, which according to this postulate is to be explained by treating the ball and its movements as a series of events from some of which you can infer information about the others.

The third is 'the postulate of spatio-temporal continuity', designed to deny 'action at a distance' by requiring that if there is a causal connection between two events that are not contiguous, there must be a chain of intermediate links between them. Many of our inferences to unobserved occurrences depend upon this postulate.

The fourth is 'the structural postulate', which states that 'when a number of structurally similar complexes are ranged about a centre in regions not widely separated, it is usually the case that all belong to causal lines having their origin in an event of the same structure at the centre'. This is intended to make sense of the idea that there exists a world of physical objects common to all perceivers. If 6 million people all listen to the Prime Minister's broadcast on the radio, and upon comparing notes find that they heard remarkably similar things, they are entitled to the view that the reason is the common-sense one that they all heard the same person speaking over the airwaves.

The fifth and last is 'the postulate of analogy', which states that 'given two classes of events A and B, and given that, whenever both A and B can be observed, there is reason to believe that A causes B, then if, in a given case, A is observed, but there is no way of observing whether B occurs or not, it is probable that B occurs; and similarly if B is observed, but the presence or absence of A cannot be observed'. This postulate speaks for itself (*HK* 506–12).

The point of the postulates is, Russell says, to justify the first steps towards science. They state what we have to know, in addition to observed facts, if scientific inferences are to be valid. It is not advanced science which is thus justified, but its more elementary parts, themselves based on common-sense experience.

But what is the sense of 'know' here? On Russell's view, the knowing involved in 'knowledge of the postulates' is a kind of 'animal knowing', which arises as habitual beliefs from the experience of interaction with the world. It is far from being certain knowledge. 'Owing to the world being such as it is,' Russell says:

> certain occurrences are sometimes, in fact, evidence for certain others; and owing to animals being adapted to their environment, occurrences which are, in fact, evidence of others tend to arouse expectation of those others. By reflecting on this process and refining it, we arrive at the canons of inductive inference. These canons are valid if the world has certain characteristics which we all believe it to have.
>
> (*HK* 514–15)

These characteristics are the common-sense facts that the postulates in effect embody, and it is in this sense that we 'know' them. They are implied in the inferences we make, and our inferences are by and large successful; so the postulates can be regarded as in a sense self-confirming.

Although Russell thinks of the postulates as something we know a priori, it is clear that their status is odd. They are in fact empirical in one sense, since they either record or are suggested by experience. What gives them their a priori status is that they are *treated as known* independently of empirical confirmation (except indirectly in practice), rather than as generalizations in need of such justification. In effect Russell has selected some general contingent beliefs which are especially useful to have as premisses in thinking about the world, and elevated them to the dignity of postulates. Their indirect justification, in turn, is that on the whole they, or the results of their application, work. Allied to the extremely modest ambition Russell has for epistemology in *HK* – it is no longer the quest for as certain a basis for knowledge as one can get, but only a statement of rules of thumb whose adoption makes scientific thinking acceptable – this might be enough. But it has no pretensions to be a response to scepticism, or a rigorous account of non-demonstrative reasoning.

These last remarks suggest why Russell's arguments in *HK* received little response, much to his disappointment. He recognized well enough that canons of evidence and scientific reasoning are worth investigating only if we can be confident that, if we get them right, they will deliver substantial contingent knowledge about the world. But the most that Russell's argument establishes is that, so far, the general principles on which our empirical thinking relies have been largely successful. But this looks like exactly the kind of unbuttressed inductive inference Russell was anxious to caution against, citing the example of the chicken who, on being fed day after day, grew increasingly pleased with the world – until the day of her encounter with the butcher. There are limits to pragmatic justification; imagine someone who encourages the growth of his tomatoes by prayer alone, and gets some tomatoes every year, and someone else who waters and fertilizes his tomatoes, and gets many more each year; still, the first gardener might regard the fact that he gets some tomatoes as pragmatic justification for praying over them. The success of our principles to date does not, thus, amount to much of a ground for saying that they deliver the scientific goods.

In particular, we have no guarantee against the possibility that use of the postulates leads us to falsehood, either occasionally or in some systematic way concealed by the kind of situation exemplified by the praying gardener. Now this possibility is in effect allowed by Russell in asking very little of epistemology. The complaint must therefore be that the argument in *HK* is in fact an admission of failure, when taken in the light of the epistemological tradition. Descartes and his successors in modern philosophy raised questions about the nature of knowledge and how we get it precisely so that they could distinguish between some enterprises – alchemy, astrology, and magic, say – and others – chemistry, astronomy, and medicine, say – which differ not merely in the number of really useful applications they offer, but in telling us something true about the world; and where, moreover, the latter fact explains the former, and opens the way to more of both by the same route. Furthermore, our ancient prejudices and animal beliefs might be controverted in the process, as indeed happens: for the world depicted by science is remarkably different from the world of common sense. But Russell in *HK* says that the utility of applications and those same animal habits of belief are the only final justifiers we can hope for in epistemology. This is very much less than the project of epistemology traditionally aims to achieve, and it is much less than Russell himself hoped to attain when he first took up the epistemological task many decades before.

Chapter 4
Politics and society

Introduction

Russell contributed voluminously to debates about morals, politics, religion, education, and questions of war and peace. He did not think of these contributions as being in the strict sense philosophical. As the preceding chapter shows, he regarded philosophy as a technical discipline concerned with abstract questions about logic, knowledge, and metaphysics. These other debates, in his opinion, are by contrast matters of emotion and opinion, relating as they do to practicalities of life. He acknowledged that there can be analysis of moral and political discourse in a formal sense, that is, as a systematic study dealing with their logic rather than their substance; but it was practical questions and concrete problems that interested him, especially after the outbreak of the First World War.

Nevertheless, in certain of his writings Russell ventured an account of the basis of ethics. He did not try to state an original theory, resting content with consciously derivative views which (after his interest in practical questions had become serious) were 'consequentialist' in character, having it that the moral worth of what people and governments do must be judged by outcomes. At the same time – and not altogether consistently – he sometimes wrote as if he believed in the intrinsic moral worth of certain things, such as the character traits of courage, magnanimity, and honesty. And he also, in some of his earlier writings, put forward a view further inconsistent with these, that moral judgements are disguised statements of subjective attitude. The main problem for Russell was how to reconcile two conflicting things: on the one hand, allegiance to profoundly and passionately held moral convictions, and, on the other hand, the apparent groundlessness of moral judgement. His difficulty in achieving this reconciliation was increased by his scepticism about whether there can be such a thing as ethical knowledge at all.

The best way to characterize Russell's contribution in the ethical sphere is, perhaps, to say that he was much more a moralist than a moral philosopher. Like Aristotle before him he regarded ethics and politics as continuous; there is no difference of kind between the ethical judgement that war is evil and the political demand for peace. Accordingly there is a seamlessness in Russell's thinking about morality, politics, and society which explains why, in the most thorough of his books on these questions, *Human Society in Ethics and Politics* (*HSEP*), they are considered together.

In politics Russell was all his life a radical and, in the small 'l' sense, a liberal. After the First World War he became a member of the Labour Party and stood as its candidate in two elections. He tore up his membership card in the 1960s in disgust at Harold Wilson's support for American war-making in Vietnam. But he was never a socialist in the old-fashioned sense, having been unpersuaded by Marxism when he studied it in Germany in the 1890s for his first book, *German Social Democracy* ('social democracy' then denoted Marxism). He was temperamentally opposed to the centralizing tendency of socialism as then understood – which was practically the only aspect of socialism (or 'socialism') ever put fully into practice in the Soviet world – and was accordingly much more attracted by Guild Socialism, a highly decentralized form of cooperative ownership and control in which

WHY DIDN'T MR. CHAPLIN

MIND THE BABY ?

when he was President of the Local Government Board from 1895 to 1900.

Overcrowding and Bad Sanitary Conditions caused the

Unnecessary Sacrifice

of

40,000 Infant Lives Every Year!

What did he do for the Protection of Children and the Reduction of Infant Mortality?

If Women had Parliamentary Votes

they would try to alter the

Bad Land Laws

which cause these bad housing conditions and result in such wicked waste of life.

But Mr. Chaplin wants to make the Baby's Food and Clothing Dearer,

and this will only

MAKE MATTERS WORSE.

Therefore

VOTE for RUSSELL

and

And Give Women Votes to Protect the Children.

Printed and Published by A. E. Holley (T.U.), 110, Haydon's Road, Wimbledon

8. Russell stood as a parliamentary candidate on behalf of female suffrage at the Wimbledon by-election of 1907.

people govern themselves in circumstances that, in the ideal, integrate their social, recreational, and working lives.

Russell was at his best when criticizing contemporary moral and political conditions. The positive alternatives he suggested typically look unpersuasive, tending to be either utopian or, at very least – given the circumstances in which he offered them – impracticable to a degree. But as critic, scourge, and gadfly he is in the league of Socrates and Voltaire.

No one needs an excuse or a licence to contribute to debate on the great questions of society – the questions of politics, morals, and education. It is, arguably, a civic duty to be an informed participant. Russell's activities in these respects therefore need no justification. But there is a good reason why his contributions have a certain authority. It is that he was better equipped than many for the task. This is not because he was an inheritor of a grand Whig tradition of involvement in public affairs, although no doubt this prompted both his interest in them and his sense of obligation to take part. Rather it was because his interest and sense of obligation were supported by four priceless assets: an extraordinary intelligence, a lucid eloquence, a broad knowledge of history, and complete fearlessness in the face of opposition. This made him a formidable debater. It was only at the end of his life, when others around him were speaking and writing in his name, that he sounded shrill and ill-judging.

Some of his ideas, such as belief in world government, have so far found little support. Others helped transform the social landscape of the Western world, as, for example, in attitudes to marriage and sexual morality. In other spheres again – not least in connection with religion – Russell liberated many minds, but he would not be surprised, given his understanding of human nature, to find that superstition flourishes even more now than in his day, and that dogma – 'faith is what I die for, dogma is what I kill for' – is back with a vengeance.

Theoretical ethics

In his very earliest thinking about ethics Russell held the romantic Hegelian view that the universe is good in itself and a fit object for 'intellectual love'. His acceptance of this view was inspired by McTaggart, but it did not retain its hold on him for long. His first serious treatment of ethical questions, set out in his paper 'The Elements of Ethics' and published in 1910, shows Russell following the teaching of G. E. Moore's *Principia Ethica*, in which Moore argues that goodness is an indefinable, unanalysable, but objective property of things, actions, and people, which we perceive by an act of direct moral intuition. Moore held a version of utilitarianism, which can be summarized as the view that the right thing to do in any given case is whatever will result in promoting the greatest balance of good over ill in that case. Moore's views were influential among members of the Bloomsbury set, not least in promoting the attractive idea that friendship and the enjoyment of beauty are the highest ethical goods. (Unkind critics claimed that the Bloomsburies liked this view because they could economize – so to speak – by having beautiful friends.)

Difficulties immediately suggest themselves in connection with the utilitarian view. One is that we cannot know fully what the consequences will be of acting one way rather than another, and therefore we might inadvertently promote bad consequences as a result of muddled thinking or mistaken intuitions. In his version of Moore's view Russell acknowledges this, but argues that we have acted rightly when we are satisfied that we have thought matters through carefully, and done our best on the available information. The claim that goodness is objective, however, is another matter, and Russell could not be content with it for long, for although it might, strictly speaking, be irrefutable, neither can it be proved correct, most significantly in the face of someone who flatly disagrees with another's intuition that goodness is present in such-and-such an act or situation.

This difficulty led Russell to adopt the view, expressed in *An Outline of Philosophy* (1927), that moral judgements are not objective – that is, are not true or false – but are instead disguised imperatives, optatives, or statements of attitude. An imperative is a command, such as 'do not tell lies', an optative is a choice or wish – as when one opts for one thing rather than another – in the ethical case expressible by 'would that no one told untruths'; and 'I disapprove of lying' is a report of its utterer's attitude to lying. Imperatives and optatives obviously lack truth-value. Although matters are otherwise with reports of attitudes, this is only because they are descriptions of the relevant psychological fact about their possessors; nothing true or false is being said about the moral value of lying, only about what the speaker thinks of lying.

This position might, to contrast it with Moore's objectivism, be called 'subjectivism'. It suffers from equally grave problems, not the least of which is that it is straightforwardly implausible. Consider, say, the Holocaust. It is intolerable to think that one's ground for judging that the Holocaust is evil is merely that one disapproves of it. Russell felt this difficulty acutely, and therefore in his final and fullest discussion of these questions (*HSEP*) tried to find a half-way position between objectivism and subjectivism which has the benefits but avoids the difficulties of both.

Moral judgements, he argues in *HSEP*, are in reality judgements about the good of society and its individual members. Such judgements embody or express the fairly widespread community of feeling in a given society about what, generally speaking, is in everyone's interests. And this is a matter about which there can be sensible debate based on a scientific or at least rational understanding of the world. This belief in the possibility of rational resolutions to moral dilemmas often threatened to desert Russell when he contemplated human folly, but he clung to it nevertheless.

The fundamental data of ethics, Russell says, are feelings and emotions.

Accordingly, ethical judgements are disguised expressions of our hopes, fears, desires, or aversions. We judge things to be good when they satisfy our desires. Therefore the general good – the good of society as a whole – consists in the total satisfaction of desire, no matter by whom enjoyed. By the same token the good of any section of society consists in the overall satisfaction of its members' desires; and an individual's good consists in the satisfaction of his personal desires. On this basis one can define 'right action' by saying that it is whatever, on any given occasion, is most likely to promote the general good (or if it concerns only an individual, that individual's good); and this in turn gives us our explanation of moral obligation, the idea that there are things that one 'ought' to do; which is, simply, that one ought to do the right thing as thus understood (*HSEP* 25, 51, 60, 72).

Russell of course recognizes that there are difficulties with this account, and discusses a number of them. For example: the definition of 'good' as 'satisfaction of desire' invites the obvious objection that some desires are evil, and that satisfying them is a worse evil. Russell considers the example of cruelty. Can it be good if someone wishes to make another suffer? And is it not even worse if he succeeds in carrying out his wish? Russell says that his definition does not imply that such a state of affairs is good. For one thing, it involves the frustration of the victim's desires, for the victim naturally desires to avoid suffering at the perpetrator's hands. And for another, society at large will not in general desire that its members should be victims of cruelty, and so its desires in this respect will be frustrated too. Accordingly there will be a great preponderance of unfulfilled desire when cruelty is perpetrated, thus making it bad.

Another difficulty for Russell's account is that desires can conflict. He responds by saying that this places a demand on us to choose desires that will be least likely to compete with one another. Borrowing a technical term from Leibniz, Russell calls consistency between desires their 'compossibility'. Good and bad desires can then be defined as those which are compossible with, respectively, as many and as few other desires as possible.

Russell devotes a chapter to the question whether judgements such as 'cruelty is wrong' are simply disguised expressions of subjective attitude. As noted, this question is important, and it troubled Russell deeply. He arrived at what might be called his 'sociological' answer – that moral value is the product of a kind of social consensus – after considering alternative possibilities offered by ethical debate.

The problem can be stated by noting that the chief difference between ordinary factual discourse and moral discourse is the presence in the latter of terms like 'ought', 'good', and their synonyms. Are these terms part of the 'minimum vocabulary' of ethics, that is, both indefinable and fundamental to any understanding of ethical concepts; or can they be defined in terms of something else, for example feelings and emotions? And if this latter, are the sentiments in question those of the individual who makes a moral judgement, or do they have a reference more general – to the desires and feelings of mankind? (*HSEP* 110–11).

In discussing these questions Russell notes that when we examine moral disagreements over what ought to be done in a given case, we find that many of them derive from disagreement over what will result from this or that course of action. This shows that moral evaluations turn on estimates of outcomes, and that therefore we can define 'ought' by saying that an act ought to be performed if, among all acts possible in the case, it is the one most likely to produce the greatest amount of 'intrinsic value' (an expression Russell uses as a more precise substitute for 'good').

Is 'intrinsic value' definable? Russell thinks it is. 'When we examine the things to which we are inclined to attach intrinsic value,' he says, 'we find that they are all things that are desired or enjoyed. It is difficult to believe that anything would have intrinsic value in a universe devoid of sentience. This suggests that "intrinsic value" may be definable in terms of desire or pleasure or both' (*HSEP* 113). Since not all desires can be intrinsically valuable because desires conflict, Russell refines the notion so that intrinsic value is understood as a property of the 'states of mind' desired by those who experience them.

With this adjustment, Russell offers the following summary of his view. As a rule our approval or otherwise of given acts is dependent on what consequences we think they are likely to have. The consequences of acts we approve we call 'good', their opposites 'bad'. The acts themselves we call 'right' and 'wrong' respectively. What we 'ought' to do is whatever is a right act in the circumstances, that is, whatever will produce the greatest balance of good.

Of these points the first carries greatest weight. If moral evaluation is a matter of what people approve and disapprove, are we not marooned in the subjectivist dilemma, without rational grounds for committing ourselves to the wrongness of, say, racism, intolerance, cruelty, and the rest? Russell's answer is that there is as a matter of fact widespread agreement among people about what is desirable. He agrees with Henry Sidgwick that the acts which people generally approve are those which produce most happiness or pleasure. If this includes the satisfaction of intellectual and aesthetic interests ('if we were really persuaded that pigs are happier than human beings, we should not on that account welcome the ministrations of Circe'; some pleasures are *inherently* preferable to others), then we have our escape from subjectivism; for this view gives us statements about what ought to be done which are not merely disguised optatives or imperatives, and thus have truth-value; but which, nevertheless, rest on facts about our feelings and the satisfaction of our desires. Facts about our feelings underlie the definition of 'right' and 'wrong', and facts about satisfaction of desires underlie the definition of 'intrinsic value'. Thus Russell claims success in having articulated a half-way position between objectivism and subjectivism which, at the same time, has practical credentials in a quite straightforward sense, as providing a way of evaluating not just actions of the kind typically at issue in moral debates, but social customs, laws, and government policies.

Despite Russell's optimism about this view, it contains a number of difficulties. In effect it says that the basis of evaluation is consensus of desire. But this means that if the majority in a given society is offended by, say, homosexuality, homosexuality will accordingly count as bad, whereas in a more tolerant society where a different consensus holds, homosexuality will not be bad. Is moral relativism of this degree plausible? This difficulty is related to another, which is that because the value of consequences is measured by how much they satisfy desires, the degree of the Holocaust's evil is a function of the degree to which the satisfaction of Nazi desires is outweighed by the frustration of their victims' desires and those of the generality of the world's population, who might not wish genocide to become commonplace (perhaps in case they become victims of it). Russell himself felt that something more compelling underlies the moral horror we feel in the face of the Holocaust, but his principles do not explain it.

Any familiarity with debate in ethics shows that Russell's efforts in the field are sketchy. Even in *HSEP* the discussion is less philosophical than exhortatory. Based on broad psychological generalities, with only a gesture towards rigour, the aim of *HSEP* is to get us to accept a practical method of ethical evaluation rather than to provide ethics with a theoretical foundation. Part of the reason, as noted, is that Russell did not believe rigour can be applied to discussion of ethics; originally the ethical chapters in *HSEP* were to have been a continuation of *Human Knowledge*, but he held them back, dissatisfied, and only published them, supplemented by chapters on political questions, after at last deciding that he could not make the arguments they contain more systematic. But he did not repine; his chief aim in ethics, as with all the social questions he addressed, was after all a polemical one. He wished to influence how people live, and to that end was content to commit himself in the main to advocacy and persuasion.

Practical morality

Russell's Nobel Prize was awarded to him for literature, and the book cited was *Marriage and Morals*. Russell wrote much on practical moral questions, some of the best of it to be found in the dozens of short pieces he contributed to newspapers, not least those published by the Hearst Press in America during the early 1930s. In these pieces (invariably 750 words long, as required by the size of the column reserved for them on the newspaper page) Russell comes across as remarkably observant, tolerant, humane, and sensible – and on many questions a long way ahead not only of his time but of ours.

Take, for example, his essay 'On Tact'. We put tact and truthfulness in quite separate boxes, he observes, but this carries a certain cost.

> I have sometimes passed children playing in the park and heard them say in a loud clear voice, 'Mummy, who is that funny old man?' To which comes a shocked, subdued, 'Hush! Hush!' The children become dimly aware that they have done something wrong, but are completely at a loss to imagine what it is. All children occasionally get presents that they do not like and are instructed by their parents that they must seem delighted with them. As they are also informed that they ought not to tell lies, the result is moral confusion.
>
> ('On Tact', in *Mortals and Others* (Allen & Unwin, 1975), i. 158)

Such is an education in tact. Tact is undoubtedly a virtue, Russell says, but only the thinnest of lines separates it from hypocrisy. The distinction is one of motive. If kindliness prompts us to please another in circumstances where bluntness might cause upset, tact is appropriate; but it is less amiable when the motive is fear of offending, or desire to obtain an advantage by flattery. People who are profoundly earnest

9. Russell was awarded a Nobel Prize in 1950, and is seen here receiving it from the King of Sweden.

dislike tact; when Beethoven visited Goethe in Weimar he was shocked to see him behaving politely to a set of foolish courtiers. People who are always sincere, and never tell polite lies, are generally appreciated, but this, says Russell, is because genuinely sincere people are free from envy, malice, and pettiness. 'Most of us have a dose of these vices in our composition, and therefore have to exercise tact to avoid giving offence. We cannot all be saints, and if saintliness is impossible, we may at least try not to be too disagreeable.'

This may be slight stuff, but it is perceptive, and makes points worth considering. Russell's journalism on social questions is characteristically like this: enjoyable, amusing, and instructive.

Marriage and Morals deals with larger and more pressing questions. It focuses upon sex and family life. In Russell's view, sexual morality has two principal sources: men's desire to be sure that they are truly the fathers of the children to whom their women give birth, and the religion-inspired belief that sex is sinful. Russell was always prepared to take instruction from the science of his day, in this instance looking to biology for an explanation of the origins of custom. It prompted him to think that sexual morality in early times had the biological purpose of securing the protection of two parents for each child, a motive which Russell is keen to agree is a good one. Many pressures threaten modern family life, he says, and ought to be resisted. Children need the affection of both their parents; the alternative, which is to leave the upbringing of children partly or even wholly to the state, as Plato wished, has little to recommend it. If the state were to bring up children the result would be too much uniformity, and perhaps too much harshness; and children thus raised would be fertile recruits for political propagandists and demagogues.

But so far as personal sexual morality is concerned, in Russell's view, the modern tendency to greater freedom of opinion and action is a good thing. Freer opinions result from a loosening of the grip of traditional morality, especially religious morality; and freer action is made possible by improvements in contraception, which put women on a par with men in having control over their sexual lives.

In Russell's opinion the doctrine that sex is sinful has done untold harm. The harm begins in childhood and continues into adulthood in the form of inhibitions and the stresses they cause. By repressing sexual impulses, conventional morality subverts other kinds of friendly feeling also, making people less generous and kindly, and more prone to self-assertion and cruelty. Sex of course must be governed by an ethic, just as business or sport has to be, but it should not be based on 'ancient prohibitions propounded by uneducated people in a society totally unlike our own' – by which Russell means the teachings of the Church fathers long ago. 'In sex, as in economics and in politics, our ethic is still dominated by fears which modern discoveries have made irrational' (*MM* 196–7).

A new morality, premissed on rejection of traditional Puritanism, must be based on the belief that instinct should be trained, not thwarted. A freer attitude to sexual life does not imply that we can simply follow our impulses and do as we like. This is because there has to be consistency in life, and some of our most worthwhile efforts are those directed at long-term goals, which means the deferral of short-term gratifications. Moreover, there has to be consideration for others and 'standards of rectitude'. But, Russell argues, self-control is not an end in itself, and moral conventions should make the need for it a minimum rather than a maximum. It can be the former if the instincts are well directed from childhood onwards. Traditional moralists think that because the sexual instincts are powerful they have to be severely checked in childhood, for fear that they will become anarchic and gross. But a good life cannot be based on anxieties and prohibitions.

The general principles on which Russell thinks sexual morality ought to be founded are therefore simple and few. First, sexual relationships should be based on 'as much as possible of that deep, serious love between man and woman which embraces the whole personality of both and leads to a fusion by which each is enriched and enhanced'. And secondly, if children result, they should be adequately cared for physically and psychologically. Neither of these principles is particularly shocking, Russell remarks with a certain wryness, conscious of the opprobrium he had earned for adultery, divorce, unmarried cohabitation, and insouciance about keeping them out of public view, all mightily scandalous at the time. But together the principles imply certain important adjustments to the conventional moral code.

One is that it permits a measure of what is usually called 'infidelity'. If people were not brought up to think of sex as hedged about by taboos, and if jealousy did not have the sanction of moralists, then people would be capable of more wholehearted and generous attitudes towards each other. Jealousy makes couples keep one another in a mutual prison, as if it gave each a right over the other's person and needs. 'Unfaithfulness should not be treated as something terrible', wrote Russell, for the existence of 'confidence in the ultimate strength of a deep and permanent affection' is a far better tie than jealousy (*MM* 200–1). Elsewhere Russell argues that there can be no objection to open marriage, as such an arrangement is sometimes called, provided that the woman does not have children by a lover which her husband is expected to raise. His own marriage to Dora ended partly because of this problem.

Russell concludes *MM* by saying that the doctrine he is offering is not, despite these remarks on fidelity, one of licence; indeed, it involves nearly as much self-control as conventional morality demands, with the large difference that the self-control is to be exercised in abstaining from interference with the freedom of others rather than in restraining one's own freedom. 'It may, I think, be hoped', Russell wrote, 'that with the right education from the start this respect for the personality and freedom of others may become comparatively easy; but for those of us who have been brought up to think that we have a right to place a veto upon the actions of others in the name of virtue, it is undoubtedly difficult to forgo the exercise of this agreeable form of persecution.' The essence of a good marriage is mutual respect and deep intimacy. Where these exist, serious love between man and woman is 'the most fructifying of all human experiences'; and that is what all thinking about marriage and morals should aim to promote (*MM* 202–3).

Many at the time found Russell's views profoundly shocking. *Marriage and Morals* lost him his job in New York in 1940 (although ten years later, as noted, it earned him a Nobel Prize, which illustrates how unpredictable life can be), and together with his reputation for enjoying female company it led many to attach to him the character of a satyr. But two points might be noted about these views. One is their calm and tolerant good sense. The other is that they did not spring out of the blue; they are in fact expressive of an attitude shared by the vanguard of left-wing intellectuals in the 1920s and 1930s, for whom free love and rejection of sexual jealousy were unwritten principles. Russell had the courage and crisp logical eloquence required to put these ideas forward in the hope of letting fresh air into an area of life badly needing it. Despite the revolution in attitudes and practices which occurred a generation later, in part made possible by Russell's advocacy, his arguments are still worth reading as a specific against reaction.

In Russell's views on human relationships three topics frequently recur. One is the harmfulness of religion, another is the need for good education, and the third is individual liberty. Each is a constant theme in Russell's social thought, and to each he devoted considerable attention. I consider them in turn.

Religion

It comes as a surprise to people when they learn that Russell was not an atheist. He was, instead, an agnostic. Consistency demanded of him that he accept the *possibility* that there might be a deity, but he thought that the existence of such a thing is highly improbable, and moreover, that if there were such a thing – especially if it were anything like the God of Christian orthodoxy – the moral repugnance of the universe would be even greater than it is, because then we would have to accept either that an omnipotent being allows, or that it wills, the existence of natural and moral evil in the world ('natural evil' denotes disease, catastrophes such as earthquakes and hurricanes, and the like). On Russell's view, a visit to the wards of any children's hospital should be enough to make one feel either that there cannot be a deity, or that if there is one, it is a monster.

Russell was famously asked what he would do if, upon dying, he discovered that God exists after all. He replied that he would take God to task for not providing sufficient evidence of his existence. He was also asked what he thought of 'Pascal's wager'. This is the view that we should believe in God even though the evidence for his existence is extremely slight, because the advantage of doing so, if God exists, far outweighs the disadvantage if he does not. Russell replied that if God exists he would approve of unbelievers who used their brains and saw that the evidence in favour of belief is inadequate.

A standard technique for Russell was to refuse to accept a proposition unless there is good reason for doing so. A central part of the case in natural theology for the proposition that God exists ('natural theology' means discussion of the concept of deity independently of particular revelations in scripture or mystical experience) is the set of well-known 'proofs of God's existence'. Russell discusses them in *Why I Am Not A Christian* (1957, first delivered as lectures in 1927).

One is the First Cause argument, which says that everything has a cause, so there must be a first cause. But this, says Russell, is inconsistent, because if everything has a cause how can the first cause be uncaused? On some views, God is the self-caused cause (in Aristotle, the self-moved mover), but either this notion is incoherent, or if it denotes something possible, then either the principle of universal causation upon which the whole argument rests is false if causes must be other than their effects (as indeed the principle seems to imply), or, if causes can be their own causes, why should there be only one such?

A second argument draws from the appearance of design in the universe the conclusion that there must be a Designer. But for one thing the appearance of design in things is better explained by evolution, which involves no extra entities in the universe, and fits the empirical data; and for another there is anyway no evidence of *overall* design in the world, where the facts – consistently with the second law of thermodynamics, which tells us that the world is in effect decaying – suggest quite the contrary.

A third argument is that there has to be a deity to provide grounds for morality. This will not do, however, because, as Russell elsewhere succinctly argues, 'Theologians have always taught that God's decrees are good, and that this is not a mere tautology: it follows that goodness is logically independent of God's decrees' (*HSEP* 48). It might be added that if the will of a deity is taken to be the ground of morality, then one's reason for being moral is a prudential one merely; it consists in a desire to escape punishment. But this is hardly a satisfactory basis for the moral life, and anyway threats are not *logically* compelling premisses for any argument.

A related argument, employed by Kant, is that there must be a God to reward virtue and punish evil, because it is clear from experience that in this life virtue is not always or even often guaranteed a reward. But this, says Russell, is like saying that because all the oranges at the top of the crate are rotten, the oranges further down must be good; which is absurd.

Many opponents of religion, while decrying its evil effect in the world as a promoter of persecution and discord, nevertheless find Jesus Christ an attractive figure – Russell did not. He thought him less gentle and compassionate than Buddha and far inferior to Socrates in intellect and character. Some of his behaviour is uncongenial, as when he blasted the fig tree – which could hardly have helped being fruitless, since it was out of season – and threatened to visit eternal agonies on those who would not believe in him. Russell pointed out that for many centuries, just so long as it served the interests of the Church, people were encouraged to believe in the literal truth of these bloodthirsty warnings. But when in a more humane age critics pointed out how repulsive they are, the Church shifted to saying that they are to be understood only metaphorically.

But it is against Christianity as an *organized* phenomenon that Russell most directed his fire. He hated superstition – 'The Roman Catholic

Church holds that a priest can turn a piece of bread into the body and blood of Christ by talking Latin to it' – and its sheer illogicality – 'We are told not to work on Saturdays, and Protestants take this to mean that we are not to play on Sundays'. In Russell's view, Christianity is distinguished above other religions in its readiness for persecution. Christians have harrassed and killed heretics, Jews, freethinkers, and one another; they have drowned, burned, and otherwise murdered thousands of innocent women accused of 'witchcraft'; and they have blighted the lives of hundreds of millions with their preposterous doctrines about sin and sexuality.

Russell's weapons in the war on religion were chiefly mockery and disdain. He knew the Bible better than many of his opponents, and could confound them with apt quotation; as when he remarks, in discussing the relative merits of religion and science, that 'the Bible tells us that the hare chews the cud', which causes difficulties for fundamentalists faced with zoology. Indeed the contrast between religion and science could not be more marked. Religion deals in absolute and incontrovertible truths which hold good for eternity; science is more cautious and tentative. Religion imposes limits on thought, forbidding enquiry when it conflicts with what the Church lays down; science is open-minded (*Religion and Science*, 14–16). These are telling contrasts. In the face of scientific reason the best that religion can do, when it does not try to remain obdurately fundamentalist, is to reinterpret its scriptures in allegorical vein, and to hide behind the claim that religious truths surpass human understanding.

But although Russell was hostile to religion, he was nevertheless a religious man. This is only a seeming paradox. It is possible to have a religious attitude to life without belief in supernatural beings and occurrences. Such an attitude is one in which appreciation of art, love, and knowledge brings nourishment to the human spirit, and carries with it a sense of awe before the world and those one loves, and a concomitant sense of the immensity of which one is part. In a famous if stylistically overblown essay, 'A Free Man's Worship', written under the influence of the failure of his first marriage and concomitant changes in outlook, Russell sets out just such a vision. But it carries dark qualifications:

> when first the opposition of fact and ideal grows fully visible, a spirit of fiery revolt, of fierce hatred of the gods, seems necessary to the assertion of freedom. To defy with Promethean constancy a hostile universe, to keep its evil always in view, always actively hated, to refuse no pain the malice of Power can invent, appears to be the duty of all who will not bow before the inevitable. But indignation is still a bondage, for it compels our thoughts to be occupied with an evil world; and in the fierceness of desire from which rebellion springs there is a kind of self-assertion which it is necessary for the wise to overcome. Indignation is a submission of our thoughts, but not of our desires; the Stoic freedom in which wisdom consists is found in the submission of our desires, but not of our thoughts. From the submission of our desires springs the virtue of resignation; from the freedom of our thoughts springs the whole world of art and philosophy, and the vision of beauty by which, at last, we half reconquer the reluctant world.
>
> ('A Free Man's Worship', 1903, reprinted in *Mysticism and Logic*)

As this shows, the yearning for transcendence – for Spinoza's dream of an utterly clear, dispassionate, synoptic understanding of all things that will set one free – was always tempered for Russell by the hard facts of suffering in the world. In the 'Prologue' to his autobiography he writes: 'Love and knowledge, so far as they were possible, led upward to the heavens. But always pity brought me back to earth.' In his agnostic way, therefore, Russell yearned for the heavens, and strove to find pathways that would lead mankind there.

Education

The chief of those pathways, Russell hoped, was education, which for him was a question of how people should be equipped for life. He did not address himself to administrative details about the provision of schools and universities and the training of teachers, as Sydney and Beatrice Webb might have done, but talked instead of what might be called the spiritual (again, in a secular sense) goals of education. The aim of education, he wrote, is to form character; and the best kind of character is vital, courageous, sensitive, and intelligent, all 'to the highest degree'. This is how he puts matters in *On Education*, published in 1926, a year before he and Dora founded Beacon Hill School. This book deals mainly with the earliest childhood years, and in his autobiography Russell acknowledges that he was 'unduly optimistic in his psychology' and in some ways also 'unduly harsh' in the methods he proposed. An example might be the view, adopted from Montessori principles, that if a child behaves badly it should be isolated from other children until it learns to be good. Russell later came to think this a cruel form of discipline.

The book nevertheless contains some sound advice. Starting with the very young, Russell argues that babies should have a regular routine and be provided with as many opportunities for learning as possible, but that any parental anxieties should be carefully concealed lest they 'pass to the child by suggestion'. This tenet reflects Russell's belief that since anxiety is not instinctive among other higher mammals, its appearance in children must be the result of their learning it from adults. At the same time he reminded readers not to martyr themselves to parenthood, but to strike an appropriate balance between their own interests and those of their children.

Russell believed that knowledge is in itself both liberating and a safeguard against fear. A lively interest in outward things – a central theme also of his *Conquest of Happiness* – is a powerful help to courageous and joyous living. Russell also advises on how to promote truthfulness and generosity: not by relying on punishment of their opposites – since what might on the face of things seem to be, say, lying might in fact be the exercise of imagination – but by encouraging the positive traits when they appear. It was in this regard, as he later recognized, that he might have been too optimistic about the psychology of the young. His experience as a schoolmaster soon taught him that children are capable of wickedness, and that if wickedness is left unpunished it can, as in *Lord of the Flies*, grow monstrous.

But even in these early views Russell was not wedded to *laissez-faire* principles, especially not in connection with study. He believed that the acquisition of habits of self-discipline and concentration would prove liberating in the long run, and although he argued that the attention of children should be engaged by attracting rather than coercing them to their schoolwork, he was not against applying their noses to the grindstone when necessary. Children should be able to read by the age of 5, he said, and should make an early start on a couple of languages. The rudiments of mathematics need drilling, and it should be given. Poetry and plays can be enjoyed at primary school age, but real appreciation of literature only comes later. Classics, history, and science come later still; by this stage the pupil, after having tried these subjects, should choose whichever seems most interesting, and follow it up for himself or herself (*OE* 18–162).

These views on the curriculum are conventional enough. What was not conventional, and therefore caused scandal at the time, was what Russell had to say about sex education. Instant legends sprang up about Beacon Hill School; a representative tale has a bishop arriving at the door and exclaiming, on being met by a naked child, 'My God!', to which the naked child replies, 'There is no God'. But in fact all Russell argued was that children should not be made anxious about their bodies, and should therefore be calmly informed of the mechanics of sex before puberty arrives, a good reason for the early start being that they will not therefore learn about sex in inappropriate and fevered ways. In surprisingly conventional line with medical opinion of the day Russell

10. Russell was shocked by the severity of bullying at Beacon Hill School. He saw it as a microcosm of the brutal behaviour of adults and as an indication that nationalism and war are inevitabilities of the human condition.

was doubtful whether masturbation is a good thing, so on this matter at least he can hardly be accused of dangerous opinions.

Five years later, after first-hand experience in his own school, Russell wrote *Education and the Social Order* (1931). In it he held to most of what he had said in *On Education*, but now labelled it the 'negative' theory and admitted that it needed supplementation. The negative theory says that the task in education is to provide opportunities and remove barriers so that children can develop in their own ways. Russell now saw that what is further required is that children should receive positive instruction in getting along with others. He had been shocked by episodes of bullying at Beacon Hill, and saw it as a microcosm of the brutal behaviour of adults, and indeed of whole nations. His anxiety that irrationality and aggression are innate was deepened by the experience, and it made him despair for the world because it seemed to suggest that nationalism and war are inevitabilities of the human condition.

Russell never had inflated expectations of education. But despite the disillusionment prompted by his practical experiment in school-teaching, he retained his characteristic liberal belief that it is chiefly on education that hopes for a better world must focus. In his popular writings on social and political questions, Russell was indeed tirelessly attempting to do just that: to educate, with the whole world as his classroom. Despite everything, he never lost hope that vital, brave, sensitive, and intelligent people could be brought into being if only they are given the right kind of guidance in childhood.

Politics

If we are to understand politics, Russell held, we must understand power. All political institutions are historically rooted in authority; at first, the authority of a tribal leader or king, to whom people submitted out of fear; later, to the institution of kingship, to which people gave allegiance as a matter of custom. Russell disagreed with those who held that civil society arose from an original 'social contract' in which individuals gave up part of their freedom in return for the benefits – not least among them security – of social living. If there were any original contract, he said, it was one between members of the ruling élite, a 'contract among conquerors', to which they subscribed in order to consolidate their position and privileges (*Power*, 190).

In Russell's view, history suggests that monarchy constitutes the earliest type of developed political arrangement. Authority filtered down through the social hierarchy, from the king – who, in many dispensations, claimed to receive it from God – to the nobility, the gentry, and so on down to the humblest man at the head of his own family in his cottage. The advantages of the system, when it commanded the loyalty of those involved, was social cohesion. Its disadvantage is that the absolute ruler has no incentive to rule benevolently; there are many examples of such arrangements becoming tyrannical and cruel (*Power*, 189).

The natural successor to monarchy is oligarchy, Russell says, and this admits of a variety of forms: aristocracy, plutocracy, priesthoods, or political parties. Rule by the rich, as exemplified in the free cities of the Middle Ages and by Venice until Napoleon captured it, seemed to Russell to have worked rather well, but he did not think modern industrialists were up to the same mark (*Power*, 193). As with monarchy when it commands loyalty, both Church and party political oligarchies can generate social cohesion through the sharing of beliefs or ideology, but the great danger they pose is their threat to liberty. Such oligarchies cannot tolerate those who disagree with their views, nor can they permit the existence of institutions which might challenge their monopoly of power (*Power*, 195–6).

Nevertheless, Russell noted, there is a benefit to be had from oligarchic forms of government, provided that liberty can be secured under them, which is that they allow for the existence of a leisured class. The reason is that leisure is a condition for the flourishing of mental life – for literature, learning, and art. In the past this involved the sacrifice of the many, who had to toil long hours so that the few could enjoy the requisite freedoms. But if good use is made of modern technology, Russell believed, 'we could, within twenty years, abolish all abject poverty, quite half the illness in the world, the whole economic slavery which binds down nine-tenths of our population: we could fill the world with beauty and joy, and secure the reign of universal peace' (*Political Ideals*, 27). Russell made these utopian remarks in 1917, by way of lighting a candle in the darkness of war, but they are not entirely devoid of point: given the success of science and its intelligent use for peaceful purposes, there is no reason why more leisure, and therefore more of the conditions for creative and flourishing life, should not be possible for more people. Such a possibility undermines the argument for social structures which support a leisured class, and makes instead a strong claim of justice in favour of democracy.

Still, the difference between democracy and oligarchy is only a matter of degree, Russell observes, because even under democracy only a few people can hold real power. This made Russell cynical even about the vaunted British parliamentary model, in which the average Member of Parliament is in reality little more than voting fodder for his or her party. But the picture is not wholly bleak as regards democracy, for although it cannot guarantee good government, it can nevertheless prevent certain evils, chiefly by ensuring that no bad government can stay in power permanently (*Power*, 286).

The best thing about democracy for Russell is its association with 'the doctrine of personal liberty', which he valued highly. The doctrine consists of two aspects. The first is that one's liberty is protected by requirements of due process at law, which shields one from arbitrary arrest and punishment. The second is that there are areas of individual action which are independent of control by the authorities, including freedom of speech and religious belief. These freedoms are not without limits; in wartime, for example, it might be necessary to curb free speech in the interests of national security. Russell recognized that there can indeed be much tension between the interests of society as a whole and those of an individual who desires maximum freedom. 'It is not difficult for a government to concede freedom of thought when it can rely upon loyalty in action,' he remarked, 'but when it cannot, the matter is more difficult' (*Power*, 155).

For Russell, questions of political organization are crucially questions of economic organization. The early, pre-First World War, Russell was a champion of free trade, and he remained a supporter of free enterprise for the good reason that he was opposed to the over-accumulation of economic power in any one set of hands, whether of capitalists or governments. He saw no reason why people should not be wealthy if they had earned it but was hostile to the idea of inherited wealth. Although he allied himself for most of his adult life with socialism, it was in a particularly qualified way. The role of government in economic affairs, he said, is to guard against economic injustices. But this is not best done by vesting ownership or control of the means of production in government hands, as in the Communist experiment of the Soviet countries. Rather, Russell was attracted by what in France is called Syndicalism and in England Guild Socialism, the theory that factories should be managed by their own workers, and that industries should be organized into Guilds. These would pay a tax to the state in return for their raw materials, and otherwise would be free to arrange wages and working conditions and to sell their products. Further, the Guilds would between them elect a Congress, consumers of their products would elect a Parliament, and the two together would be the national sovereign body, determining taxes and acting as the highest court in the land to decide the interests of workers and consumers alike (*Roads to Freedom*, 91–2). To ensure that the existence of Guilds does not compromise freedom, especially of expression, Russell proposed that a small minimum wage should be paid to everyone irrespective of whether or not he works, so that each could be quite independent if he chose. Anyone who wished to have more than this minimum would work, and the more they worked the richer they could be. He shrugged off the obvious objection that the scheme would be impossible if people chose not to work, thus producing no tax revenue but still requiring their minimum wage, by saying that most of them would be drawn to work by the inducement of prosperity; and anyway conditions of work and life generally would be pleasant under Guild Socialism, so they will not mind doing it (ibid. 119–20).

The principle at issue in Guild Socialism is devolution of that key political commodity, *power*. In Russell's view, concentration of power, especially in government hands, increases the likelihood of war. Its dissipation among many groups and individuals is therefore highly desirable. 'The positive purposes of the State, over and above the preservation of order, ought as far as possible to be carried out, not by the State itself, but by independent organisations which should be left completely free so long as they satisfied the State that they were not falling below a necessary minimum' (*Principles of Social Reconstruction*, 75). Russell formulated this view relatively early in his political thinking, and kept faith with it thereafter. In *Power* he argued that there is more need than ever for safeguards against official tyranny, propaganda, and the police – in connection with whom he made the original suggestion that there should be, in effect, custodians of the custodians: one police force should carry out the normal business of gathering evidence necessary for arresting supposed criminals and putting them on trial, while the other should be devoted to gathering evidence to prove those same people innocent.

Allied to the decentralizing thrust of Russell's politics was his hostility to nationalism. Before the Second World War he attacked it as 'a stupid idea' and 'the most dangerous vice of our time', which threatened the destruction of Europe. After the Second World War he saw it repeating itself in the Soviet Union and America, only this time – because both possessed weapons of mass destruction – it was vastly more dangerous.

The only sure antidote to nationalism and the threat it poses, he argued, is World Government.

On the face of it this belief hardly seems consistent with Russell's decentralizing beliefs, and he recognized the risk of placing military might in the hands of a single universal power. But he thought it infinitely preferable to more world wars, in which weapons of ever greater destructive capability would be used, with the likelihood of destroying life on earth. This seemed to Russell so great an evil that practically anything would be preferable. But a world government need not be merely a lesser of evils. A good way of maintaining a measure of control over it would be to devolve as much power, in all but military respects, to the smallest local units feasible. Nevertheless, said Russell, in the end:

> [a] world-State or federation of States, if it is to be successful, will have to decide questions, not by the legal maxims which would he applied by the Hague tribunal, but as far as possible in the same sense in which they would be decided by war. The function of authority should be to render the appeal to force unnecessary, not to give decisions contrary to those which would be reached by force.
>
> (*Principles* of *Social Reconstruction*, 66)

How might a world government be brought into being? National governments are unlikely to wish to surrender their sovereignty for so utopian a vision. On Russell's view, the most likely method is that one power or power bloc will eventually gain control of the world, and de facto will constitute the world government. In Cold War terms, Nato and the Warsaw Pact – or more accurately, their respective principals – could be seen as vying to achieve this outcome. Russell likened it to the development of orderly government in medieval times: a king seizes power, and then, by a process of evolution, sovereignty is brought under more and more democratic control. He thought that such a process might happen in the case of world government. The 'substitution of order for anarchy in international relations, if it comes about, will come about through the superior power of some one nation or group of nations. And only after such a single Government has been constituted will it be possible for the evolution towards a democratic form of international Government to begin'. He thought this might take a hundred years, during which the international government would have begun to earn 'the degree of respect that will make it possible to base its power upon law and sentiment rather than upon force' (*New Hopes For A Changing World*, 77–8).

A theme in all Russell's thinking about politics and government is the problem of balancing individual freedom and the need for international peace. But in the end the contest between them is an unequal one. There is not only no such freedom, but not even the possibility of such freedom, if mankind is destroyed by war. Accordingly Russell was prepared to see freedom compromised or delayed in the interests of saving humanity. Naturally he wished that peace and freedom could be secured together; but his experience of men had obliged him to accept that greed, brutality, irrationality, and other common human characteristics make this unlikely. This thought, he wrote, often drowned him in despair. It had done so during the First World War, as hundreds of thousands of men were driven to useless mutual slaughter in the mud of Europe. How much more did it do so after the Second World War, when the potential victims of nuclear weapons are no longer just armies, or even nations, but – at a possible worst – the entire population of the world. From one point of view it is extraordinary how few had the clarity to see this fact and the imagination to feel its horror. It is greatly to Russell's credit that he did both.

War and peace

Russell opposed the Boer War and the First World War, supported the Allied effort in the Second World War, and laboured mightily against the imminent possibility of a Third World War and the actuality of the

"ALL RIGHT! FOR THE LAST TIME. WHO'S THE BRAINS BEHIND THIS?"

11. This cartoon from the *Evening Standard* refers to the week-long prison sentence served to Russell in September 1961, following his conviction on public order charges brought after a large central London peace demonstration in commemoration of Hiroshima.

Vietnam War. He made war on war until his death at the age of 97. Both his early and his late anti-war activities were greeted with hostility and landed him in prison. Yet no one can now say he was wrong to take the stands he did; when the jingoism and flag-waving stops, and the awful costs are counted against a soberer assessment of the reasons why they were paid at all, people begin to see war in retrospect as Russell had the genius to see it at the time.

Russell never changed his view that the First World War was unnecessary. There was nothing really at issue between Germany and Britain in 1914 except national pride and some resolvable irritation over imperial questions. He thought that hostilities could have been avoided by negotiation, which would have soothed Germany's justifiable annoyance that it had not fared as well in the colonial race as it might have done. But the Foreign Ministries of Europe were staffed by aristocrats motivated more by considerations of *amour propre* than common sense.

Russell's opponents in the First World War argued that Germany was guilty of aggression and expansionism, and sought hegemony in Europe, which threatened Britain's liberty because, if Germany won, it would stamp its authoritarian and bureaucratic imprint over everything. Therefore Britain had an excellent motive to fight. Russell did not accept either the imputed motive or the likely outcome if Britain refused to fight; he thought it would most likely have been a rerun of the Franco-Prussian conflict of 1871, short and decisive. But even if the Kaiser won – which would be an evil, but not so great an evil as the war itself – the chief point for him was that to go to war one must have an overwhelmingly good reason to do so, and no such thing existed in 1914.

In 1939, matters were very different. During the 1930s Russell was in fact an appeaser, as his *Which Way To Peace?* of 1936 testifies. He would not let this book be reprinted, however, because by the time he finished it he had come to feel that it was insincere, and that the circumstances of the 1930s were too different from those of 1914:

> I had been able to view with reluctant acquiescence the possibility of the supremacy of the Kaiser's Germany. I thought that, although this would be an evil, it would not be so great an evil as a world war and its aftermath. But Hitler's Germany was a different matter. I found the Nazis utterly revolting – cruel, bigoted, and stupid. Morally and intellectually they were alike odious to me.
>
> (*A* 430)

He found the thought of defeat by such people 'unbearable, and at last consciously and definitely decided that I must support what was necessary for victory in the Second World War, however difficult victory might be to achieve, and however painful its consequences' (ibid.).

The terrifying end to the war in the Pacific, with the dropping of atom bombs on Japanese cities, instantly alerted Russell to the fact that something quite new had entered the calculation. In a speech to the House of Lords in November 1945 he warned his peers of the dangers. At first he thought America should use its superiority in atomic weapons to coerce the Russians into not developing them. This has been interpreted as a demand by Russell that the United States should make a pre-emptive atom bomb attack on Russia; but he did not go so far. He saw that a window of opportunity existed for the United States to institute world government by means of its military superiority, and he urged it to do so. Although he thought there was a good deal wrong with America, he much preferred its generally liberal and democratic outlook to the tyranny in the Soviet Union. Indeed in the years after the Second World War Russell's hostility to the Soviet Union, already considerable as a result of his visit in the early 1920s, increased. It is a measure of his disgust at the Vietnam War just 15 years later that he came to denounce the Americans in the same ferocious terms. The change of heart was not, however, sudden. Macarthyism in the United States, and its bellicose Macarthyite anti-Communist foreign policy abroad, gradually led him to think that the Americans were a greater threat to peace than the Soviet Union. The Cuban missile crisis of 1961 confirmed him in this view. Thereafter he was determinedly anti-American.

What altered matters for Russell on the atomic weapons question was, first, Soviet acquisition of the bomb in 1949, and then, in 1954, Britain's test explosion on Bikini Atoll. In response to the latter he made a famous Christmas radio broadcast, 'Man's Peril', warning Britain and the world of the horrendous dangers to which everyone was now exposed. This broadcast was a turning point; from it dated the true beginning of campaigns against the existence of weapons of mass destruction. He was inundated with letters. Using the momentum generated by his broadcast, he organized an international petition signed by leading scientists. He never stopped demanding that Britain should scrap its nuclear weapons, one of the reasons for doing which, he argued, is to give a moral lead to other nations to do the same.

His views on how the danger now faced by the world should be managed changed during the 1950s as the international situation worsened and his own endeavours met with failure. He wrote and broadcast; in addition to his petition he organized a conference bringing together scientists from both sides of the Iron Curtain; and he participated in the setting up of the Campaign for Nuclear Disarmament (CND) and served as its first President. As these peaceful and reasoned means ran repeatedly into the brick wall of government intransigence, he became more despairing. He resigned from CND, therefore, and joined the much more militant Committee of 100, which began a campaign of civil disobedience. The campaign earned him a second prison sentence, 42 years after the first. In all this there was little scope for theorizing, because Russell felt there was no time for it; what was needed was action.

In his very last years Russell's attention was absorbed by the Vietnam War. By now surrounded by others who made use of his name on publications and press releases which – as their grammar as well as their tone suggests – could not have emanated from him personally, he attacked the United States and, in particular, its military-industrial complex and the CIA, charging them with aggression in Vietnam and the perpetration of war crimes. With Jean-Paul Sartre and others he sponsored the International War Crimes Tribunal, aimed at putting America on trial for its activities in Vietnam. At the time people thought that the Tribunal's charges against the United States were merely hysterical. With the subsequent publication of US government files, many of the charges are now known to be true.

In at least one respect there is a remarkable consistency between

Russell's opposition to the First World War and his opposition to the Vietnam War. It is that in both he thought there was no question of a genuine good at stake, and that both were prompted by the lowest instincts in man – the brutal, mindless, aggressive instincts, which, once they are in control, license anything: the bombing of women and children, the use of poison chemicals, the smokescreen of propaganda and lies directed at the home population. At the end of his very long life Russell must have found it appalling that between 1914 and 1970 weapons of war had grown more destructive than ever, but that mankind had not altered one jot.

Chapter 5
Russell's influence

If you wish to see Russell's monument, look around you at mainstream philosophy in the English language as it has been practised since the years between the two world wars. Look also at logic, at the philosophy of mathematics, at the changed moral climate of the twentieth-century Western world, and at attempts to halt the proliferation of nuclear weapons. The complete history of any of these matters must refer to Russell.

In some of these respects he is just one actor among others; he was far from alone, for example, in bringing about the century's revolution in morals. He was much closer to centre stage in the nuclear disarmament campaign, as he had been in the pacifist movement of the First World War.

But in philosophy his place is so pivotal that, as remarked in the opening chapter, he is practically its wallpaper. His philosophical inheritors carry on their philosophical work in his style, addressing problems he identified or to which he gave contemporary shape, using tools and techniques he developed, and all in large agreement with the aims and assumptions he adopted. A measure of the extraordinary pervasiveness of his influence is that many among the younger generations of twentieth-century philosophers are barely conscious that all this is owed to him.

Contemporary philosophy, said Jules Vuillemin, began with Russell's *The Principles of Mathematics*. The celebrated American philosopher W. V. Quine, quoting this remark, varies the metaphor: for him this work is 'the embryo of twentieth-century philosophy' (W. V. Quine, 'Remarks for a Memorial Symposium', in Pears, *Bertrand Russell*, 5). Quine was himself attracted to philosophy by reading Russell. As a young man his first education in logic, science, and philosophy was provided by Russell's books; like many others he felt their 'drawing power', and was lured by them first into the study of logic and the philosophy of mathematics, and then into the theory of knowledge and philosophy of science. 'The authentic scientific ring of Russell's logic echoed in his epistemology of natural knowledge,' Quine wrote. 'The echo was especially clear in 1914, in *Our Knowledge of the External World*. That book fired some of us, and surely Carnap for one, with new hopes for phenomenalism' (ibid. 2–3). To that book Quine adds the lectures on Logical Atomism and both *The Analysis of Mind* and *The Analysis of Matter* as seminal works; 'there is no missing [their] relevance to the Western scientific philosophy of the century' (ibid.). And there is no missing the relevance to Russell's philosophy, in turn, of his logic – 'Russell's name is inseparable from mathematical logic, which owes him much' – especially the Theory of Descriptions and the Theory of Types.

Russell invented Type Theory to overcome the paradoxes he had discovered while trying to place mathematics on logical foundations. During his efforts to solve this problem he canvassed a number of alternatives, including one which, ironically, was later to carry the day in set theory – in a version worked out by Ernst Zermelo – thus displacing the theory Russell eventually devised. But his theory of types was immensely influential in philosophy nevertheless. Its motivating idea was adapted by the Logical Positivists of the 1920s and 1930s in mounting their attack on metaphysics, and Gilbert Ryle applied a different version of it to the elimination of 'category mistakes', the kind of mistake exemplified by someone's thinking that the University of Oxford is an entity additional to all the colleges and institutions comprising it. In Quine's view the theory of types also influenced Edmund Husserl and, along with other aspects of Russell's logic, the great Polish logicians Stanislaw Lesniewski and Kazimierz Ajdukiewicz (Pears, *Russell*, 4).

To this must be added the importance of the Theory of Descriptions. Quine states:

> Russell's logical theory of descriptions was philosophically important both for its direct bearing on philosophical issues having to do with meaning and reference, and for its illustrative value as a paradigm of philosophical analysis. Russell's theory of logical types established new trends at once in the metaphysics of ontological categories, in the antimetaphysics of logical positivism, and, overspilling philosophy at the far edge, in structural linguistics. Is it any wonder that Vuillemin sees Russell's work in logic as inaugurating contemporary philosophy'?
>
> (Pears, *Russell*, 4–5)

When Russell died Gilbert Ryle gave an obituary address to the Aristotelian Society, the chief British philosophical club, to which Russell, beginning in 1896, had often read papers. In it Ryle identified the respects in which, in his view, Russell's work had given twentieth-century philosophy 'its whole trajectory' ('Bertrand Russell: 1872–1970', reprinted in Roberts, *Bertrand Russell Memorial Volume*). One was 'a new style of philosophical work that Russell, I think virtually single-handedly, brought into the tactics of philosophical thinking' (ibid. 16). This was the use of difficult cases to test philosophical theses, a form of conceptual experimentation aimed at subjecting the claims and concepts of philosophy to scrutiny. For example, in his paper 'Mathematical Logic as based on the Theory of Types' Russell lists seven contradictions demanding solution by a competent theory, and offers it as a test of adequacy for his theory of types that it succeeds in dealing with them all. This technique is now a commonplace of philosophical method. 'Thought experiments' are devised to put a view through its

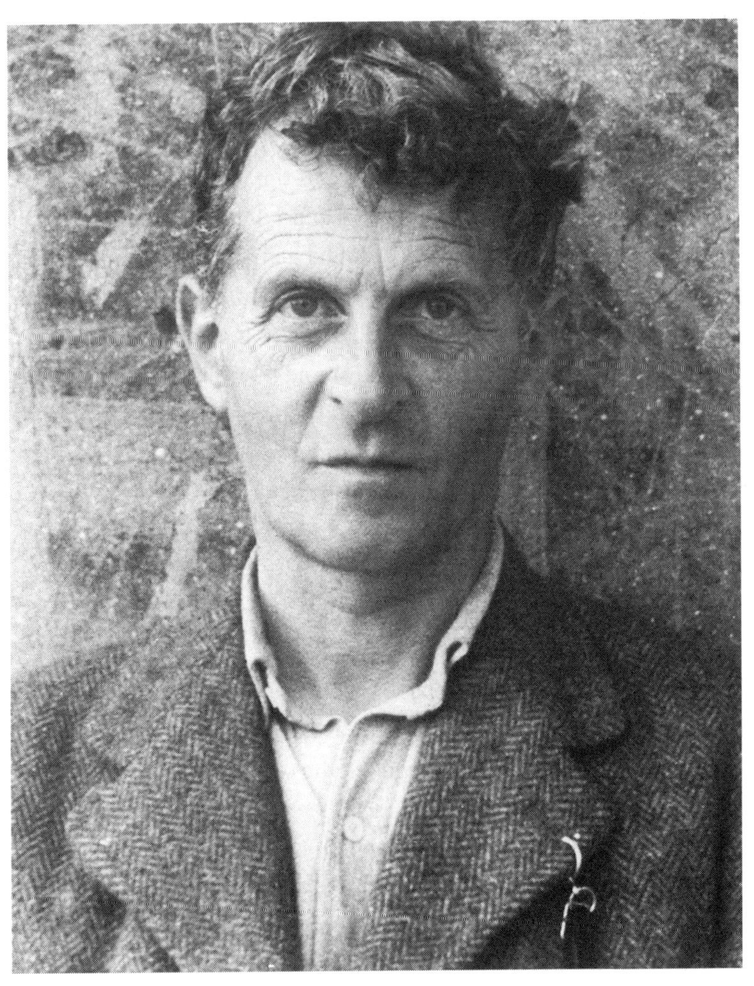

12. Ludwig Wittgenstein (1889–1951), Russell's pupil while in Cambridge before the war.

paces – as in ethics, for example, where a principle is applied to a variety of increasingly difficult cases to see whether it accommodates them; or in discussions of the important forensic and metaphysical concept of personal identity, where imaginative 'survival tests' are invented to see whether we would count the persons who go into and come out of them as the 'same person'.

But even more important, in Ryle's view, is the way Russell introduced into philosophy the discipline of formal logic. 'It was due to him, as well as, to a lesser degree, to Frege and Whitehead, that some training in post-Aristotelian formal logic came fairly soon to be regarded as a *sine qua non* for the philosopher-to-be' (ibid. 19). Ryle was well placed to know; he had been instrumental in ensuring that this happened in the Oxford curriculum. And the reason for a training in logic is that it introduces rigour and promises insights of the kind exemplified in Russell's theories of descriptions and types. Like Quine, Ryle cites the latter as especially important in illustrating how sense might be distinguished from nonsense, thus, in his view, separately influencing the early Wittgenstein and the Logical Positivists.

Vuillemin nominated Russell's first major attempt to provide mathematics with logical foundations as the crucible of analytic philosophy. This is no doubt correct, in the sense that, in preliminary and sometimes inchoate form, Russell there made his preliminary identification of its main methods and problems. But Quine is also right to say that it is the whole span of Russell's works, both books and papers, between 1900 and, say, 1930, on which analytic philosophy rests. In some of these places, however, the germs of later work are more immediately obvious. Take for example the second chapter of *Our Knowledge of the External World*, entitled 'Logic as the Essence of Philosophy'. This chapter is an illustrative document in two ways. First, it is one of the clearest statements of the aims, motivations, and methods of Russell's style of analysis. Secondly, it contains a sketch of the philosophical project which Wittgenstein adopted in his *Tractatus Logico-Philosophicus*, showing how ideas take seed and develop.

Russell begins the second chapter of *OKEW* by asserting that the problems of philosophy 'all reduce themselves, in so far as they are genuinely philosophical, to problems of logic' (*OKEW* 42). By this he means that philosophical problems can be clarified and dispelled by application of the techniques of elementary mathematical logic, which 'enable us to deal easily with more abstract conceptions than mere verbal reasoning can enumerate; they suggest fruitful hypotheses which otherwise could hardly be thought of; and they enable us to see quickly what is the smallest store of materials with which a given logical or scientific edifice can be constructed' (*OKEW* 51). In particular, the theories of perception and knowledge which he goes on to offer in later chapters of *OKEW* are 'inspired by mathematical logic, and could never have been imagined without it' (ibid.). What is chiefly in play is the idea that logic enables us to specify the *forms* of facts and the propositions which express them. The paradigm of an analysis that solves a major problem by revealing the form of a proposition is, as ever, the Theory of Descriptions. Even earlier, Russell had employed formal analysis to show that not all propositions are subject-predicate in form, but rather are relational; which by itself, in his view, had refuted idealism and justified the assumption of pluralism.

In discussing relations in chapter 2 of *OKEW* Russell observes that they can only be properly understood if a classification of the logical forms of facts is available. This is where the anticipatory sketch of Wittgenstein's *Tractatus* occurs. The suggestion is not that Russell learned it from Wittgenstein, who during the two years before Russell wrote this chapter was his pupil in Cambridge; but rather, the other way round: Wittgenstein learned these ideas from Russell. The grounds for this claim are given shortly. First, it is necessary to remind oneself of the argument of Wittgenstein's *Tractatus*. Using Wittgenstein's own words and system of numbering rearranged (here to show the structure of the argument), the fundamental theses of the *Tractatus* are:

1. The world is all that is the case.

1.1 The world is the totality of facts, not of things.

2. What is the case – a fact – is the existence of states of affairs.

2.01 A state of affairs (a state of things) is a combination of objects (things).

2.02 Objects are simple.

Parallel to this austere description of the world's structure is a description of the corresponding structure of thought as expressed in propositions, a relation Wittgenstein calls 'picturing'.

4. A logical picture of facts is a thought.

3.1 In a proposition a thought finds an expression that can be perceived by the senses.

3.201 In a proposition a thought can be expressed in such a way that the elements of the propositional sign correspond to the objects of the thought.

5. A proposition is a truth-function of elementary propositions.

4.21 The simplest kind of propositions, an elementary proposition, asserts the existence of a state of affairs.

And so on, with increasing detail. It goes without saying that the logical ideas which underlie these theses are of course familiar from earlier work by Russell; but they relate principally to the notion of structure and the means of their analysis, as exemplified in the Theory of Descriptions. Much more striking is the actual content of the views respectively expressed by Wittgenstein in the *Tractatus* and Russell in the second chapter of *OKEW*. In this chapter Russell writes:

> The existing world consists of many things with many qualities and relations, A complete description of the existing world would require not

> only a catalogue of the things, but also a mention of all their qualities and relations. . . . when I speak of a 'fact', I do not mean one of the simple things in the world; I mean that a certain thing has a certain quality, or that certain things have a certain relation . . . Now a fact, in this sense, is never simple, but always has two or more constituents . . . Given any fact, there is a proposition which expresses the fact, [such a proposition] will he called an atomic proposition, because, as we shall see immediately, there are other propositions into which atomic propositions enter in a way analogous to that in which atoms enter into molecules . . . In order to preserve the parallelism in language as regards facts and propositions, we shall give the name 'atomic facts' to the facts we have hitherto been considering.
>
> (*OKEW* 60–1, 62)

And so on.

Now Russell's account here is simply a sketch, and it is informally presented. In the *Tractatus* Wittgenstein sets out his theses in more detail, and in the systematically numbered format which gives it the appearance of rigour, although it is in fact only in part an argument. And Wittgenstein is careful to detach his account of the parallel world-language structures from any epistemological considerations, whereas Russell gives concrete examples of facts, qualities, and relations: an example of an atomic fact is 'this is red', of a molecular fact 'it is Monday and it is raining'.

That the basis of Wittgenstein's *Tractatus* derives from these ideas of Russell's can be shown by the fact that the sketch in Russell's chapter recapitulates a longer account he attempted to give in a manuscript now called *Theory of Knowledge* (this title was conferred on it when it was posthumously reconstructed and published). Russell was engaged on this work during 1913 while Wittgenstein was his pupil. He showed it to Wittgenstein, who criticized its discussions of acquaintance and judgement. 'Acquaintance', as described earlier, is Russell's name for fundamental cognitive relations between a subject and objects of various kinds; 'judgement' is a complex relation roughly describable as accepting a proposition as true in virtue of acquaintance with its constituents. We do not know the details of Wittgenstein's criticisms; when Russell reported them in a letter he said: 'We were both cross from the heat. I showed him a crucial part of what I had been writing. He said it was all wrong, not realising the difficulties – that he had tried my view and knew it wouldn't work. I couldn't understand his objection – in fact be was very inarticulate – but I feel in my bones that he must be right.' Largely for this reason Russell published only part of the manuscript, and some years later gave up the concept of acquaintance which is central to it. But the basic plan – of molecular propositions analysable into atomic constituents, which express facts parallel in structure, with the relation between facts and propositions underwriting our understanding of the latter – remains in the sketch given in the second chapter of *OKEW*; and it is the skeleton upon which Wittgenstein puts somewhat different flesh in the *Tractatus*.

It is not surprising that Wittgenstein's views should derive from Russell in this way. Russell was in effect the only philosophical teacher Wittgenstein had, and, with rather few identifiable exceptions, Russell's work was his principal philosophical reading. His friend David Pinsent wrote in his diary: 'it is obvious that Wittgenstein is one of Russell's disciples and owes enormously to him.' It is clear then that one of the first philosophical offshoots from Russell's work was Wittgenstein's *Tractatus*. It can be argued that in complex and, this time, negative ways Russell is one of the chief influences on Wittgenstein's later philosophy also.

If the catalogue of Russell's influences included no more than the names already mentioned – Quine, Carnap, the Logical Positivists, Wittgenstein, and Ryle; to which, by his own avowal as in the case of Quine, is to be added that of A. J. Ayer – it would be proof positive of Vuillemin's claim that Russell is the founder and presiding spirit of twentieth-century analytic philosophy. But there is much more to be said on that score; and there is also the fact that there are those who award the palm elsewhere. Both points merit discussion.

There is unhappily no index to the collection of Russell's papers edited by R. C. Marsh under the title *Logic and Knowledge*. This collection brings together some of Russell's most important and consequential essays, most of which, in turn, are required reading for analytic philosophers. They include 'The Logic of Relations', 'On Denoting', 'Mathematical Logic as Based on the Theory of Types', 'On the Nature of Acquaintance', 'The Philosophy of Logical Atomism', 'On Propositions: What They Are and How They Mean', and others. In the absence of an index a close student of these papers is likely to make his own pencil index on the end-papers of his copy of the book. Looking through my own I find references not only to the topics one would expect in a collection of Russell's work – descriptions, denoting, types, logical fictions, analysis, acquaintance, sense-data, relations, universals, particulars, facts, propositions, and so on – but also a list of what looks like some of analytic philosophy's special obsessions: propositional attitudes, modality and possible worlds, vagueness, naturalism, truth-functionality, the nature of mind, verification, truth, existence, meaning, and much more. A very great deal of this comes from Russell himself, and in focus and range his work therefore constitutes a marked change of direction in the history of philosophy. Even the five contemporaries Russell most frequently cites in acknowledgements – and he was extraordinarily generous, indeed overgenerous, in attributing the source of his inspirations to others – namely, Peano, Frege, Whitehead, Moore, and William James, only one is comparable in discussing this kind and (to a lesser degree) range of topics, and that is Frege.

But although Frege influenced Russell, and did brilliant work in the philosophy of mathematics and language, his influence on Russell was less than one might suppose: for Russell did not understand Frege when he first read him, and had to rediscover some of Frege's views for himself before he grasped their significance; and even then, on certain crucial points such as Frege's distinction between sense and reference, he did not take Frege's point and drew a different and less happy distinction of his own. Moreover Frege's focus, though deeper, was narrower than Russell's, so Russell's application of the new ideas in mathematical logic to wider concerns of philosophy was effectively without precedent. The originality of Russell's contributions is therefore great.

Russell's influence worked in other ways too. In the third chapter of *OKEW* he approached the problem of accounting for spatial perception by constructing a 'model hypothesis' as a possible explanation of how the highly perspectival private spaces experienced by individuals in vision and touch come to be commensurate with the private spaces of others in public space. He did this by setting up a model and then 'paring away what is superfluous in our hypothesis, leaving a residue which may be regarded as the abstract answer to our problem' (*OKEW* 94). He takes us step by step through a construction showing how to overcome an important apparent discrepancy between the world of sense and the world of physics. A similar technique was adopted later by P. F. Strawson in his book *Individuals*, where he used it in constructing a purely auditory world to explore the concepts of basic particulars and reidentification. And it was used by A. J. Ayer in his *Central Questions of Philosophy* to determine how much in the way of perceptual and conceptual capacities we must grant a perceiver as a basis for his having perceptual experience. There are other examples besides.

One striking feature of Russell's legacy is that it is almost wholly philosophical rather than logical or mathematical. This fact requires explanation. G. T. Kneebone remarked: 'For all the inspiration that *Principia Mathematica* has communicated to the logicians and philosophers of the twentieth century, and for all its rich fecundity as a source of concepts and symbolic devices, this great work remains, in the literature of the foundations of mathematics, a lone classic without progeny.' This assessment is not strictly true; the felicities of logical notation introduced by *Principia* form the basis of what is now standard, and there have been versions of some of *Principia's* technicalities, for example Quine's version of type theory. But it is broadly true, and this is what invites comment. Briefly, what might be said is this: during and after the period in which *Principia* was written there was an explosion in mathematical and logical research, which it is fair to say quickly rendered *Principia* obsolete. A variety of logics was formulated, logic-free formalizations of arithmetic were discovered, logic and set-theory both turned out to be relative (that is, developments in various approaches showed that there is no unique or 'absolute' logic or set theory), Zermelo-Fraenkel set theory displaced type-theoretic set theory, and Kurt Gödel's incompleteness theorem, which in essence states that neither mathematics nor logic can be axiomatized, blocks Russell's logicist hope of explaining the source and justification of mathematical knowledge in logical terms.

Accordingly, the project of *Principia*, and Russell's attempts to overcome the technical difficulties in the way of carrying it out, are valuable chiefly because of their 'spin-offs' for philosophy rather than for their place in the history of mathematics. The same is true of the work of Frege, except that some of his technical innovations in the formalities of logic were immensely important for its subsequent development.

Frege is the other great thinker at the beginning of the twentieth century who is credited with founding analytic philosophy. The scholar who puts Frege at the centre of the century's philosophical map, Michael Dummett, argues that the essence of analytic philosophy is the claim that in order to understand how we think about the world, we must examine language, because language is our only route to thought. This makes the philosophy of language central, displacing the theory of knowledge which, since at least Descartes's time, had held this position. And this displacement of theory of knowledge by philosophy of language owes itself, says Dummett, to Frege. Frege had embarked on the same programme as Russell – beginning two decades earlier – of basing mathematics on logic. He found the logical tools available to him hopelessly inadequate for the task. So he set about inventing new ones, and succeeded. His innovations both simplified logic and greatly extended its power. But he also saw that he would have to example notions of reference, truth, and meaning to carry out his project, and this, says Dummett is where a turn to the philosophy of language began.

Without question Frege's work is of the first importance in philosophy. It is also without question that Frege influenced Russell, although in the equivocal way sketched a few paragraphs above. But it is hard to agree with Dummett's claim of historical priority for Frege – and not just because Dummett's conception of analytic philosophy is unrealistically restrictive. The fact is that Frege's work was very little known during his own lifetime (he died in 1925), and Russell was almost alone in trying to bring it to wider notice. Even then, it was not until the 1950s – and really not until the first of Dummett's major studies of Frege in the 1960s – that the full import of his work was appreciated. On the purely historical question it would be more correct to say that the outstanding value of Frege's ideas is a function of their theoretical rather than their historical importance. For quite a lot of Russell's work – his theories of perception and knowledge, his philosophies of mind and science – it would be fair to say that the reverse is true: their importance is historical rather than theoretical. But some of Russell's work, as we have seen, combines both theoretical and historical value, and that is why it is seminal for analytic philosophy.

The claims of G. E. Moore to a founding role in analytic philosophy are also sometimes advanced, and not without cause. Russell, in his generous way, attributed his emergence from idealism to the influence of Moore, and there is no doubt that Moore's philosophical temperament and methods had an effect on him. Moore claimed that whereas most philosophers began to philosophize because of wonder, his reason for doing so was that he found what other philosophers said astonishing. His technique was to search for definitions of the key terms or concepts under discussion in some area of philosophical enquiry. He required of definition that the definiens (the statement of definition) should be synonymous with the definiendum (the expression or concept being defined) but contain no terms in common with it. The trouble with this is that even if such definitions were possible – and there is doubt that they are, even in the case of lexical definitions such as are commonplace in dictionaries – they constitute only one kind of definition, and the other kinds, for example analytic definitions (defining something by describing its structure or function) and definitions in use (allowing something to explain itself by showing it at work), are often not only more practical but more revealing; and therefore philosophically more valuable. Moore of course recognized the existence and utility of other kinds of definitions, but regarded his preferred kind as the ideal; and he also held that in the case of certain fundamental philosophical notions, such as that of 'goodness' in ethics, no definition is possible: such things are indefinable and primitive, and theory must begin with them rather than attempt to explain them.

Again without doubt, Moore's style and personality were important in the early years of analytic philosophy. In the introduction to *OKEW* Russell wrote that analysis introduced into philosophy what Galileo had introduced into physics: 'the substitution of piecemeal, detailed and verifiable results for large untested generalities recommended only by a certain appeal to the imagination'. This could equally well serve as a characterization of Moore's painstaking style of philosophy, in which he takes a claim or idea and worries away at it endlessly until it is in its component pieces, neatly laid out. It is not a dashing style, but it is effective in its limited way. Moore had quite a number of imitators, but his aims and methods were chiefly critical; he did not make any philosophical discoveries. His main legacy is that he gave currency to the notion of a 'naturalistic fallacy' in ethics, which is to define the moral property of goodness in terms of some natural property like pleasure. The measure of a philosopher's influence is the use made of his methods and ideas after he introduced them; by this measure Moore's place at the beginning of twentieth-century philosophy does not compare with Russell's. He did, however, help to set the analytical mood, and his famous mannerism – the shocked intake of breath with which he greeted philosophical remarks that seemed to him bizarre – helped to make generations of pupils and colleagues think much more carefully before they spoke or wrote.

In the foregoing discussion the implication might seem to be that analytic philosophy is a recent phenomenon. In the sense that many of its contemporary inspirations and techniques are drawn from the fundamentals of the new logic, this is true; but in another and equally important sense it represents a direct development of the tradition of Hume, Berkeley, Locke, and Aristotle. The first two of these thinkers – and especially the second – together with Leibniz provided Russell with much of his philosophical outlook. It is not difficult to see the similarity between Russell and Aristotle, for the latter based his metaphysics on his logic, and developed his logic for the purpose, just as Russell did.

No assessment of Russell as a philosopher can ignore the fact that, too often, his work is much less rigorous and careful than it would have been had he observed his own methodological counsels. There are indeed some notorious stretches of carelessness and superficiality in his work, and it is a standing wonder in the philosophical profession that his most successful and widely read book, *A History of Western Philosophy*, arguably the source of most people's knowledge of philosophy, is – despite its many other virtues – in a number of places woefully inadequate as philosophical discussion. He made mistakes which students are now on their guard against in their earliest essays; for example, the 'use-mention' distinction, which marks the large difference between actually using an expression and talking about it. In the preceding sentence I used the word 'expression'; I am now mentioning it, marking the fact by enclosing it in quotation marks. There are many occasions in philosophical debate where the distinction is crucial, a point that can be simply made by noting that very different things are meant by 'Cicero has six letters' and ' "Cicero" has six letters'.

Russell's occasional insouciance about the need to be finicky (an inescapable duty in philosophy, if one is to be exact, clear, and rigorous: philosophy also requires imagination and creativity, but unless imagination is combined with precision it gets no one far) has irritated some. Reviewing *Human Knowledge*, Norman Malcolm described it as 'the patter of a conjurer'. Paradoxically, Russell raised standards a long way in philosophical debate, but by the exigent levels those standards have reached, he is himself now sometimes found wanting.

These complaints are, however, minor. In most cases where Russell sails rapidly past qualifications and minutiae in his marvellous prose, beguiling us with his wit, such problems as he causes are not very great if the reader is alert. In any case Russell was aware of the fact that he sometimes went too fast. He was impatient with the kind of pedantry that is happy only when up to its neck in footnotes. He was anxious for practical results, for a working, stable view of the best grounding in experience that science can have. In some of his later work especially, his attitude was that if the larger outlines of a theory were plotted, its details could be filled in later. Even then his ideas are stimulating and sometimes novel.

But these remarks, one notes, apply only to Russell in a hurry, working in charcoal rather than oils. At his best his philosophical work is rich, detailed, ingenious, and profound. This is particularly true of what he wrote in the period between 1900 and 1914. The papers collected in *Logic and Knowledge* speak for themselves in this respect. What R. L. Goodstein says of some of the work in *Principia* – 'In certain respects the *Principia* represents a peak of intellectual attainment; in particular the ramified theory of types with the axiom of reducibility is as subtle and ingenious a concept as is to be found anywhere in the whole literature of logic and mathematics' ('Post *Principia*', in Roberts, *Russell Memorial Volume*, 128) – can be applied to some of Russell's more important philosophical writings. This is high praise indeed.

The graph of reputation has an almost invariable curve. It rises during life, and even if it dips in the fading years it makes a jump at the time of obituaries and memorials. Then it plunges and lies flat for a generation. But at length it rises again and finds its proper level in the estimation of posterity. Russell died in 1970; in the decades since then his name – but not, as much in the foregoing pages shows, his real influence – has been present only in particular connection with those topics in philosophy where his work is central: chiefly in discussion of reference and descriptions, in analyses of existence, and in the recent history of the theory of perception. One reason for this sidelining into footnotes is that for a time the later philosophy of Wittgenstein (who bucks the trend of the graph; immediately after his death there were three decades of enthusiastic discipleship, but his gifts as a philosopher – great though they are – are now more soberly appreciated) opposed something quite different to the Russellian style of analysis. In fact, most people working in philosophy continued in Russell's style, but the celebrity of Wittgensteinian ideas and the energy of his disciples almost gave the contrary impression. The key here is Ryle's remark that Russell did not seek or desire to found a school of disciples: 'Russell taught us not to think his thoughts but how to move in our own philosophical thinking. In one way no one is now or will ever again be a Russellian; but in another way every one of us is now something of a Russellian.'

Generally speaking, thinkers accumulate disciples when they offer attractive-sounding answers to the great questions of philosophy (which, in more popular garb, are the great questions of life). Russell was sceptical about answers, although he vigorously sought them. In

13. Portrait of Russell.

the conclusion of *The Problems of Philosophy*, speaking of the value of philosophy, he wrote:

> Philosophy is to be studied, not for the sake of any definite answers to its questions, since no definite answers can, as a rule, be known to be true, but rather for the sake of the questions themselves, because these questions enlarge our conception of what is possible, enrich our intellectual imagination, and diminish the dogmatic assurance which closes the mind against speculation; but above all because, through the greatness of the universe which philosophy contemplates, the mind also is rendered great, and becomes capable of that union with the universe which constitutes the highest good.

By whichever measure one chooses, Russell, who contemplated many universes, is a great mind. He changed the course of philosophy and gave it a new character. There are very few figures in history of whom, with respect to their own sphere of activity, this can be said. And even then, some of these achieved it by accident or one momentary endeavour, as did – for good and ill respectively – Alexander Fleming and Gavrilo Princip. Russell, in contrast, achieved it by monumental means: in many books, articles, and lectures, over many years, across many continents. In the company of such as Aristotle, Newton, Darwin, and Einstein he is, therefore, a truly epic figure.

Further reading

Russell's works remain their own best introduction, but there is a large literature on Russell and the various aspects of his philosophy, some of which carries much further the debates he started. A. J. Ayer's *Bertrand Russell* (Fontana, 1972) and *Russell and Moore; The Analytical Heritage* (Harvard University Press, 1971) provide a sympathetic introduction. R. M. Sainsbury's *Russell* (Routledge, 1979) gives an absorbing technical discussion of Russell's central work. Peter Hylton's *Russell, Idealism and the Emergence of Analytic Philosophy* (Clarendon Press, 1990) is essential reading for any serious study of Russell's thought. Nicholas Griffin's *Russell's Idealist Apprenticeship* (Clarendon Press, 1991) is an excellent detailed study of Russell's early work in philosophy.

There are a number of collections of essays on aspects of Russell's work. E. D. Klemke (ed.), *Essays on Bertrand Russell* (University of Illinois Press, 1971), D. F. Pears (ed.), *Bertrand Russell* (Anchor Books, 1972), G. W. Roberts (ed.), *Bertrand Russell Memorial Volume* (Allen & Unwin, 1979), P. A. Schilpp (ed.), *The Philosophy of Bertrand Russell*, 3rd edn. (Tudor Publishing, 1951), are to be found in most academic libraries and between them cover much ground.

Alan Ryan's *Bertrand Russell: A Political Life* (Penguin Books, 1988) is excellent on the 'applied' side of Russell's activities.

Other works cited in the main text are: Michael Dummett, *Frege: Philosophy of Language*, 2nd edn. (Duckworth, 1981); A. J. Ayer, *Central Questions of Philosophy* (Weidenfeld & Nicolson, 1973); William James, *Essays in Radical Empiricism* (Longmans, 1912); P. F. Strawson, 'On Referring', *Mind* (1950), reprinted in Strawson, *Logico-Linguistic Papers* (Methuen, 1971), and *Individuals* (Methuen, 1959); and F. H. Bradley, *Appearance and Reality* (Oxford University Press, 1897).

“牛津通识读本”已出书目

古典哲学的趣味
人生的意义
文学理论入门
大众经济学
历史之源
设计，无处不在
生活中的心理学
政治的历史与边界
哲学的思与惑
资本主义
美国总统制
海德格尔
我们时代的伦理学
卡夫卡是谁
考古学的过去与未来
天文学简史
社会学的意识
康德
尼采
亚里士多德的世界
西方艺术新论
全球化面面观
简明逻辑学
法哲学：价值与事实
政治哲学与幸福根基
选择理论
后殖民主义与世界格局

福柯
缤纷的语言学
达达和超现实主义
佛学概论
维特根斯坦与哲学
科学哲学
印度哲学祛魅
克尔凯郭尔
科学革命
广告
数学
叔本华
笛卡尔
基督教神学
犹太人与犹太教
现代日本
罗兰·巴特
马基雅维里
全球经济史
进化
性存在
量子理论
牛顿新传
国际移民
哈贝马斯
医学伦理
黑格尔

地球
记忆
法律
中国文学
托克维尔
休谟
分子
法国大革命
丝绸之路
民族主义
科幻作品
罗素
美国政党与选举
美国最高法院
纪录片
大萧条与罗斯福新政
领导力
无神论
罗马共和国
美国国会
民主
英格兰文学
现代主义
网络
自闭症
德里达
浪漫主义

批判理论
电影
俄罗斯文学
古典文学
大数据
洛克
幸福
免疫系统
银行学
德国文学
戏剧
腐败
医事法
癌症
植物
法语文学
微观经济学
湖泊
儿童心理学
时装
现代拉丁美洲文学
卢梭
隐私
电影音乐
抑郁症
传染病